古代歷史文化研究輯刊

十九編

王明蓀 主編

第 16 冊

晚宋宰臣鄭清之研究

李逸寒 著

國家圖書館出版品預行編目資料

晚宋宰臣鄭清之研究／李逸寒 著 — 初版 — 新北市：花木蘭
文化事業有限公司，2018〔民 107〕
目 4+228 面；19×26 公分
（古代歷史文化研究輯刊 十九編；第 16 冊）
ISBN 978-986-485-412-7（精裝）
1.（宋）鄭清之 2. 傳記 3. 南宋史
618   107002313

ISBN-978-986-485-412-7

古代歷史文化研究輯刊
十九編　第十六冊　　　　　　ISBN：978-986-485-412-7

晚宋宰臣鄭清之研究

作　　者　李逸寒
主　　編　王明蓀
總 編 輯　杜潔祥
副總編輯　楊嘉樂
編　　輯　許郁翎、王筑　美術編輯　陳逸婷
出　　版　花木蘭文化事業有限公司
發 行 人　高小娟
聯絡地址　235 新北市中和區中安街七二號十三樓
　　　　　電話：02-2923-1455／傳眞：02-2923-1452
網　　址　http://www.huamulan.tw 信箱 hml810518@gmail.com
印　　刷　普羅文化出版廣告事業
初　　版　2018 年 3 月
全書字數　196452 字
定　　價　十九編 39 冊（精裝）台幣 100,000 元　　　版權所有·請勿翻印

晚宋宰臣鄭清之研究

李逸寒　著

作者簡介

李逸寒，一名永熙，號如隱，河南省睢縣人。2007 年～ 2011 年就讀於湖北大學歷史文化學院，獲歷史學學士學位；2011 年～ 2014 年就讀於廣州暨南大學中國文化史籍研究所，師從張其凡教授研習兩宋史，獲歷史學碩士學位；目前就讀於四川大學歷史文化學院，師從粟品孝教授，攻讀歷史學博士學位。主要關注宋代史，及中國古代佛教史、學術思想史的研究。

提　　要

　　本書研究南宋理宗時期四次拜相、兩為首輔的鄭清之的生平、仕宦、交遊等政治與社會活動，尤其著重考察其在任相時期中的政治作為和歷史影響；探討和考論鄭清之在宋理宗時期的若干重大政治事件，如參與史彌遠廢濟王立理宗的政治運作，史彌遠權相政治的擅權，宋理宗親政前期的端平——淳祐更化，宋蒙聯盟滅金與宋蒙戰和問題，士大夫黨爭之中的立場、角色、作用及影響；考察鄭清之與史彌遠、宋理宗及當時文臣、武將、朝野士人群體等的社會人際關係；在綜合研究的基礎上對鄭清之作出較為客觀、平實的歷史評價。

　　本書認為，鄭清之上承宋寧宗、宋理宗兩朝權相史彌遠長期專權擅政之後，下有賈似道權相政治再現，鄭氏身處南宋兩大權相之間，因緣際會受知於理宗，兩度入相，無論功過是非如何，允稱理宗朝最重要政治人物之一。研究鄭清之的政治作為與社會關係，將有力地補充對晚宋歷史人物的研究。二，論析鄭清之身當宰輔時期，在處理朝廷內外政務與人際關係中的立場與考量，探討鄭清之及其政治作為對晚宋政治運作、政局發展、國勢走向、官僚群體等的影響，將會有助於豐富和深化對晚宋歷史尤其是政治史的研究。

獻給授業恩師張其凡先生

（1949～2016）

目

次

導　言

一、研究意義及目的

　　歷史的活動與發展是人類活動的結果與體現。進行歷史研究，離不開對歷史人物，尤其是在歷史發展過程中發揮顯著作用的政治人物，及其行為的考察和分析。在皇帝制長期存在的中國古代社會，宰相作為君主治理國家的首要輔弼和官僚羣體的最高代表，有著「國事成敗在宰相」〔註1〕的重要地位和意義，宰相的政治作為，對朝廷政事和國家形勢的發展有著不容忽視的作用和意義。因此，對中國古代社會中的宰相人物進行研究，不僅包含傳統政治人物研究的題中之義，而且有助於認識和考察人物所在的時代環境和歷史發展脈絡。

　　在晚宋政治人物羣體中，時人和後世對理宗朝兩登相位的鄭清之的評價頗具爭議。譽之者稱其「迪德靖夷，秉心純亮，正途四闢，吏道一清，厥功茂焉」〔註2〕，「亦南渡賢宰執」〔註3〕，「在南宋中葉，猶屬良臣」〔註4〕；

〔註1〕　（元）脫脫等：《宋史》卷四一一《歐陽守道傳》，北京：中華書局點校本1977年版，第12364頁。

〔註2〕　（宋）魏了翁：《重校鶴山先生大全文集》卷十四《擬御筆褒鄭清之》，影印明嘉靖銅活字本，《宋集珍本叢刊》第76冊，北京：線裝書局2004年版，第718頁。

〔註3〕　（宋）陳起：《江湖後集》卷五鄭清之詩《序文》，影印文津閣《四庫全書》第454冊，北京：商務印書館2005年版，第18頁。

〔註4〕　（清）永瑢等：《四庫全書總目》卷一六二《安晚堂集》提要，北京：中華書局1965年版，第1395頁。

非之者論其「輕動干戈之罪也，誤國孰大焉」〔註5〕，或者直斥其爲「端平敗相」〔註6〕，甚者謂「高宗之天下，壞其半者鄭清之也」〔註7〕。在現當代的宋代史研究的論著中，由於作者研究的主題、內容、領域和重點有所不同，對鄭清之的研究與評價也存在著分歧。另一方面，鄭清之在權相史彌遠之後、理宗親政時期先後兩次拜相，累計在位近八年之久，其政治作爲，對南宋當時的內政外交與國勢走向乃至理宗本人的治國理政有著相當影響。然而，以往的研究多關注於史彌遠、宋理宗及理宗朝的內政外交，對鄭清之在位期間的政治作用及歷史影響的研究則相對缺乏。

本書的研究內容及目的在於，梳理和論述鄭清之的生平、仕宦、交遊等政治和社會活動，尤其著重考察其在兩任宰相時期中的政治作爲及歷史影響；探討和考論鄭清之在南宋理宗時期的若干重大政治事件，如參與史彌遠廢濟王立理宗的政治運作、史彌遠權相政治的擅權、宋理宗親政前期的端平——淳祐更化、宋蒙聯盟滅金、宋蒙戰和問題、士大夫黨爭之中的立場、角色、作用及影響；考察鄭清之與史彌遠、宋理宗及當時文臣、武將、朝野士人羣體等的社會人際關係；在綜合研究的基礎上對鄭清之作出較爲客觀、中正的歷史評價。

上述研究內容，決定了本書的研究意義在於：一，鄭清之上承宋寧宗、宋理宗兩朝權相史彌遠長期專權擅政之後，下有賈似道權相政治再現，鄭氏身處南宋兩大權相之間，因緣際會受知理宗，兩度入相，無論功過是非如何，允稱理宗朝最重要政治人物之一。在晚宋政局承轉演變的背景下，研究晚宋宰臣鄭清之的政治作爲與社會關係，將有力地補充對南宋尤其是晚宋歷史人物的研究；二，論析鄭清之身當宰輔時期，在處理朝廷內外政務與人際關係中的立場與考量，探討鄭清之及其政治作爲對晚宋政治運作、政局發展、國勢走向、官僚羣體等的影響，將會有助於豐富和深化對晚宋歷史尤其是政治史的研究。三，歷史人物生前身後一段歷史時期的相關記載和評騭，不僅爲我們後來者客觀審慎地看待與評價歷史人物提供了諸多層面的參考和鏡鑒，

〔註5〕　（明）楊士奇等：《歷代名臣奏議》卷一八五《去邪》錄吳昌裔《論鄭清之誤國疏》，影印明永樂十四年內府刊本，上海：上海古籍出版社 1989 年版，第 2437 頁。

〔註6〕　（清）吳之振：《宋詩鈔》卷九十八《鄭震清雋集鈔》鄭震語，影印文津閣《四庫全書》第 488 冊，北京：商務印書館 2005 年版，第 323 頁。

〔註7〕　《宋史》卷四三八《湯漢傳》，第 12977 頁。

更能反映出古往今來政治、社會、文化等領域內思想與觀念的差異和變化，體現出傳統史學與史學研究探尋「古今之變」的意義所在。

二、學術史回顧

（一）有關鄭清之的研究

根據目前所接觸到的研究現狀，以鄭清之爲直接主題的研究尚屬不豐。著作方面，鄭傳傑、鄭昕有《二登相位鄭清之》和《鄭清之評傳》二書〔註8〕。前者作爲文學性地方人物傳記，雖然介紹了鄭清之所處的時代及其家世、生平等內容，並涉及理宗時期的內政、外交問題，但寫作出發點和論述主旨並非出於嚴格意義上的歷史學研究，稱不上規範的歷史學學術研究著作；後者分爲生長背景、仕途開拓、端平相業、淳祐相業和逸事遺風等五章，記述與評析了鄭清之的生平事蹟，並借助族譜等梳理了鄭清之的祖系、後裔情況。與前書比較，後者在文獻徵引、史事考論等方面有所進步，但也存在文獻謬誤、考論不謹等缺憾，仍然不能當作完全的研究性史學論著。論文方面，臺灣學者王德毅先生《鄭清之與南宋後期的政爭》〔註9〕一文考論了史彌遠與鄭清之策劃並實施廢濟王立理宗這一政治陰謀的過程，並辨證了一些歷史記載的疑問；論述了理宗時期在濟王冤死案、對金與蒙古和戰決策、鄭清之二次入相時的相位爭奪等問題上的三次政爭。該文認爲鄭清之實際有助惡、啓釁、敗壞綱典三大罪狀。胡昭曦先生《晚宋名相鄭清之考論》〔註10〕梳理和分析了在與史彌遠關係、與宋理宗關係和出任宰相等三個問題上對鄭清之的基本評價，認爲總體而言，鄭清之是晚宋時期的一位良相。該文還初步搜輯和簡單分析了鄭清之的 27 篇佚文及其對相關研究的意義，並對鄭清之逝世之地和葬身之地的四種說法作了一些梳理和考訂。郭薺蓮撰有《鄭清之年譜》〔註11〕，對鄭清之的生平、履歷進行了編年梳理。

〔註 8〕　鄭傳傑、鄭昕：《二登相位鄭清之》，寧波：寧波出版社 2009 年版；鄭傳傑、鄭昕：《鄭清之評傳》，寧波：寧波出版社 2010 年版。

〔註 9〕　原載《大陸雜誌》（臺灣）第 101 卷第 6 期，2000 年 12 月，第 1～15 頁；見於《宋史研究論文集——國際宋史研討會暨中國宋史研究會第九屆年會編刊》，2000 年，第 161～182 頁。

〔註10〕　載北京大學中國古代史研究中心編：《鄧廣銘教授百年誕辰（1907～2007）紀念論文集》，北京：中華書局 2008 年版，第 547～560 頁。

〔註11〕　郭薺蓮：《鄭清之年譜》，《史苑》第 67 期，第 23～42 頁。

（二）有關南宋史及理宗朝史的研究

在宋代史斷代史著作中，大多會在述及晚宋歷史，主要是寧宗、理宗朝歷史時，論及與本書有關的內容。這些著作主要包括：洪煥椿《宋遼金史話》（中國青年出版社 1980 年版），周寶珠、陳振《簡明宋史》（人民出版社 1985 年版），吳泰《宋朝史話》（北京出版社 1987 年版），鄧廣銘主編《遼宋西夏金史》（中國大百科全書出版社 1988 年版），方豪《宋史》（中國文化大學出版部 1989 年版），白壽彝主編《中國通史》第七卷《中古時代‧五代遼宋夏金時期》（上海人民出版社 1999 年版），何忠禮、徐吉軍《南宋史稿（政治軍事和文化篇）》（杭州大學出版社 1999 年版），陳振《宋史》（上海人民出版社 2003 年版），先恩師張其凡教授《宋代史》（澳亞週刊出版公司 2004 年版），臺灣學者陶晉生、黃寬重、劉靜貞合編《宋史》（臺北空中大學出版社 2004 年版），何忠禮《南宋政治史》（人民出版社 2008 年版）、《南宋全史（政治、軍事和民族關係卷）》（上海古籍出版社 2012 年版），游彪《宋史》（臺北三民書局 2009 年版），以及由 Denis Twitchett 和 John K. Fairbank 主編的《劍橋中國史‧宋代卷》（〈*The Cambridge History of China, Volume 5, Part one: the Sung Dynasty and Its Precursors*〉，Cambridge University Press，2009）等。這些斷代史論著，立足於論述和展示宋代歷史發展的大勢，既有宏觀態勢的介紹，又有相關具體人物、事件的述評；但由於受斷代史論著體例與內容的限制，而在有關鄭清之及其政治作為的論述上，尚未盡意，甚至有的對鄭清之的一些重要問題一筆帶過，或避而不談。

此外，在宋理宗朝歷史研究中，胡昭曦、蔡東洲《宋理宗宋度宗》（吉林文史出版社 1996 年版）和張金嶺《宋理宗研究》（人民出版社 2008 年版）主要聚焦宋理宗一朝的歷史，研究和論述了理宗時期的內政外交，在與本書有關的主題研究上有所涉及，並且做出了初步的探究與考析，間或有所創見。具體主題研究方面，黃寬重先生《晚宋朝臣對國是的爭議——理宗時代的和戰、邊防與流民》（《臺灣大學文史叢刊》之五十，1978 年）論述了宋理宗時期南宋集團內部在與金、蒙（元）的聯盟與和戰問題，淮防、江防、海防與堅壁清野的政策問題，以及歸正人的拒納與流民的處理等問題上的爭議，並檢討了這些爭議與政策實施的得失利弊。楊宇勳先生的碩士論文《南宋理宗中、晚期的政爭（A.D.1233～1264）——從史彌遠卒後之相位更替來觀察》（臺南成功大學歷史語言研究所，1991 年）將理宗親政後的歷史時期劃分為兩個

階段，從宮廷與朝堂之間的政治鬥爭的角度觀察理宗時期的政治發展，並論述了理宗的御下之道。在考論兩登宰席的鄭清之時，涉及相關政事及評價。沈松勤的專著《南宋文人與黨爭》（人民出版社 2005 年版）探討了南宋統治集團內部在國是、學術、用人問題上黨派紛爭的歷程和表現，探究了黨爭背後的動力，及其所展現出的專制性統治權力、排他性學術與黨同伐異的政治等文化性格。

（三）有關晚宋理宗朝人物與政事的研究

作為晚宋史中的重要組成部分，相關的政治人物與事件的研究也已取得一些成果。

史彌遠與史氏家族研究方面。美國學者戴仁柱（Richard L. Davis）改編自其博士論文的專著〈*Court and Family in Sung China, 960～1279: Bureaucratic Success and Kinship Fortunes for the Shih of Ming-chou*〉（Duke University Press，1986）既探討了宋代明州史氏家族的延續歷程，也考察了史氏家族與朝廷政治的互動關係，認為明州史氏是南宋家族參與政治的最積極的代表，而其興盛的原因主要在於科舉考試上的巨大成功。在前述《劍橋中國史宋代卷》中，戴仁柱執筆撰寫了宋光宗朝至南宋滅亡的歷史部分，其中論及史彌遠專權政治的狀況和理宗朝政局態勢的發展等問題。史美珩分析了史浩、史彌遠、史嵩之三人為相的國家戰略思想，並對《宋史》中相關有失真實的記載與評價作了辨析（《南宋史家三相的國家戰略思想》，載《浙江師範大學學報》2007 年第 6 期）。他的專著《是奸相還是能臣——史彌遠歷史真相研究》（山西人民出版社 2010 年版）從誅韓侂冑、力主抗金、立理宗和行政治理等方面對史彌遠進行考論，認為史彌遠根本不是一個投降賣國、擅自廢立的「奸相」，而是一位文治武功均取得卓越成就的治國能臣。鄭國畫的碩士學位論文《南宋四明史氏三相政治活動及其比較研究》（寧波大學，2009 年）梳理、分析了史氏三人史浩、史彌遠、史嵩之為相時各自的政治作為與影響，以及個人在整個家族和社會發展中的實際作用、地位和影響，探討了史氏家族一門三相這一政治現象的多重原因。夏令偉則從史浩與史彌遠的入相模式及其與宮廷的關係角度進行探討，認為藩邸舊臣身份得到信任是他們入相的主要原因（夏令偉《論史浩的兩次拜相及其原因》，載《浙江海洋學院學報》2010 年第 3 期；《史浩拜相模式的傳承及其子史彌遠的獨相》，載《西華大學學報》2010 年第 4 期）。

　　史彌遠策立理宗是南宋中晚期的重大事件。除前述專著外，張金嶺考述了湖州之變與濟王之死的經過，分析了魏了翁、真德秀、胡夢昱等理學家對宋理宗、史彌遠的僭越政治權力的不同態度及其遭遇，指出理學家所面臨的兩難境地。他還就王夫之在《宋論》中對這一事件的議論進行了評析（張金嶺、吳擎華《晚宋理學家對僭越權力的加入、疏離和紛爭——立足於理宗時期理學家為濟王鳴冤的考察》，載《四川師範大學學報》2003 年第 4 期；張金嶺《濟王之死與南宋政局》，載朱瑞熙等編《宋史研究論文集》第十輯，蘭州大學出版社 2004 年版）。鍾文榮則從魏了翁在霅川之變後因屢進直言而遭打擊的政治命運入手進行考察，認為這一事件反映了南宋後期權相專權、黨爭激烈和後宮預政的複雜政治局面（鍾文榮《霅川之變與真德秀政治命運分析》，載《三明學院學報》2010 年第 1 期）。另一方面，廖寅考察了寧宗末期對濟王和理宗的不同態度，認為立理宗出於寧宗之意，而史彌遠等四明人對理宗的識拔、養育和翊戴與理宗最終被立有著相當關係。廖文還辨析了所謂史彌遠「矯詔廢立」說法的由來（廖寅《論宋理宗繼位與四明集團的關係》，載《求索》2004 年第 11 期）。張其凡、田翼對有關宋理宗的兩個問題，即理宗之母全氏為四明人和理宗少時受教於四明人余天錫進行分析，認為理宗與四明人的這種際遇關係使其最終被史彌遠選定、扶植，入繼大統（張其凡、田翼《有關宋理宗的兩個問題的考察》，載《商丘師範學院學報》2011 年第 5 期）。臺灣學者方震華考察了理宗即位之初主政者與反對派各自的立場和做法，以及史彌遠主導的朝廷人事與政策調整，認為寶慶元年的湖州之變和楚州事變使執政者史彌遠的心態明顯轉變，消極防禦與鞏固權位成為主要考量（方震華：《從轉機到危機——南宋理宗的即位與政局轉折》，載北京大學中國古代史研究中心編《宋代政治史研究的新視野國際學術研討會論文集（未刊稿）》，2013 年）。

　　主題涉及晚宋與金、蒙（元）關係的著作主要有：金毓黻《宋遼金史（第一冊）》（商務印書館 1946 年版），陳世松等《宋元戰爭史》（四川社會科學出版社 1988 年版），李天鳴《宋元戰史》（食貨出版社 1988 年版），胡昭曦、鄒重華《宋蒙（元）關係研究》（四川大學出版社 1989 年版），趙永春《金宋關係史研究》（吉林教育出版社 1999 年版）、《金宋關係史》（人民出版社 2005 年版），顧宏義《天平：十三世紀宋蒙（元）和戰實錄》（上海書店出版社 2012 年版）。論文方面，對早期宋蒙關係和南宋「端平入洛」的研究已經有諸多成

果。黃寬重《辯「端平入洛敗盟」》（原載《史繹》1973 年第 10 期，收入氏著《南宋史研究集》，新文豐出版公司 1985 年版）考察了端平入洛前後南宋朝臣的爭議，從當時南宋的軍事和人事部署考察，認爲入洛之役是南宋主動征伐的攻擊行動，蒙古並未有許宋以河南地的約定。該文還分析了宋理宗、鄭清之和趙范、趙葵各自的角色與責任問題。陳高華《早期宋蒙關係和端平入洛之役》（載中國社會科學院歷史研究所宋遼金元史研究室編《宋遼金史論叢》第一輯，中華書局 1985 年版；收入氏著《元史研究論稿》，中華書局 1991 年版）考察了嘉定七年至端平元年宋蒙之間進行的協議與戰爭的早期關係，及宋蒙聯合滅金與宋收復三京戰役的過程，分析和探討了宋蒙端平戰爭的起因、南宋軍隊失敗的原因與後果等問題，對所謂「蒙古背盟」之說進行了辨析。楊倩描《端平「三京之役」新探——兼爲「端平入洛」正名》（載姜錫東、李華瑞主編《宋史研究論叢》第八輯，河北大學出版社 2007 年版）對「端平入洛」和「三京之役」的名稱問題作了辨析，論述了南宋「三京之役」進軍與敗退的整個過程以及國安用在其中的作用，並對這一軍事行動進行了評價。呂洪偉著重考察了宣宗南遷汴京至金朝滅亡期間的金與南宋的關係，認爲其可以分爲四個階段，而關係的主流是對立與戰爭。他還評價了金末對宋政策及蒙古等外部因素對金宋關係的影響（呂洪偉《金末金宋關係相關問題探討》，遼寧師範大學碩士學位論文，2006 年）。蔡東洲考察了宋蒙早期和平往來與武裝衝突的兩面關係，認爲南宋出兵助攻蔡州是在變化了的時局下希望緩和宋蒙交戰之期的正確策略（蔡東洲《論早期宋蒙關係》，載《四川師範學院學報》1990 年第 5 期）。傅駿《端平年間京湖襄陽地區的戰事》（載《軍事歷史研究》2003 年第 1 期）則從蒙古的角度分析了蒙古早期未能充分重視京湖襄陽地區的主客觀原因。伍純初《南宋「聯蒙滅金」政策形成原因分析》（載《棗莊學院學報》2007 年第 6 期）將南宋採取聯蒙滅金政策歸因於南宋對金的復仇意識、金宣宗征宋及蒙古的強大三個方面。于愛華的博士學位論文《南宋地緣政治關係研究》（雲南大學，2010 年）分析了南宋地緣政治的環境及其與金、蒙（元）的地緣政治關係，探討了南宋消極防禦和禦北安南的地緣戰略思想，以及所採行的聯蒙滅金與構築四川山城防禦體系的地緣戰略。論文還分析了南宋在處理地緣政治關係中的失誤與教訓。熊燕軍考辨了關於端平三年襄陽兵變的「撫御失當」和「邊帥傾軋」兩種原因的說法，認爲二者未能深入兵變實質，忽視了當時的南北形勢與兵變背後的制度背景和

文化因素（熊燕軍《南宋端平襄陽兵變及相關問題》，載姜錫東主編《宋史研究論叢》第十二輯，河北大學出版社 2011 年版）。

　　段玉明、胡昭曦《宋理宗「端平─淳祐」更化芻論》（載鄧廣銘、漆俠主編《宋史研究論文集》，河北教育出版社 1989 年版）考察了 1234 年至 1252 年間南宋所進行的改革，指出其內容大致有拔賢黜佞、整頓吏治、部署防蒙和整頓財政等。伍純初的碩士學位論文《宋理宗親政時期的君權與相權關係探析》（上海師範大學，2005 年）將宋理宗親政後的君權與相權關係分爲相對平穩、相權相對弱化和君權走向旁落三個階段，並考察了每一階段內的在職宰相與理宗的關係問題。伍純初的另一篇論文《權相賈似道與晚宋政局研究》（載《南都學壇》2011 年第 6 期）雖然側重於考察理宗晚期賈似道的專權及其原因，但也分析了理宗前期爲防止獨相專權而採取的並相措施及其影響。張金嶺的兩篇論文探討了宋理宗和理學及理學家的關係，考察了宋理宗理學思想的淵源，並評述其推崇理學的三個階段的措施與效果，分析了宋理宗推崇理學的積極影響與弊端，同時也指出了宋理宗與理學及理學家之間存在的四組矛盾（張金嶺《宋理宗與理學》，載《四川大學學報》2001 年第 2 期；《宋理宗推崇理學的深遠影響》，載《華北水利水電學院學報》2007 年第 6 期）。

　　關於這一時期南宋的經濟狀況與政策措施，前述宋代史斷代史著述中均有論述，其他相關專題著作還有：漆俠《宋代經濟史》（中華書局 2009 年版），汪聖鐸《兩宋財政史》（中華書局 1995 年版）、《兩宋貨幣史》（社會科學文獻出版社 2003 年版）等宋代經濟史方面的著作。論文方面，洪吉重點評述了端平更化時期的整頓楮幣、節約開支、改革鹽政的措施和賈似道時期以公田法、經界排推法爲中心的改革，肯定了宋理宗在內憂外患下進行財政改革的努力，但也指出這些改革無法挽回南宋的命運（洪吉《簡論宋理宗的財政改革》，載《新鄉師範高等專科學校學報》2006 年第 3 期）。

　　孫克寬先生的兩篇研究劉克莊的文章《劉後村的家世與交遊──劉後村與晚宋政治之一》（原載《大陸雜誌》第 22 卷第 11、12 期，1961 年 6 月；見於《宋史研究集》第四輯，1969 年）和《晚宋政爭中之劉後村──劉後村與晚宋政治之二》（原載《大陸雜誌》第 23 卷第 7、8 期，1961 年 10 月；見於《宋史研究集》第二輯，1964 年）都涉及劉克莊與鄭清之的交遊，前文論述了劉克莊與鄭清之等的師友交遊及江湖詩案中劉克莊的遭遇，後文探求了淳祐年間臺臣分黨對立形勢下鄭清之再相後二人失歡的原因。

（四）學術史的考察和分析

考察和分析前述學術史可知，雖然目前在對史彌遠、宋理宗、晚宋內政和外交等問題的研究方面取得了相當成果〔註 12〕，如對史彌遠及史氏家族、端平入洛與早期宋蒙關係的研究，其中也涉及到了本書所要研究的對象鄭清之，但它們或者沒有系統梳理鄭清之的生平、仕宦與交遊關係，或者未能充分論證鄭清之在晚宋若干政事中的作用與影響，或者根本不以鄭清之爲研究主題，對鄭清之在晚宋政局中的地位、影響也存在著不同評議。即以前述以鄭清之爲直接研究主題的論著來說，兩部專著均存在文獻引證謬誤、考論不謹、史實混淆等缺憾，甚至有以主觀想像作爲歷史書寫的弊病，且對鄭清之及晚宋政事的敘述失於審慎；胡文對鄭清之爲相中的政治作爲論述較爲簡單，未能更多地論述其作爲「晚宋名相」的因證，且未涉及鄭清之任相期間所牽涉的黨爭、政爭等問題；王文關注於鄭清之的黨爭政爭及人物批判，然則未涉及鄭清之在相位輔佐理宗治國理政的政績，尤其淳祐再相後的功過是非問題。因此，可以認爲，迄今尚無對在南宋理宗時期有著相當地位和影響的鄭清之進行的整體性的專題研究，就晚宋政治與人物研究來說，這無疑是一個缺憾。借鑒前述南宋宰相人物研究的範例，本書試圖借助於挖掘耙梳、充分利用文獻資料，對晚宋宰臣鄭清之及其相關問題作一個整體性的探討。

三、史料分析與本書結構

在本書的研究過程中，可能出現的主要和最大困難在於原始文獻資料的缺乏。據《宋史・鄭清之傳》稱：「清之代言奏對，多不存稿，有《安晚集》六十卷。」而今存《安晚集》只有詩而無文，且存詩亦不全，僅存第六卷至第十二卷。《全宋詩》復從《江湖後集》、《咸淳臨安志》、《延祐四明志》、《永樂大典》等典籍中輯出九十餘首詩並殘句，編爲二卷。唐圭璋編《全宋詞》亦僅收錄鄭清之《念奴嬌・菊》一首。今人對鄭清之佚文的搜輯主要有《全宋文》中的成果，亦僅 25 篇。鄭清之文集的亡佚，造成有關鄭清之本人的直接文字史料嚴重缺乏，對研究和認識鄭清之的爲人、處世、治政、交遊及其學術思想等造成了極大不便。

〔註12〕對晚宋史研究的回顧，可參見張其凡、趙冉：《20 世紀以來晚宋史研究回顧與展望》，《中國史研究動態》2012 年第 4 期。

　　此外，晚宋史料的缺乏也給本書的研究帶來困擾。晚宋時值喪亂，外患頻仍，國家動盪不安，無論官方還是私人的修史活動大受影響。元人蘇天爵說：「理度兩朝，事最不完」，理宗朝「實錄纂修未成國亡，僅存數十冊而已」〔註13〕。史料缺乏，使後人深感著述與考論之難。元人趙汸在《題三史目錄紀年後》中指出：「理度相近而典籍散亡……欲措諸辭而不失者亦難矣哉。」〔註14〕清代考據學大家錢大昕指出：「《宋史》述南渡七朝事叢冗無法，不如前九朝之完善，寧宗以後四朝，又不如高、孝、光三朝之詳，蓋由史臣迫於期限，草草收局，未及討論潤色之故。」〔註15〕況且，元人在修《宋史》時草率從事，「大概只就宋舊本稍為排次」，「又不暇參互考證，而悉仍其舊」〔註16〕，導致「《宋史》於南渡季年臣僚，褒貶多不可信」〔註17〕。而《宋會要輯稿》、《文獻通考》等重要的宋代史籍，其內容記載亦多止於寧宗朝。上述這些說明，晚宋史的研究需要廣泛而深入地發掘史料，並對其加以審慎而充分的考訂與辨析。

　　在晚宋歷史文獻考訂方面，前輩學者業已作出了相當成就，對後來者研習宋史提供了極大的便利。就宋代職官制度與宰輔人物臺體而言，如鄧廣銘《宋史職官志考正》（初刊於《歷史語言研究所集刊》第 10 本，商務印書館1948 年）及龔延明《宋史職官志補正（增訂本）》（中華書局 2009 年版）對《宋史・職官志》進行了細緻地考訂和辨正，指正了其中的記載錯誤。王瑞來《宋宰輔編年錄校補》（中華書局 1986 年版）考校宋人徐自明的《宋宰輔編年錄》及明人呂邦燿的《續宋宰輔編年錄》，對兩宋宰輔的除拜、任職起訖有詳細記載。香港學者梁天錫有《宋宰相表新編》（臺北「國立編譯館」1996 年版）一書，繪製平章參政、僕射侍丞、宰侍丞、僕射平章參政、丞相參政、丞相兼樞密使等六份表格，並附以相關注釋，其中涉及到的官銜較《宋史・宰輔表》大為增加，且多處糾正後者的錯誤。作為古代皇權制度下的重要組成，對宰

〔註13〕　（元）蘇天爵：《滋溪文稿》卷二十五《三史質疑》，北京：中華書局 1997 年版，第 425 頁。

〔註14〕　（元）趙汸：《東山存稿》卷五，影印文津閣《四庫全書》第 408 冊，北京：商務印書館 2005 年版，第 100 頁。

〔註15〕　（清）錢大昕：《十駕齋養新錄》卷七《南渡諸臣傳不備》，北京：商務印書館 1957 年版，第 149～150 頁。

〔註16〕　（清）趙翼撰，王樹民校證：《廿二史札記校證》卷二十三，北京：中華書局 1984 年版，第 498、501 頁。

〔註17〕　《十駕齋養新錄》卷七《〈宋史〉褒貶不可信》，第 153 頁。

相人物臺體相關史籍的整理和研究，不僅有助於宰相人物本身的研究，也能極大的豐富與推動整個古代史研究的開展和深入。

除點校本《宋史》外，其他研究、整理出來的晚宋歷史文獻資料主要有：

一，史書史論類：汝企和點校宋佚名《續編兩朝綱目備要》（中華書局 1995 年版），李之亮點校元佚名《宋史全文》（黑龍江人民出版社 2005 年版）及汪聖鐸點校《宋史全文》（中華書局 2016 年版），王瑞來箋證元佚名《宋季三朝政要箋證》（中華書局 2010 年版）；舒士彥點校清王夫之《宋論》（中華書局 1964 年版），王樹民校證清趙翼《廿二史札記校證》（中華書局 1984 年版），方詩銘、周殿傑點校清錢大昕《廿二史考異》（上海古籍出版社 2004 年版）等。

二，筆記類：王瑞來點校宋羅大經《鶴林玉露》（中華書局 1983 年版），張茂鵬點校宋周密《齊東野語》（中華書局 1983 年版），吳企明點校宋周密《癸辛雜識》（中華書局 1988 年版），沈錫麟、馮惠民點校宋葉紹翁《四朝聞見錄》（中華書局 1989 年版），傅林祥注宋吳自牧《夢粱錄》及宋周密《武林舊事》（山東友誼出版社 2001 年版），王瑞來整理《錢塘遺事校箋考原》（中華書局 2016 年版）等。

三，文集類：劉公純、王孝魚、李哲夫點校宋葉適《葉適集》（中華書局 1961 年版，2010 年再版），熊飛等點校宋文天祥《文天祥全集》（江西人民出版社 1987 年版），陳福康校點宋鄭思肖《鄭思肖集》（上海古籍出版社 1991 年版），方勇輯校宋方鳳《方鳳集》（浙江古籍出版社 1993 年版），熊飛等校注宋謝枋得《謝疊山全集校注》（華東師範大學出版社 1994 年版），楊芷華點校宋李昴英《文溪存稿》（暨南大學出版社 1994 年版），陳增傑校注宋林景熙《林景熙集校注》（浙江古籍出版社 1998 年版，《林景熙集補注》，2012 年版），張其凡、孫志章整理宋崔與之《宋丞相崔清獻公全錄》（廣東人民出版社 2008 年版），王蓉貴、向以鮮校點《後村先生大全集》（四川大學出版社 2008 年版）及辛更儒箋校宋劉克莊《劉克莊集箋校》（中華書局 2011 年版），張堯飛點校宋王應麟《四明文獻集（外二種）》（中華書局 2010 年版），胡才甫校注宋汪元量《汪元量集校注》（浙江古籍出版社 2012 年版），楊瑞點校宋周密《周密集》（浙江古籍出版社 2015 年版）。此外，還有唐圭璋主編《全宋詞》（中華書局 1965 年版），傅璇琮等主編《全宋詩》（北京大學出版社 1995 年版），曾棗莊、劉琳等主編《全宋文》（上海辭書出版社 2006 年版）等。

　　四，方志類：中華書局編輯部整理、影印《宋元方志叢刊》（中華書局1990年版），一套八冊，收錄現存宋元方志共四十一種；王曉波、李勇先等點校《宋元珍稀地方志叢刊（甲編）》（四川大學出版社 2007 年版），一套八冊，收錄宋元方志八種；李勇先、王會豪點校《宋元珍稀地方志叢刊（乙編）》（四川大學出版社 2009 年版），一套六冊，收錄宋元方志十一種；浙江省地方志編纂委員會編《宋元浙江方志集成》（杭州出版社2009年版），一套十四冊，收錄宋元方志二十二種。上述叢書，基本涵蓋現存宋元主要方志。此外，尚有李能成點校宋施宿《嘉泰會稽志》及宋張淏《寶慶會稽續志》（安徽文藝出版社2012年版）等。

　　針對原始文獻資料缺乏的情況，在本書研究中，擬對《續宋編年資治通鑒》、《宋史全文》、《宋季三朝政要》、《歷代名臣奏議》等史書，《寶慶四明志》、《延祐四明志》等方志，魏了翁、眞德秀、劉克莊等晚宋和元初文人的文集，《癸辛雜識》、《東南紀聞》、《錢塘遺事》等筆記小說，《歷代史論》、《宋論》、《廿二史札記》等史評，進行研讀和史料耙梳，以期拓展資料來源，彌補原始文獻資料的缺乏。

　　本書由導言、正文及結論三部分構成。導言主要介紹本書的研究目的及意義，回顧、考察相關學術史，並予以簡單評述，分析本書寫作所涉及的文獻史料及其使用，介紹本書的結構與層次。正文分爲六章，第一章論述鄭清之的家世及其早年求學與仕宦經歷；第二章論述鄭清之在史彌遠權相政治下捲入寧宗後期的皇嗣問題的原因，著重論述鄭清之參與史彌遠策立宋理宗事件上的地位和作爲，及其對鄭清之仕途和理宗朝的歷史影響；第三章論述鄭清之在端平初相時的對內對外的政治作爲，著重考察其在理宗親政後的端平更化與滅金入洛這兩大歷史事件中的作爲和影響；第四章探討、分析鄭清之端平三年第一次罷相的原因，考察鄭清之在嘉熙至淳祐前期罷相賦閒中的生活情況與理宗對鄭氏的恩遇，簡要考察這一時期的朝廷政局變化；第五章論述鄭清之淳祐再相時的政爭、在相任上的政事作爲，還論及鄭清之之死及其後的南宋政局走向，並結合史事予以評介；第六章考察鄭清之的親族及其與士人、僧道人士的交遊情況，並以若干案例爲切入，作具體而詳細的考察。本書的結論部分結合正文中所作的相關研究與考論，對鄭清之這一歷史政治人物作一整體的力求客觀而公正的評析。本書的最後，附錄鄭清之的簡明年表及本書的參考與徵引文獻。

第一章　鄭清之的早年

第一節　家　世

　　鄭清之出身於地方社會的普通家庭，雖然先祖對子孫抱有極大的期望，但鄭氏家族的興起直到鄭清之在晚宋政壇中地位崛起才得以實現，家族方面對鄭清之的影響和推助，或許僅僅在於一般意義上的家族訓導與薰陶，而這，在南宋不計其數的普通家族中是十分常見和毋庸特別記載的。

一、槐木鄭氏

　　鄭清之家族居明州鄞縣（今浙江省寧波市鄞州區），因門前有大槐聳立，加之鄭氏族人品行端正，較獲好評，「鄉評稱孝悌，必曰槐木鄭氏」〔註 1〕。按，槐樹、槐木在古代有著較爲特殊的政治文化寓意，據《周禮・秋官・朝士》云：「朝士，掌建邦外朝之灋，左九棘，孤卿大夫位焉，羣士在其後；右九棘，公侯伯子男位焉，羣吏在其後；面三槐，三公位焉，州長眾庶在其後。」《注》稱：「槐之言懷也，懷來人於此，欲與之謀。」清代經學家孫詒讓疏稱：「韋《注》云：『庭，外朝之廷也。《周禮》王之外朝三槐，三公位焉，則諸侯之朝三槐，三卿位焉。』……是諸侯、卿大夫外朝之庭皆樹槐也。」〔註 2〕

〔註 1〕　（宋）劉克莊撰，辛更儒箋校：《劉克莊集箋校》卷一七〇《丞相忠定鄭公行狀》，北京：中華書局 2011 年版，第 6583 頁。

〔註 2〕　（清）孫詒讓撰，王文錦、陳玉霞點校：《周禮正義》卷六十八《秋官・朝士》，北京：中華書局 2013 年版，第 2817～2818 頁。

「三槐」的寓意，則在於其人能夠位列三公，與君王參謀朝政與國事。鄭氏先祖於門前所植大槐，或許即是期盼後世子孫中有位居三公之人出現。這一現象，其實並非南宋鄞縣鄭氏家族所獨有，北宋時期就有三槐王氏這一取得了政治與學術傑出成就的大家族的存在。〔註3〕在宋代而言，三公多爲宰相的加官，則鄭氏先祖的期望，至鄭清之於理宗朝兩度拜相後，得以實現。

然而，又據清代全祖望在《甬上族望表》中稱：「大池鄭氏。本自城東來，號『槐木鄭氏』。四姓中，鄭最後，亦最弱。安晚相業，瑕瑜不掩，然自足列一望。」〔註4〕鄭氏在鄞縣雖有聲譽，但無論其學術、經濟或仕宦表現，均不足以使其儕身於四明大家族之列，這一現象，至鄭清之在理宗朝兩度爲相時，有所改觀。

二、節烈之祖

鄭清之高祖洽〔註5〕，曾祖旦，事蹟不詳。旦有二子，曰章、曰覃。鄭覃字季厚，乃清之祖父。鄭覃自幼嗜好學習，發奮自立。建炎三年（1129），鄭覃爲鄉貢士〔註6〕，得發解，預禮部舉辦的省試，然因宋金戰事方殷，未及應試〔註7〕。四年，金兵攻陷明州，縱兵大掠，鄭覃與兄鄭章率領族人避難，爲

〔註3〕 參考李貴錄：《北宋三槐王氏家族研究》，濟南：齊魯書社2004年版。

〔註4〕 （清）全祖望撰，朱鑄禹彙校集註：《全祖望集彙校集註·甬上族望表上·大池鄭氏》，上海：上海古籍出版社2000年版，第2640頁。

〔註5〕 《宋史·鄭清之傳》稱：「（淳祐）六年，拜太保，力辭。故事，許回授子孫，清之請追封高祖洽，帝從之，蓋異恩也。」第12421頁。

〔註6〕 《宋史》卷四五三《鄭覃傳》稱：「靖康二年貢於鄉。」又，《至正四明續志》卷二《鄭覃傳》載：「靖康二年，與鄉書。」則鄭覃爲鄉貢士，在靖康二年。又據《劉克莊集箋校》卷一七〇《丞相忠定鄭公行狀》中稱：「秦公建炎己酉貢於鄉。」按，秦公即鄭覃，因清之爲相，累贈太師、秦國公。建炎己酉爲三年（1129）。劉克莊撰鄭清之《行狀》，乃鄭之遺孀所託，於鄭清之先祖行年、事蹟當無誤，本書從《行狀》「建炎三年」說。或者，鄭覃靖康二年已爲鄉貢士，然此年朝廷令由各路轉運司置司州軍行類省試；至建炎三年，鄭覃又得貢於鄉，得發解，預禮部試。又，鄭覃建炎三年秋經鄉貢，當得發解，預四年正月禮部試，因金兵南下而罷。故《至正四明續志》稱：「建炎三年，貢於禮闈，未及上，金人陷明州。」

〔註7〕 《至正四明續志》卷二《鄭覃傳》稱：「建炎三年，貢於禮闈，未及上，金人陷明州。」考《建炎以來繫年要錄》卷十七、《宋史》卷二十五《高宗二》均記載建炎二年八月甲戌，高宗在集英殿策奏名進士；九月庚寅，賜禮部進士李易以下四百五十一人及第、出身。又《宋會要輯稿·選舉八》也稱：「高宗建炎二年八月二十三日，上御集英殿試禮部奏名進士。」接著又載：「紹

金兵俘獲，金兵迫使其投降，鄭覃厲聲痛罵，守節不屈，縱水而死。覃妻董氏哭曰：「夫，天也。天可違乎？且受辱以生，不如死。」〔註8〕乃自沉於水。事聞，朝廷命有司爲之定諡立傳。史浩曾作《通議公石章》，史涓作《壙銘》〔註9〕，記述鄭覃及其夫人的節烈之舉。史浩在行文中讚譽稱：「季厚忠憤罵賊，併其室遇害，忠義之門，其後必大。」〔註10〕時人亦稱：「其夫死於義，婦死於節，節義之門，厥嗣必大。」〔註11〕至鄭清之理宗時爲相，鄭覃累贈太師、秦國公，董氏贈秦國夫人。

三、「夢溪」之父

　　鄭覃有子若沖，字季眞。徽宗宣和七年（1125）生，寧宗嘉泰三年（1203）卒，享年七十九。鄭覃死節時，若沖年僅六歲〔註12〕，爲鄭覃之兄、若沖伯父鄭章撫育成人。據記載，鄭若沖年少時便顯露出不凡之處，長大後，致力學習，爲文頗顯英氣，但恥於科舉做官。他與汪大猷、陳居仁、樓鑰三人同學，彼此關係親密；後來，汪大猷等三人聲名顯赫、位高權重，鄭若沖「未嘗一造其門」，而是居家讀書教子，救濟鄰里。鄭若沖爲人處世嚴謹愼重，篤於儀禮、道義，爲人所敬重。史稱其「平居謹飾，雖盛暑衣不露體，冠履雖敝無垢。口絕戲言，坐不傾側，接後進如敵己，與人交恐傷其意。至於明是非、辨義理，雖片辭不少貸。學者嚴憚焉」〔註13〕。鄭若沖平素頗爲嗜讀，自置書塾，搜集收藏數千卷書，每日讀書不輟，即使生

興二年三月二十三日，上御集英殿試禮部奏名進士。」查建炎三年並無禮部試、殿試記載。按，《宋會要輯稿・選舉》一七之二六《武舉》載建炎三年八月辛亥詔：「武舉發解，依文舉人展至來年取旨。」則建炎三年之舉人發解、參加禮部試迄未實行。其原因則或與宋金戰事方殷、南宋內部的苗劉之變有關。

〔註8〕　（元）王元恭修，王厚孫、徐亮纂：《至正四明續志》卷二《人物・鄭覃傳》，《宋元方志叢刊》影印清咸豐《宋元四明六志》本，北京：中華書局1989年版，第6465頁。

〔註9〕　《劉克莊集箋校》卷一七〇《丞相忠定鄭公行狀》，第6583頁。

〔註10〕　《至正四明續志》卷二《人物・鄭覃傳》，第6465頁。

〔註11〕　（明）楊寔纂修：《寧波郡志》卷八《人物考・忠義・鄭覃傳》，《中國方志叢書》影印明成化四年刊本，臺北：成文出版社有限公司1983年版，第686頁。

〔註12〕　鄭若沖在《紀夢》詩中稱：「我生六年哀怙恃，三殤相繼泣同乳。」見《至正四明續志》卷十二《集古・詩》，第6605頁。

〔註13〕　《成化寧波郡志》卷八《人物・隱逸・鄭若沖》，第709頁。

病臥床也不暫停。他曾自警說：「一日不以古今澆沃胷次，覽鏡則面目可憎。」〔註14〕鄭若沖的這種苦讀之風也影響到了鄭清之，鄭清之在詩中甚至以讀書爲治病良方：「肝脾何藥解清虛，不用參苓不哎咀。一種單方無授受，明窗端坐只觀書。」〔註15〕鄭若沖盛年時曾有奇夢：「夢入一深塢，金碧排空，景趣勝絕。見一匾，書『常充達庵』四大字，識曰：『某眞人書』」。後來，鄭若沖自己營造一座山中別墅，「旁爲壽藏，手植松檜」，別墅的景致和夢中相似，鄭若沖於是因夢而自號「夢溪」，並賦詩紀事〔註16〕。其《紀夢》詩稱：「憶昔臥病壬午歲（按，紹興三十二年，1162），夢行澗石憩衡宇。『常充達庵』表其門，大楷金書爰仰睹。……五十知非計已遲，見機而作今猶愈。結廬茲境了前緣，端居漫作溪山主。」〔註17〕後鄭清之在宋理宗朝爲相，理宗詢問清之家世，清之對理宗談及此事，理宗於是命鄭清之將鄭若沖的《紀夢》詩進覽，後遂御書若沖所夢「常充達庵」四字，並賜金匾。鄭若沖後來因鄭清之故，累贈太師、魯國公。〔註18〕

第二節　求　學

鄭清之年少時師從道學家、鄉人樓昉，接觸到了道學學派的知識體系，並和南宋眾多的讀書人一樣，接受以科舉考試爲旨歸的學業訓練。然而，鄭清之在進入臨安太學學習以後，雖然享有時譽，但是舉業不順，窮困潦倒，遲遲不能登科及第，早年的仕途頗爲蹇梗。

一、生於鄞縣

鄭清之，初名燮，字文叔，以字行，改名清之，字德源〔註19〕，號青山、

〔註14〕《成化寧波郡志》卷八《人物・隱逸・鄭若沖》，第709頁。

〔註15〕（宋）鄭清之：《安晚堂集》卷六《觀書》，影印文津閣《四庫全書》第393冊，北京：商務印書館2005年版，第242頁。

〔註16〕（清）徐兆昺撰，桂心儀等點校：《四明談助》卷十三《北城諸跡・大池鄭氏・鄭若沖》，寧波：寧波出版社2003年版，第395～396頁。

〔註17〕《至正四明續志》卷十二《集古・詩》，第6605頁。

〔註18〕《成化寧波郡志》卷八《人物・隱逸・鄭若沖》，第709頁。

〔註19〕（元）脫脫等撰：《宋史》卷四一四《鄭清之傳》，北京：中華書局點校本1977年版，第12419頁；《劉克莊集箋校》卷一七〇《丞相忠定鄭公行狀》，第6583頁。

安晚〔註 20〕。南宋慶元府鄞縣（今寧波市鄞州區）人。生於孝宗淳熙三年九月辛未〔註21〕（二十九日，公元 1176 年 11 月 2 日），卒於理宗淳祐十一年十一月甲辰〔註22〕（十九日，公元 1252 年 1 月 1 日），年七十六〔註23〕。死後贈尚書令，追封魏郡王，賜諡「忠定」。

鄭清之出生時，「少母胡氏將就蓐，三日甑鳴，甫生，嫡母與不舉」，幸賴若沖之嫂邊氏「請於舅姑，願己乳之」，鄭清之得以存活下來。鄭清之顯貴之後，乃奉養邊氏如親生母親般，邊氏卒後，鄭清之爲之「服期」，以報答邊氏的養育之恩〔註24〕。邊氏亦因鄭清之故，追封令人〔註25〕。

二、師從樓昉

鄭清之年少時曾經師從鄉人樓昉，獲得樓昉及樓鑰的賞識。樓昉，字暘叔，號迂齋，鄞縣人。紹熙四年（1193）進士，官至朝奉郎、知興化軍，死於

〔註20〕 （宋）周密撰，吳企明點校：《癸辛雜識》別集下《鄭清之》，北京：中華書局 1988 年版，第 293 頁。

〔註21〕 按，《劉克莊集箋校》卷一七〇《丞相忠定鄭公行狀》中稱「公生於淳熙三年九月辛未」，按，淳熙三年九月癸卯朔，辛未在是月二十九日。又，魏了翁《重校鶴山先生大全文集》卷十四有《賜左丞相鄭清之生日禮物詔》，時間在九月二十九日，則鄭清之生日在九月二十九日無疑。

〔註22〕 按，鄭清之卒日，史籍記載有差。《宋史》本傳稱：「十一月丁酉，退朝感寒疾，危甚，……累奏乞罷政，不允，奏不已，……進封齊國公致仕。卒。」《宋史》卷四十三《理宗三》稱：「十一月甲辰，鄭清之乞解機政，詔……封齊國公，仍奉朝請。庚戌，太師鄭清之薨。」《宋史》卷二一四《宰輔表五》載：「十一月庚戌，太傅、左丞相、齊國公鄭清之薨。」劉克莊撰《行狀》稱：「十一月丁酉，公奏事，退感寒疾，……疾革乞致仕，……依前齊國公致仕。□□甲辰，薨於丞相府。」本書採《行狀》中「甲辰」說，原因有三：其一，鄭清之十一月丁酉感寒疾，已「危甚」，甲辰在丁酉後第七日，庚戌在丁酉後第十三日，既「危甚」，不當拖延十餘日之久；其二，劉克莊與鄭清之關係親近，撰寫《行狀》時又受鄭清之遺孀謝夫人書信所託，明言「甲辰，薨於丞相府」，所寫內容當無謬誤。其三，史料所載有差，或可解釋爲鄭氏甲辰日卒於家，至庚戌日奏報朝廷，修史官據此記爲「庚戌」。

〔註23〕 按，「年七十六」，據劉克莊撰鄭清之《行狀》，與今人計歲方法不同。

〔註24〕 （元）馬澤修，袁桷纂：《延祐四明志》卷五《人物考中·鄭清之》，《宋元方志叢刊》影印清咸豐《宋元四明六志》本，北京：中華書局 1989 年版，第 6213 頁。又見《劉克莊集箋校》卷一七〇《丞相忠定鄭公行狀》，第 6583 頁。

〔註25〕 《劉克莊集箋校》卷一七〇《丞相忠定鄭公行狀》稱：「時家娠邊令人亦免乳，承舅姑意，拊育公同己子。公貴，令人尚亡恙，事之如母。其沒也，爲服朞。」第 6583 頁。

任上。鄭清之爲相後，奏請朝廷恩賞，理宗乃追贈樓昉直龍圖閣。樓昉長期在鄉里教授學問，跟從他學習的有數百人之多，其中較爲出名的有鄭清之、應㒚、鄭次申、趙與懽等人。

樓昉師從浙東學派呂祖謙。樓昉博學多文，善於議論，史書稱「其文汪洋浩博，宜於論議，援引敘說，小能使之大，而統宗據要，風止水靜，泊然不能以窺其涘」〔註26〕。而且，他還傚仿呂祖謙的《古文關鍵》，採用呂氏首創的古文評點標注法，編有三十五卷的《崇文古訣》，蒐集歷代大家的二百餘篇典範文章，「所採掇，尊先秦而不陋漢唐，尚歐曾而並取伊洛，矯諸儒相反之論，萃歷代能言之作」〔註27〕，「大略如呂氏《關鍵》，而所錄自秦漢而下，至於宋朝，篇目增多，發明尤精」，「此書篇目較備，繁簡得中，尤有裨於學者，蓋昉受業於呂祖謙，故因其師說，推闡加密；正未可以文皆習見，而忽之矣」〔註28〕，在推廣、弘揚業師學說與治學方法的同時，對當時希圖通過科舉而進身的士子來說，無疑也是一部較爲實用的工具書，所以「業進士者咸誦之」，「臺越進士，歲率數十人來相從」〔註29〕。四明士人善於策論，在科舉考試中能獲得較大成功，樓昉之教法當有所貢獻。

樓昉在傳播師說、教授士子的過程中，逐漸形成了自己的學派，後人稱之爲麗澤諸儒學派。該學派上承東萊家傳之學，曾與嶽麓一脈並稱於世。而嶽麓一脈士人在宋末長沙陷落中遇難甚多，麗澤一脈則「歷元至明未絕，四百年文獻之所寄也」〔註30〕，成爲後來明代學術大盛的端緒。麗澤諸儒學派堅守和傳播二程、呂祖謙的學說，奉承「篤信好學，守死善道」〔註31〕的箴言，既繼承二程的性理之學，也弘揚和發揮呂祖謙等的經世致用學說〔註32〕，風格獨特。

〔註26〕《延祐四明志》卷五《人物考中‧樓昉》，第 6210 頁。

〔註27〕《劉克莊集箋校》卷九十六《迂齋標注古文序》，第 4049 頁。

〔註28〕（清）永瑢等：《四庫全書總目》卷一八七《崇文古訣》提要，北京：中華書局 1965 年版，第 1699 頁。

〔註29〕《延祐四明志》卷五《人物考中‧樓昉》，第 6210 頁。

〔註30〕（清）黃宗羲原著，（清）全祖望補修，陳金生、梁運華點校：《宋元學案》卷七十三《麗澤諸儒學案‧序錄》，北京：中華書局 1986 年版，第 2434 頁。

〔註31〕《宋元學案》卷七十三《麗澤諸儒學案》「正節李先生誠之」載：「（李誠之）嘗謂眞西山曰：『篤信好學，守死善道，吾輩八字箴也。』」第 2436 頁。

〔註32〕全祖望在《同谷三先生書院記》中評論稱：「宋乾、淳以後學派，分而爲三：朱學也，呂學也，陸學也。三家同時皆不甚合。朱學以格物致知，陸學以明心，呂學則兼取其長，而又以中原文獻之統潤色之。門庭徑路雖別，要其歸宿於聖人則一也。」見《全祖望集彙校集註‧鮚埼亭集外編》卷十六，第 1046 頁。

三、進入太學

　　嘉泰二年（1202），鄭清之進入臨安太學。太學爲宋代官方最高學府之一，自北宋時神宗改革學制，太學立三舍法，入學爲外舍生，由外舍升內舍，再由內舍升上舍，「歲時月各有試，程其藝能，以差次升舍」〔註33〕，每一次升舍都要經過嚴格的考試，並同時考察太學生平時的行爲表現和學業成績〔註34〕。鄭清之在太學十五年，嘉定八年（1215）始升上舍，得以參加上舍試〔註35〕。在太學，鄭清之雖然有比較好的聲譽〔註36〕，但遷延歲久，「困滯無聊」〔註37〕，嘉定八年升上舍後，恰逢上舍生考試，卻因沒有名額空闕，不得奏名授官，於是參加了兩年後的省試。

　　嘉定十年（1217）三月，鄭清之參加省試，時已經四十二歲，又因與同知貢舉、禮部侍郎袁燮有親〔註38〕，法當避嫌，於是鄭清之試於別頭試。據宋人記載，鄭清之此次省試「覺不意」，「詩」一場以「青紫明主恩」爲題，押「明」字韻。鄭「短晷逼暮，思索良艱」，做起來十分辛苦，最後成詩云：「他年蒙渥澤，方玉帶圍䪼。」此詩卻被同舍太學生嘲笑說：「綠衫尚未能得著，乃思量繫玉帶乎？」〔註39〕然而，鄭清之此次得以中選，又在四月的殿試中及第，中進士第二甲，由此踏上仕途，最終兩登相位，官至極品。

〔註33〕《宋史》卷一五七《選舉三》，第3660頁。

〔註34〕朱重聖有專文探究宋代太學的取士、升舍、學規、課程及太學組織體系等問題，見《宋代太學之取士及其組織》，載宋史座談會編：《宋史研究集》第十八輯，臺北：「國立編譯館」1988年版，第211～260頁。

〔註35〕上舍試猶如今天的畢業考試，關係到舍生能否入仕的問題。北宋時，上舍試分爲三等，上等生可以取旨直接釋褐做官，中等者免禮部試，直赴殿試；下等者先免解試，後免省試。南宋太學取士之制，大抵沿襲北宋之法。見前引朱重聖文，第218～219頁。

〔註36〕（宋）林希逸：《竹溪鬳齋十一稿續集》卷十二《安晚先生丞相鄭公文集序》中稱：「公早遊太學，即有異聲」，影印清鈔本，《宋集珍本叢刊》第83冊，北京：綫裝書局2004年版，第478頁。又，《劉克莊集箋校》卷一七〇《丞相忠定鄭公行狀》中稱：「如《豐芑數世之仁》、《大明生於東》等賦，識者以爲《金在鎔有物混成》之作。」（第6584頁）可見，鄭清之在太學期間，頗有文名。

〔註37〕（宋）周密撰，張茂鵬點校：《齊東野語》卷八《鄭安晚前識》，北京：中華書局1983年版，第144頁。

〔註38〕袁燮娶同里人邊友益之女，邊氏另一女適鄭清之兄鄭沖之，故鄭清之與袁燮有姻親關係。

〔註39〕《齊東野語》卷八《鄭安晚前識》，第144頁。

第三節　初　仕

科舉入仕後的鄭清之先是在地方為官，雖然職務清閒，但鄭清之還是力所能及地關注和參與地方事務，表現出作為一名入仕士人的政治覺悟和國家情懷。值得注意的是，鄭清之在地方任官時，結識了後來在南宋軍政事務中發揮重要作用的趙方及其二子趙范、趙葵，對鄭清之在理宗朝輔政治事有著深遠影響。

一、初仕峽州

嘉定十年科舉，狀元為宣州寧國（今安徽寧國市）人吳潛〔註40〕，四明士子中舉者達三十人，其中包括鄭清之兄沖之子鄭次申〔註41〕。鄭清之進士及第，從此踏上仕途。

嘉定十年進士及第後，鄭清之即出任峽州（又稱夷陵郡，今湖北省宜昌市）教授。州學教授為地方州郡學學官，職掌總領州學，並以經書、儒術、行義訓導諸學生徒，又掌州學諸生功課、考試之事，兼糾正違犯學規者。〔註42〕峽州在南宋時屬荊湖北路，歷來為兵家要地。宋人祝穆評論說：「晉之伐吳，王浚自梁、益以踐荊門，杜預自襄陽以侵沅、湘。隋之取陳，秦王由山南以掠漢口，楊素由巴東以趨三峽。夷陵之安危，與荊州為存亡矣。」〔註43〕南宋大儒胡安國也說：「欲保江左，必都建康；欲守建康，必有荊、峽。湖北十有四州，其要會全在荊、峽。」〔註44〕

鄭清之到峽州後，曾寫有一首長詩，描寫承平時期該地的繁華富庶景象：「川塗競走集，水陸跨重阻。東南引湖湘，西北控淮楚。舟車所交屬，人物森萃聚。歌謠雜諧合，來往紛傴僂。」並追憶夷陵一地古往以來的先賢典故，表示出追懷前賢、繼承風韻的趣向：

> 昔賢維南軒，心學紹東魯。睠焉西南遊，芳洲擷蘺莊。
>
> 遺墨尚淋浪，隸刻照亭柱。邇來三十年，軒楠漸頹廡。

〔註40〕《宋史》卷四一八《吳潛傳》載：「吳潛，字毅夫，宣州寧國人。……嘉定十年進士第一。」第12515頁。

〔註41〕《延祐四明志》卷六《人物考下》，第6229頁。

〔註42〕龔延明：《宋代官制辭典》，北京：中華書局1997年版，第550頁。

〔註43〕（清）顧祖禹撰，賀次君、施和金點校：《讀史方輿紀要》卷七十八《湖廣四·夷陵州》，北京：中華書局2005年版，第3679頁。

〔註44〕《讀史方輿紀要》卷七十八《湖廣四·荊州府》，第3654頁。

堂堂魏國孫，玉節蒞茲土。英聲凜荊揚，盛事踵逖武。

曾侯廬陵秀，一笑不齟齬。風月喜平分，江山藉宗主。

興僕追前修，遺跡薦搜補。……吾伊補書債，欸乃效漁父。

倘繼竹枝詞，編入武昌譜。〔註45〕

詩作懷古念今，放達通變，表現出初入仕途的鄭清之積極奮發、亢奮向上的
精神風貌。

二、峽州政績

鄭清之在峽州教授任上，除了盡職做好學官的本職工作外，還對地方軍
政事務作出了自己的努力和貢獻。他與負責措置諸軍錢糧的總領何炳〔註46〕
交好，曾幫助何炳處理了一起軍隊事務，避免了軍隊的喧鬧甚至嘩變。據劉
克莊所撰鄭清之《行狀》載：「一日軍將謝衣絹，疑紕惡，離立諵語，總領委
公（按，指鄭清之）諭之。公語軍士曰：』坐者得好絹。』眾皆坐，以次分
授，無敢嘩者。」還有一次，鄭清之向何炳建議在茶商中徵募精悍勇敢之人，
「籍為兵」，一來可以消弭因查禁茶商走私販茶而可能出現的騷亂與對抗，二
來可以借助茶商暴橫好鬥的習性，對內威懾地方，對外抗禦強敵。〔註47〕何
炳採納了鄭清之的建議，徵兵令公佈之日，「趨者雲集」，很快徵集、組建起

〔註45〕　（宋）陳起：《江湖後集》卷五鄭清之《江漢亭百韻》，影印文津閣《四庫全
　　　　書》第454冊，北京：商務印書館2005年版，第18～19頁。

〔註46〕　按，《宋史》卷一六七《職官七》「總領」條稱：「掌措置移運應辦諸軍錢糧，
　　　　以朝臣充，仍帶幹階、戶部等官。朝廷科撥州軍上供錢米，則以時拘催，
　　　　歲較諸州所納之盈虧，以聞於上而賞罰之。」南宋先後置四總領，其中，「鄂
　　　　州、荊南、江州諸軍錢糧，湖廣總領掌之」。又，《宋會要輯稿·職官》七
　　　　五之二八載：「（嘉定十四年四月二十一日）知漢陽軍馬驥別與差遣，以湖
　　　　廣總領何炳言驥倅辰陽，政無善狀。」李之亮考訂何炳在嘉定十三年至十
　　　　七年為湖廣總領，見氏著：《宋代路分長官通考》，成都：巴蜀書社2003
　　　　年版，第93頁。

〔註47〕　黃寬重研究認為，南宋時期，「不論是正規的茶商或違法的私販，其所集結的
　　　　自衛力量，都比北宋為大。這種茶商武力在南宋前後期曾扮演著二種極端不
　　　　同的角色：叛宋與抗金」，而「湖廣地區多屬丘陵險峻之地，距政治中心較遠，
　　　　駐軍較少，又有少數民族雜處，形成治安上的死角，不僅發生過許多重大的
　　　　叛亂活動，更是茶商聚集、活動頻繁的地方，茶商與官府的衝突屢見於史籍，
　　　　當時積為『茶寇』，到賴文正之亂時達到高潮」。見氏著：《南宋地方武力——
　　　　地方軍與民間自衛武力的探討》，臺北：東大圖書出版有限公司2002年版，
　　　　第239、251頁。

來了一支軍隊，命名爲「茶商軍」，在以後「多賴其用」〔註48〕，成爲了南宋政府所掌握的一支軍事力量〔註49〕。

三、結識趙方

鄭清之在峽州教授任上的另一件影響深遠的事情，是結識了時任京湖制置使的趙方。趙方，字彥直，湖南衡山人。趙方登淳熙八年（1181）進士第，「起自儒生，帥邊十年，以戰爲守，合官民兵爲一體，通制總司爲一家」〔註50〕，作爲地方大帥，「制帥趙公方嚴重，靳許可」〔註51〕，卻對造訪的州學教授鄭清之青睞有加，「趙忠肅（趙方，諡忠肅）開京西閫日，鄭忠定丞相清之初任夷陵教官，首詣臺參。鄭素臞瘁，若不勝衣，趙一見即異待之。延入中堂，出三子，俾執師弟子禮，局蹐不自安，旁觀怪之。即日免衙參等禮以行，復命諸子餞之前途，且各出《雲萍錄》書之而去」〔註52〕。除了學術上的共通性和對鄭清之在峽州教授任上的治績有所瞭解外，趙方對鄭清之看重的另外一個原因，或許是他對鄭清之日後功業成就的預言。劉克莊所撰鄭清之《行狀》中載，趙方曾對鄭說「公他日未易量，願以二子相累」，周密在《齊東野語》卷十八《前輩知人》一則中也記載了趙方與其二子的對話：「他日，忠肅問諸郎曰：鄭教如何？長公答曰：清固清矣，恐寒薄耳。公笑曰：非爾所知。寒薄不失爲太平宰相。」

此後，在宋理宗紹定三年（1230）討伐山東叛逆李全之役和端平元年（1234）出師收復宋朝三京之役中，時任參知政事和宰相的鄭清之都給予了支持，造就了趙葵、趙范兄弟二人的軍事大功，使得他們的聲望與權力達到

〔註48〕《宋史》卷四一四《鄭清之傳》，第 12419 頁。

〔註49〕黃寬重曾研究了由茶商與私販爲主體組成的武裝力量在襄陽、德安、蘄州等地區守城抗金的戰績，並指出：「茶商……當外患侵凌，官府以利、義相召時，也可以起而禦敵，……他們抗拒的對象可以改變，而最終目的都在保護自己的利益，這是自衛武力的基本性質。」見前引黃寬重：《南宋地方武力》，第 261～271、272 頁。

〔註50〕《宋史》卷四○三《趙方傳》，第 12206 頁。

〔註51〕《劉克莊集箋校》卷一七○《丞相忠定鄭公行狀》，第 6584 頁。

〔註52〕《齊東野語》卷十八《前輩知人》，第 336 頁。又，《宋史・鄭清之傳》和《劉克莊集箋校》卷一七○《丞相忠定鄭公行狀》均記載趙方命二子范、葵出拜鄭清之，並説：「願以二子相累。」周密記載爲「出三子，俾執師弟子禮」，且並未指出三人姓名。疑「三」爲「二」刻寫之誤。

新的高峰，並且在隨後宋金局勢和南宋政局變化中應勢而起，成為獨當一面的邊帥，鄭清之成為二趙在朝中的支持者，對他們的政治仕途發展起到了重要作用。〔註53〕

嘉定十四年（1221），鄭清之在峽州教授任期已滿，調差湖廣總領所準備差遣這一臨時職官，當年十二月又改任國子監書庫官〔註54〕，「掌雕印經、史羣書，以備朝廷宣索、賜予、頒發及出賣，而收其利以納左藏庫。並與本監學官分工刪改、校定監本書籍」〔註55〕。

〔註53〕關於趙方及其二子趙范、趙葵與鄭清之、史彌遠關係的考論，可參考方震華：《軍務與儒業的矛盾——衡山趙氏與晚宋統兵文官家族》，《新史學》2006年第17卷第2期。

〔註54〕（元）方回：《桐江集》卷七《跋鄭清之所進聖語考一》，《續修四庫全書》第1322冊，上海：上海古籍出版社2002年版，第471頁。

〔註55〕龔延明：《宋代官制辭典》，北京：中華書局1997年版，第348頁。

第二章 權相政治下的鄭清之

　　嘉定十四年調任國子監屬官，對鄭清之來說，其意義不僅僅是任職地域由地方州郡到中央朝廷所在地的變動，在南宋中後期風雲詭譎的政局變化中，鄭清之因緣際會，參與到了最高統治集團內部的權力爭奪和政治運作之中，並受到政治利益獲勝一方的代表人物權相史彌遠和繼位的皇帝宋理宗的信賴和重用，不僅極大地推動了鄭清之個人仕途的發展和政治地位的攀升，還對後史彌遠時代的南宋政局發展產生了深遠影響。

第一節 捲入皇嗣爭奪

一、寧宗後期的皇嗣問題

　　嘉定十六年（1223）三月〔註1〕，鄭清之改任國子學錄，為國子監學官，負責協助國子監正糾察不守學規的國子監學生。此時，南宋朝廷內部關於寧宗皇嗣的問題漸漸呈現，並日益引起朝野臣庶的關注。鄭清之雖僅為一介學官，位卑言輕，但也因時事與機緣而被捲入擁立皇嗣這一關乎國本的大事之中。

　　寧宗曾先後生有九位皇子，但不幸「皆早亡」〔註2〕，慶元二年（1196）八月皇子埈薨〔註3〕後，宰執京鏜等臣僚奏請寧宗選宗室子為皇子，寧宗採

〔註1〕 《桐江集》卷七《跋鄭清之所進聖語考一》，第 471 頁。
〔註2〕 《宋史》卷二三三《宗室世系十九》，第 7738 頁。
〔註3〕 《宋史》卷三十七《寧宗一》，第 721 頁。

納，於是，慶元四年（1198），燕懿王德昭之後、太祖第十世孫〔註4〕、時年六歲的趙與願被養於宮中，賜名曮，立為皇太子，後封榮王，更名曮，並「詔御朝太子侍立，宰執日赴資善堂會議」〔註5〕。後出居東宮，更名詢。但嘉定十三年（1220）八月，二十九歲的榮王趙詢去世，諡景獻，寧宗再次失去皇子〔註6〕。皇嗣問題再次引起朝野關注。

景獻太子死後的第二年六月，「丙寅，詔以姪福州觀察使貴和為皇子，更名竑，進封祁國公。丁卯，以立皇子告於天地、宗廟、社稷」〔註7〕。貴和本名趙均，為宗室趙希瞿之子、太祖第十世孫〔註8〕。開禧二年（1206）五月，沂靖惠王趙柄薨，趙均被選立為沂王之嗣，為寧宗皇姪，賜名貴和。嘉定十四年（1221）六月，被寧宗立為皇子，改賜名竑，封祁國公〔註9〕，十五年五月，進封濟國公。〔註10〕此時寧宗之下並無其他皇子，寧宗將趙竑立為皇子，即使其具有了繼承皇位的資格〔註11〕。

〔註4〕 按，《宋史》卷二四六《宗室三·景獻太子傳》稱：「景獻太子諱詢，燕懿王後，藝祖十一世孫也。」第8734頁。又，（宋）李心傳撰，徐規點校：《建炎以來朝野雜記》乙集卷二《皇太子》條稱：「皇太子，藝祖皇帝十世孫，燕懿王後也。初名與願。」北京：中華書局2000年版，第528頁。按，據《宋史·宗室世系表》，太祖至趙與願（詢）的世系為：太祖——德昭——惟忠——從謹——世陟——令疎——子璹——伯昇——師璵——希傍——與願。則趙與願為太祖十世孫。疑《宋史·景獻太子傳》誤。

〔註5〕 《宋史》卷二四六《宗室三·景獻太子傳》，第8735頁。

〔註6〕 《宋史》卷二四六《宗室三·景獻太子傳》，第8734～8735頁。

〔註7〕 《宋史》卷四十《寧宗四》，第777頁。

〔註8〕 按，據《宋史·宗室世系表》，太祖至趙均（貴和）的世系為：太祖——德芳——惟敍——從溥——世堯——令旼——子乙——伯存——師丑——希瞿——均。按，若依世譜，趙均當有一「與」字行族名，今不得考。

〔註9〕 （宋）佚名撰，汝企和點校：《續編兩朝綱目備要》卷十六《寧宗皇帝》嘉定十四年六月丙寅條下載立貴和為皇子詔稱：「皇姪、福州觀察使貴和，沂靖惠王之子，猶朕之子也，重厚英敏，天稟凤成，屬近且賢，聞於中外。蔽自朕志，爰舉恩徽，以昭立愛之義。……其以為皇子，改賜名竑。」北京：中華書局1995年版，第295～296頁。

〔註10〕 《宋史》卷二四六《宗室三·鎮王竑傳》，第8735頁。

〔註11〕 按，檢索《宋史》《本紀》及《宗室傳》，可以將有關宋代皇位繼承現象的史事作以下歸納：（一）開國君主之自立者：太祖、高宗。（二）以先帝親生皇子或先帝胞親兄弟身份繼承皇位者：太宗（以皇弟繼兄太祖帝位）、真宗、仁宗、神宗、哲宗、徽宗（以皇弟繼兄哲宗帝位）、欽宗、光宗、寧宗、瀛國公。（三）以宗子過繼而為皇子以繼帝位者：英宗以濮王子為仁宗皇子，繼仁宗帝位；孝宗以秦王德芳後裔為高宗皇子，受禪繼位；理宗以宗子為寧宗皇子，繼寧宗皇位；度宗以

　　趙竑雖被立爲皇子，但他與在朝中威勢煊赫的權相史彌遠之間卻存在著不可調和的尖銳矛盾〔註12〕，「是時彌遠在相位久，皇子竑深惡之，念欲有廢置」〔註13〕。趙竑對史彌遠的憎惡，或許傳達著他對史氏長期以來專擅朝政的不滿和憤恨。據宋人筆記所載，趙竑曾在府邸屏風上書寫「南恩新」三個字，並說：「花兒王與史丞相通同爲姦，待異日當竄之上二州也。」按，「花兒王」爲王埸之父，「當時盛傳『花兒王』者穢亂宮闈，市井俚歌所唱『花兒王開者』，蓋指此也」。〔註14〕趙竑的話引起史、王二人的嫉恨，惹下了日後在繼位問題上的禍患。

　　史彌遠爲了對趙竑有所示好，更爲了試探和監查趙竑對自己和朝政的態度，曾「買美人善琴者，納諸御，而厚廩其家，使美人瞷竑，動息必以告。美人知書慧黠，竑嬖之」。然而，趙竑未能對史彌遠安插的眼線有所警覺，並加以提防，反而將自己的立場和態度示而不諱，「宮壁有輿地圖，竑指瓊厓曰：『吾他日得志，置史彌遠於此。』又嘗呼彌遠爲『新恩』，以他日非新州則恩州也。」趙竑的這一番言語，同樣使史彌遠感到了一種威脅，史彌遠又「嘗因七月七日進乞巧奇玩以覘之，竑乘酒碎於地。彌遠大懼，日夕思以處竑」〔註15〕，「日謀媒蘗其失於寧宗」〔註16〕，但趙竑對此卻毫無防備。

　　理宗母弟之子的皇姪身份立爲皇子，繼理宗帝位。又，考察皇位繼承方式可知：（一）父子相繼中，眞宗、仁宗、神宗、哲宗、欽宗、光宗均以皇太子繼位，唯寧宗以皇子繼光宗皇位，此與光宗朝政局相關切；（二）兄弟相及中，太宗以晉王、徽宗以端王繼位；（三）宗子過繼爲皇子而繼位中，英宗以皇子繼仁宗皇位，孝宗以皇太子承高宗之禪位，度宗以皇太子繼理宗皇位，此外，寧宗過繼之宗子趙與願（詢），亦曾立爲皇太子。且此四人因過繼而爲皇子時，均爲唯一皇子。由以上考察可知，以親生皇子身份繼位者，多先立爲皇太子（寧宗以光宗內禪而繼位，故未立爲皇太子）；以宗子過繼爲皇子、具有皇子身份者，即得繼位之資格，而不必立爲皇太子。故此，本書認爲，寧宗之先後三位過繼皇子，趙詢、趙竑、趙昀在其時均有繼承皇位之資格。唯趙詢以唯一過繼皇子身份，雖被立爲皇太子，卻早卒；趙昀雖晚立，卻與趙竑同樣具有皇子身份，因而均有皇位繼承資格。寧宗在病逝前終未在二位過繼皇子中明確絕對的繼承人選，而趙昀因得到史彌遠的支持而勝過趙竑，最終即帝位。

〔註12〕作爲皇子，趙竑對史彌遠的厭惡與仇恨，或許來自其對史彌遠權相政治下君權旁落、紀綱不振的不滿，或許源於其對作爲人主的寧宗卻屈服於史彌遠專擅的同情與悲憫，以及對自身一旦繼位後將同受此毒害的隱憂與憤恨，故而其對史彌遠的專擅「深惡之，念欲有廢置」。

〔註13〕《宋史》卷四一九《余天錫傳》，第12251頁。

〔註14〕《癸辛雜識・後集》「濟王致禍」條，第86～87頁。

〔註15〕《宋史》卷二四六《宗室三・鎭王竑傳》，第8735頁。

〔註16〕《宋史》卷四十一《理宗一》，第784頁。

　　此外，趙竑與寧宗楊皇后之間也產生了矛盾，使其失去了後宮的支持，並最終在寧宗駕崩的關鍵時刻失去援應，與皇位失之交臂。

　　據晚宋入元人周密《癸辛雜識》記載：

> 濟王夫人吳氏，恭聖太后（按，寧宗皇后楊氏）之姪孫也，性極妒忌。王有寵姬數人，殊不能容，每入禁中，必愬之楊后，具言王之短，無所不至。一日內宴後，以水精雙蓮花一枝，命王親爲夫人簪之，且戒其夫婦和睦。未幾，王與吳復有小兢，王乘怒誤碎其花。及吳再入禁中，遂譖言碎花之事，於是后意甚怒，已有廢儲之意。〔註17〕

按，此時趙竑尚爲寧宗身下過繼之唯一皇子，已經有繼承皇位之資格，是以時人或以儲君目之，惟未正儲君之號。趙竑與楊皇后交惡，是以楊皇后有「廢儲」之意。除這種家庭瑣事外，趙竑對楊皇后的不滿也溢之言表，爲其招來隱患。「時楊皇后專國政，彌遠用事久，宰執、侍從、臺諫、藩閫皆所引薦，莫敢誰何，權勢熏灼。竑心不能平，嘗書楊后及彌遠之事於几上，曰：『彌遠當決配八千里。』」〔註18〕然而，此事很快被史彌遠所知，「竑左右皆彌遠腹心，走白彌遠」〔註19〕，更進一步加劇了趙竑與他們之間的矛盾。

　　對於趙竑的處境，時任沂王府教授的眞德秀洞若觀火，他幾次上書趙竑，勸誡他修行學問道德，「而今而後，學問必益進於前，德業必益充於前，然後足以厭天人之心，塞中外之望，國公其不可不深勉乎此也」，無妄不欺，誠心孝敬，「盡視膳問安之敬，以承兩宮溫清之歡；盡修身進德之誠，以副兩宮眷倚之重」，「皇子若能孝於慈母而敬大臣，則天命歸之矣，否則深可慮也」，努力爭取兩宮和官僚士人對自己的支持〔註20〕。但眞德秀的良苦用心和適時諫言，並未得到趙竑的積極回應。或許出於對時事的擔憂，眞德秀最終力辭宮職，「（嘉定）十五年，以寶謨閣待制、湖南安撫使知潭州」〔註21〕，趙竑的處境由此更加孤立。

〔註17〕　《癸辛雜識・後集》「濟王致禍」條，第86～87頁。
〔註18〕　（明）陳邦瞻：《宋史紀事本末》卷八十八《史彌遠廢立》，北京：中華書局點校本1977年版，第990頁。
〔註19〕　《宋史》卷二四三《楊皇后傳》，第8657頁。
〔註20〕　（宋）眞德秀：《西山先生眞文忠公文集》卷三十七《辛巳上皇子書》，影印明正德元年刊本，《宋集珍本叢刊》第76冊，北京：綫裝書局2004年版，第368～370頁。
〔註21〕　《宋史》卷四三七《眞德秀傳》，第12960頁。

與此同時，史彌遠卻在暗中物色並扶持新的皇位繼承人來取代趙竑。早在嘉定十二年（1219）秋〔註22〕，史彌遠就囑咐歸鄉參加鄉試的史府門客余天錫：「今沂王無後，宗子賢厚者幸具以來。」〔註23〕此時太子趙詢尚在，趙貴和尚爲沂王嗣，或許因爲趙貴和在沂府時即已對史彌遠的專擅有所不滿〔註24〕，史彌遠因此說「今沂王無後」，無疑是向余天錫暗示了要除掉或取代時爲沂王後嗣、卻與史彌遠不和的趙貴和的意思〔註25〕，並明確了挑選宗子的條件：「賢厚」。余天錫歸鄉途中，在全保長家遇見了同樣爲燕懿王德昭之後、太祖十世孫的趙與莒、趙與芮兄弟二人，「天錫憶彌遠所屬，其行亦良是，告於彌遠，命二子來。……天錫引見，彌遠善相，大奇之」。但當時或許由於時機不成熟，或許因爲史彌遠等擔心事情洩露帶來不便，「遽復使歸」〔註26〕。但到了嘉定十三年（1220）八月，太子趙詢去世〔註27〕，朝廷政局發生了新的變化，史彌遠或許覺察到現爲沂王嗣的趙貴和有可能被改立爲皇子，或許本就想扶植一位宗子以使其可以繼景獻太子趙詢之後被選立爲皇子，乃至最

〔註22〕 張金嶺考證出《宋史・余天錫傳》中余氏「歸試於鄉」並在途中全保長家遇見理宗（趙與莒）的時間爲嘉定十二年秋，但認爲此時景獻太子尚在，趙貴和尚爲沂王嗣，故史彌遠不存在爲沂王立後的可能。按，余天錫本傳中又載：「會沂王宮無後，丞相欲借是陰立爲後備。天錫秋告歸試於鄉，彌遠曰：『今沂王無後，宗子賢厚者幸具以來。』」則若余氏告歸時沂王即已無後，此種情況當出現在嘉定十四年六月趙貴和由沂王嗣被改立爲皇子之後，與張氏所稱「嘉定十二年秋」一說相矛盾，故本書不採張氏關於嘉定十二年秋「史彌遠不存在爲沂王立後的可能」一說。田翼則認爲余天錫此次歸鄉即擔負尋找宗子以取代當時身爲沂王後嗣的趙貴和的重任。本書採取後者觀點。參見張金嶺：《宋理宗研究》，北京：人民出版社 2008 年版，第 2～4 頁；張其凡、田翼：《有關宋理宗的兩個問題的考察》，載《商丘師範學院學報》2011 年第 5 期，第 47～50 頁。

〔註23〕 《宋史》卷四一九《余天錫傳》，第 12551 頁。

〔註24〕 趙均（趙貴和）自開禧二年（1206）五月被立爲沂王後嗣，至嘉定十二年（1219）已十五年之久，身爲沂嗣，對朝廷政事當有所瞭解，其對史彌遠的不滿，或許在其爲沂嗣時即已有所興發，而不必待其嘉定十四年（1221）被改立爲皇子後始有所示。

〔註25〕 《宋史・余天錫傳》載：「丞相史彌遠延爲弟子師，性謹願，絕不預外事，彌遠器重之。」田翼認爲：「余天錫雖然不主動參與外事，但深受史彌遠器重，可以說余天錫對當時的政局應該相當瞭解的。所以，事涉政治陰謀，史彌遠與余天錫用隱語交流並不奇怪。」見前引田文，第 49 頁。

〔註26〕 《宋史》卷四一九《余天錫傳》，第 12551 頁。

〔註27〕 《宋史》卷四十《寧宗四》記趙詢之死在八月，而《宋史全文》卷三十與《續編兩朝綱目備要》記爲七月，本書採《宋史》說。

終繼承皇位,「忽謂天錫曰:『二子可復來乎?』保長謝不遣。彌遠密諭曰:『二子長最貴,宜撫於父家。』遂載與歸。」依照史彌遠的指示與安排,時年十七歲的宗子趙與莒自此被帶入京城,安置在余天錫家,由余母朱氏親自負責教他讀書識字和學習朝廷禮儀,爲進入朝廷作準備〔註28〕。

　　事情果如史彌遠所預料,在景獻太子死後的第二年(1221)六月,趙貴和由沂王嗣改立爲寧宗皇子〔註29〕。此後,經過史彌遠一系列的運作,趙與莒(貴誠、昀)在寧宗駕崩前幾日亦被立爲皇子。在朝廷已然存在兩位過繼而來的皇子的情況下,宋寧宗因「(嘉定十七年八月丙戌,二十一日)違豫,自是不視朝」、「(八月壬辰,二十七日)疾篤」、「(閏八月丙申,二日)疾甚」〔註30〕等原因,最終未及在已經存在的兩位皇子中明確皇位繼承人的歸屬,由此爲史彌遠成功扶立趙貴誠(昀)提供了施展權謀的空間〔註31〕。結合史

〔註28〕 《宋史》卷四一九《余天錫傳》,第12551頁。

〔註29〕 史美珩援引趙竑立爲皇子當月,時任軍器監兼尚左郎官的范應鈴的奏疏「國事大且急者,儲貳爲先。陛下不斷自宸衷,徒眩惑於左右近習之言,轉移於宮庭嬪御之見,失今不圖,奸臣乘夜半,片紙或從中出,忠義之士束手無策矣」,認爲嘉定十四年六月立趙竑爲皇子時,「至少可以說明寧宗對立趙竑爲皇子舉棋不定,所以有以後再立趙昀爲皇子的動議與決定。這則資料可以說是爲後來寧宗又另立趙昀爲皇子做了伏筆」。見氏著:《是奸相還是能臣——史彌遠歷史真相研究》,太原:山西人民出版社2010年版,第156頁。又,王德毅引《宋史》卷四十一《理宗一》「會濟國公竑與丞相史彌遠有違言,彌遠日謀藥其失於寧宗,屬意於帝而未遂」的記載,稱「可見寧宗並沒有另立皇子之意」。見王德毅:《鄭清之與南宋後期的政爭》,原載《大陸雜誌》(臺灣)第101卷第6期,2000年12月,第1～15頁;見於《宋史研究論文集——國際宋史研討會暨中國宋史研究會第九屆年會編刊》,2000年,第161～182頁。本書認爲王說爲是。原因如下:一,嘉定十四年六月立趙貴和爲皇子時,趙昀(與莒)尚爲平民,寧宗對其和其他宗子並無較多瞭解,貴和爲唯一選立皇子候選人;二,分析范應鈴的奏疏所言,當爲定立皇子之前對寧宗務必要「斷自宸衷」而不惑於近習、宮闈的勸諫,而非史氏所認爲的該「資料說明,它(指立趙竑爲皇子一事)不是出於寧宗自己的『宸斷』」。

〔註30〕 《宋史》卷四十一《理宗一》,第784頁。

〔註31〕 方震華認爲:「少數主事者在短時間內捨棄已立爲皇子數年的趙竑,改立原爲皇姪的趙貴誠,卻未說明其中緣由,不免引人疑懼。但是,由於寧宗病逝前並未冊立皇太子,也就沒有絕對確定的繼承人選。寧宗死後,楊皇后成爲宮廷的主人,與外朝的宰相聯手擁立新君,在宋代的歷史中實屬尋常,其合理性很難被質疑。」方氏之說,可與本書相應。見方震華:《從轉機到危機——南宋理宗的即位與政局轉折》,載北京大學中國古代史研究中心編:《宋代政治史研究的新視野國際學術研討會論文集》(未刊稿,2013年)上冊,第409～410頁。

料中的相關記載，由這一階段趙昀地位的升遷速度，足以看出史彌遠的扶持力之巨。

表一：嘉定年間趙竑、趙昀進位表

時　　間	趙竑（貴和）	趙昀（與莒、貴誠）
嘉定十四年六月	丙寅，詔以姪福州觀察使貴和爲皇子，更名竑，爲武寧軍節度使，進封祁國公。（《宋史》卷四十、《宋史全文》卷三十）	乙亥，以太祖十世孫與莒補秉義郎。（《宋史》卷四十）
嘉定十四年八月	──	甲子，以秉義郎與莒爲右監門衛大將軍，賜名貴誠。戊寅，以姪右監門衛大將軍貴誠爲果州團練使。（《宋史》卷四十）
嘉定十四年九月	──	癸未，立貴誠爲沂靖惠王後。（《宋史》卷四十）
嘉定十五年五月	丁巳，進封子祁國公竑爲濟國公，加檢校少保。（《宋史》卷四十、卷二四六）	己未，以姪果州團練使貴誠爲邵州防禦使。（《宋史》卷四十）
嘉定十七年	閏八月丁酉，進封皇子竑爲濟陽郡王，出居湖州。（《宋史》卷四十）	八月壬辰，立姪貴誠爲皇子，更名昀。授武泰軍節度使，封成國公（《宋史》卷四十一）。閏八月丁酉，理宗崩，趙昀即皇帝位。（《宋史全文》卷三十一）

由上表可以看出，在嘉定十七年（1224）閏八月丁酉（三日）寧宗駕崩之前，趙昀屢獲驟遷，對先已被立爲皇子的趙竑步步跟進，直至二人均被立爲皇子，具備了一爭皇位的資格與條件。

二、鄭清之捲入皇嗣之爭

史彌遠在尋得趙貴誠並助其取得沂王嗣子的身份地位後，開始物色可堪信任之人擔任貴誠的老師，加強對趙貴誠的教育和指導，以使其能勝任史彌

遠在政治上的不測之需〔註32〕。在眾多人選中，史彌遠選定了時任國子司錄的鄭清之。劉克莊所撰鄭清之《行狀》、《宋史·鎮王竑傳》與元人方回的《桐江集》等文獻中均記載了史彌遠與鄭清之的淨慈寺慧日閣之謀。茲分錄其文於下：

《行狀》稱：

> （嘉定十六年）史丞相彌遠以私忌〔註33〕飯僧淨普，鄞人畢至，獨與公（本書按，指鄭清之。）登慧日閣，屏人語曰：「上與中殿為社稷計，雖有濟國公，然五六年未正儲號，聞沂邸皇侄事兩國恭順，容止端重，朝謁，上常目送。今欲擇一講官，君忠實可任此責。」公遜避不敢當，史公曰：「此先公事業。」先公謂太師浩也。〔註34〕

《宋史·鎮王竑傳》稱：

> 一日，彌遠為其父飯僧淨慈寺，獨與國子學錄鄭清之登惠日閣，屏人語曰：「皇子不堪負荷，聞後沂邸者甚賢，今欲擇講官，君其善訓迪之。事成，彌遠之坐即君坐也。然言出於彌遠之口，入於君之耳，若一語洩者，吾與君皆族矣。」清之拱手曰：「不敢。」〔註35〕

《桐江集》引鄭清之淳祐十年（1250）四月所奏《潛邸聖語》稱：

〔註32〕按，嘉定十四年六月，趙貴和由沂嗣被改立為皇子後，寧宗從宗子中選擇而充沂王後嗣，在史彌遠的操作下，九月，趙貴誠被立為沂靖惠王後。但史彌遠對趙貴誠的安排並不止此，這一點，從本書表一中所示趙貴誠的進位過程可以看出。

〔註33〕據《宋史》卷三九六《史浩傳》載：「寧宗登極，賜諡文惠，御書『純誠厚德元老之碑』賜焉。」第 12069 頁。又按，樓鑰曾奉敕撰史浩《太師保寧軍節度使致仕魏國公諡文惠追封會稽郡王史公神道碑》，載：「（紹熙）五年四月五日，公（指史浩）薨於里第之正寢。」則史彌遠淨慈寺因史浩忌飯僧，及慧日閣之謀，當在四月間。見（宋）樓鑰撰，顧大鵬點校：《樓鑰集》卷九十八，杭州：浙江古籍出版社 2010 年版，第 1702～1715 頁。又，元人方回稱：「嘉定十六年癸未五月初二日，賜蔣仲珍等五百四十九人及第出身，是日有簾間諦視事。又在淨慈寺閣史、鄭密謀之前數月，彌遠與宮中謀之久矣。獨沂邸講官未得其人，故遲擇至冬十一月而後得清之也。」由此，癸未進士唱名，在是年五月初二日：《劉克莊集箋校》卷一七○《丞相忠定鄭公行狀》記此事於清之兼魏惠憲王府教授之後，則清之受謀於史彌遠在四月無疑。方回謂「遲擇至冬十一月而後得清之」，誤。見方回：《桐江集》卷七《跋鄭清之所進聖語考三》，第 474～475 頁；《劉克莊集箋校》卷一七○《丞相忠定鄭公行狀》，第 6584 頁。

〔註34〕《劉克莊集箋校》卷一七○《丞相忠定鄭公行狀》，第 6584 頁。

〔註35〕《宋史》卷二四六《宗室三·鎮王竑傳》，第 8736 頁。

　　上在潛邸，臣時爲國錄。一日，史丞相彌遠以私□□（本書按，當作「忌至」。）淨慈寺飯僧，親戚人皆往，獨留臣於寺閣上，屏去左右，密語□（本書按，當作「臣」。）曰：「濟國公所爲悖繆，恐誤社稷，至今五六年迄不□（本書按，當作「正」。）皇儲之□（本書按，當作「號」。），蓋兩宮之意已不在濟邸矣。彌遠日夜憂之，今聞沂邸皇姪事俞兩國，極其恭順，朝謁時步履端重，儀止可觀。彌遠每於奏事，見上目送之。今欲審擇一講官，以輔臣德性，且察其行事之實。遍觀庶僚中，惟足下忠實謹畏，可任此責。切望留意，不可露以一線也。」臣再三遜避，丞相曰：「言出彌遠之口，入足下之耳，可得辭乎？謹之謹之，各自爲家國計，此先公事業，足下可以當之。」先公謂越王浩也。〔註36〕

由以上三條記載可以看出，在勸誘、蠱惑當時身份僅爲一介學官的鄭清之時，史彌遠意謂其不明皇家之事，而主要傳達了以下三個層面的意思：

　　其一，皇子趙竑行爲悖繆，不堪大任，業已引起兩宮的不滿。立爲皇子後五六年間不正儲君之號即爲明證〔註37〕。

　　其二，沂王嗣子貴誠賢良恭順，容止端重，已得寧宗矚目，若加以輔佐訓導，必有可能一爭儲君之位。

　　其三，史彌遠以爲鄭氏「忠實謹畏」，堪任講官之責。若此時能輔助貴誠，將來必有極大回報，「事成，彌遠之坐即君坐也」；但此事亦存有風險，「言出於彌遠之口，入於君之耳，若一語洩者，吾與君皆族矣」。

　　對於這等關乎國本、社稷的大事，鄭清之顯然不敢張口答應，無論是「遜避不敢當」，還是「再三遜避」，都顯示出鄭清之的「謹畏」和對此事所附帶之機遇與風險的衡量。而最終促使鄭清之決心參與這一政治策謀的原因，除了史彌遠的勸誘與脅逼外，還有兩點值得關注。其一，史彌遠在當時權勢威赫，到了無所不極的地步，明人何喬新曾評價說：「彌遠初順人心，誅侂胄，遂專國柄，端人君子貶斥殆盡，援引憸壬，布列庶位。當是時，鈞軸如薛極、曾從龍，其心膂也；臺諫如李知孝、梁成大，其鷹犬也；將帥如夏震、趙方

〔註36〕　《桐江集》卷七《跋鄭清之所進聖語考一》，第471頁。
〔註37〕　按，由本書前此注釋可知，以宗子過繼爲皇子、具有皇子身份者即得繼位之資格，而不必立爲皇太子。史彌遠以趙竑未被立爲皇太子、「未正儲號」之言蠱惑鄭清之，或是由於史氏本人對皇室典制不甚清楚和熟悉，以致有此論斷，或是史彌遠以此來加強勸誘鄭清之的說服力。

之屬，其爪牙也；凡貴官要職，無非史氏之人者，天子徒擁虛器而已。」〔註
38〕作爲位卑言輕的一介學官，鄭清之是不敢悖逆史彌遠或與之抗衡的。其二，
史彌遠所說的「先公事業」對鄭清之具有較大的吸引力與說服力。按，「先公」
指史彌遠父史浩。據《宋史‧史浩傳》載，高宗因無子嗣，選宗子二人育於
宮中，即普安、恩平二王，史浩曾爲二王府教授。紹興三十年（1160）普安郡
王（即後來的孝宗）爲皇子，進封建王，史浩即爲建王府教授、直講，三十
二年（1162）建王封皇太子，史浩爲太子右庶子。孝宗受禪後，史浩因潛邸恩，
終官尚書右僕射，恩重權高〔註 39〕。在鄭清之看來，史浩的成功之路或許可
以模製。事實上，事情的發展亦如史浩的模式，鄭清之後來四登宰席，其發
跡點正始於此。後人曾評論說：「清之寒生，竊第附麗卿袞，饕富貴逾三十年。」
〔註 40〕正緣於此。

另一方面，從史彌遠的角度來看，史彌遠之所以選擇鄭清之作爲貴誠的
老師，並與之密謀策立大事，除上引文獻中的史氏認爲鄭清之「忠實謹畏，
可任此責」外，還與鄭清之的身份以及史、鄭兩家的淵源關係有關。

其一，鄭清之的學官身份。鄭清之自嘉定十年（1217）舉進士及第，即
授峽州教授之職，之後一直在國子監爲學官。由此身份而擔任沂嗣趙貴誠的
老師，顯得自然，不會引起外界懷疑。

其二，鄭清之的四明人身份。史彌遠自開禧三年（1207）十一月誅殺
韓侂冑後，逐漸在朝中樹立了權威和專權地位，「彌遠秉政十有餘年，宰執
皆其腹心，臺諫皆其鷹犬，列闥皆其爪牙，人心服之久矣」〔註 41〕，但也
招致了不少朝廷人事上的糾紛、對立甚至反對。就四明士人內部而言，外
族有袁燮〔註 42〕等人的反對，族內有侄史守之〔註 43〕、甥陳塤〔註 44〕等的

〔註38〕（明）何喬新：《椒邱文集》卷七「史彌遠矯詔立沂王子貴誠，更名昀，封皇
子竑爲濟王，出居湖州」條，影印文津閣《四庫全書》第 417 冊，北京：商
務印書館 2005 年版，第 257 頁。

〔註39〕《宋史》卷三九六《史浩傳》，第 12065～12069 頁。又，《寶慶四明志》中載
史浩佐孝宗於潛邸事甚詳，見（宋）胡榘修，方萬里、羅濬纂：《寶慶四明志》
卷九《敍人‧先賢事蹟‧史浩傳》，《宋元方志叢刊》影印清咸豐《宋元四明
六志》本，北京：中華書局 1989 年版，第 5095 頁。

〔註40〕《桐江集》卷七《跋鄭清之所進聖語考一》，第 471 頁。

〔註41〕《椒邱文集》卷七「湖州潘壬起兵，立濟王竑爲皇帝，竑討平之」條，第 457
頁。

〔註42〕《宋史》卷四百《袁燮傳》載：「（燮）兼崇政殿說書，除禮部侍郎兼侍讀。
時史彌遠主和，燮爭益力，臺論劾燮，罷之，以寶文閣待制提舉鴻慶宮。」

不合作，四明士族內部已經陷於疏遠和分裂。在這種情況下，史彌遠自然有必要在作爲權力基礎的四明士人中選擇新的輔助力量，余天錫〔註45〕、鄭清之等人即屬此類。

其三，史、鄭兩家的淵源關係。鄭清之祖父鄭覃夫婦以節義死難，史彌遠父史浩曾爲其作《通義》，叔父史涓曾爲其作《壙銘》〔註46〕，讚其「夫死於義，婦死於節」〔註47〕，對鄭氏一族來說，是值得感恩的事情。而史彌遠之幼弟史彌堅曾從鄭清之學，鄭清之的女兒又嫁給史氏家族的史倩〔註48〕，這種教學與婚姻關係無疑使得兩姓之間的關係近化，並無形中對兩族的發展產生積極影響和作用〔註49〕。

第12147頁。嘉定十一年，金宣宗南伐，袁燮又曾極力反對史彌遠等向金納歲幣以求和，「堂堂中國卑辭厚幣，謹奉垂亡之虜，自示削弱，誰不侮之？」見眞德秀：《西山先生眞文忠公文集》卷四七《顯謨閣學士致仕贈龍圖閣學士開府袁公行狀》引袁燮奏文。《宋集珍本叢刊》第76冊，第531頁。

〔註43〕《宋元學案》卷七十四《慈湖學案·朝奉史先生守之》稱：「仲父彌遠當國，先生心弗善也，作《升聞錄》以寓規諫。……彌遠甚畏之，每有所作，輒戒其家，勿使十一郎知之。」第2488頁。

〔註44〕《宋史》卷四二三《陳塤傳》載：「史彌遠當國，謂之曰：『省元魁數千人，狀元魁百人，而恩數逾等，盍令省元初授堂除教授，當自君始。』塤謝曰：『廟堂之議甚盛，舉自塤始，得無嫌乎？』徑部注處州教授以去，士論高之。」第12638頁。又，《宋元學案》卷七十四《慈湖學案·司業陳習庵先生塤》稱：「論政切直，史彌遠問之曰：『吾甥殆好名邪？』先生曰：『好名，孟子所不取也。夫求士於三代之上，惟恐其好名；求士於三代之下，惟恐其不好名耳。』」又稱：「史彌遠爲先生母黨舅氏，先生於轉運司及禮部兩試第一，彌遠當國，將爲先生謀加恩數，先生卻之。」第2489頁。

〔註45〕《宋史》卷四一九《余天錫傳》稱：「余天錫，字純父，慶元府昌國人。丞相史彌遠延爲弟子師，性謹願，絕不預外事，彌遠器重之。」第12551頁。余天錫並直接參與了史彌遠扶植新的皇位繼承人的密謀。

〔註46〕《劉克莊集箋校》卷一七○《丞相忠定鄭公行狀》，第6583頁。

〔註47〕《成化寧波郡志》卷八《人物考·忠義·鄭覃傳》，第686頁。

〔註48〕《劉克莊集箋校》卷一七○《丞相忠定鄭公行狀》載：「（鄭）莫親於婿，而史倩生前止倅貳，□需次徽守，公不欲使倩領郡，改奉祠鎣。」第6595頁。

〔註49〕黃寬重先生曾以四明樓氏家族爲例，考察、分析了四明士族之間通過同學、教育、學術、婚姻、社群交遊與文化活動及社會公益活動等方式而建立起來的廣泛而深遠的人際網絡，並認爲，「這種家族向外建立與開拓人際網絡的情況，……對家族成員在學術、舉業、仕途發展，以及家族經營、資源取得、社會政治地位的提升等方面，構成相輔相成的效果」。見黃寬重：《宋代的家族與社會》第貳篇第二章《千絲萬縷——樓氏家族的婚姻圈與鄉曲義莊的推動》，臺北：東大圖書股份有限公司2006年版，第131頁。

　　淨慈寺之謀，確立了扶持沂嗣趙貴誠以對抗乃至取代皇子趙竑的大計，鄭清之由此捲入權相史彌遠的扶持、策立理宗這一根本大事，而其首先需要做的，即是對趙貴誠的教育和輔導，使其勝任皇位繼承人的角色。

三、理宗之立

　　在史彌遠、鄭清之等人的教導下，趙貴誠表現出了異於皇子趙竑的行爲與品德品質，再加上史彌遠、楊皇后等人的挑撥與中間，寧宗對作爲沂王繼嗣的趙貴誠的印象逐漸加深，而相比之下，對已被立爲皇子的趙竑的印象則大爲改變。《宋史全文》稱：

> 帝（按，指宋理宗）性凝重寡言，潔修好學，坐必正席，屹然如山。每朝參，序坐待漏，或多笑語，上獨儼然若思。出入殿廳，雍容莊敏，矩度有常，見者斂容。……每上朝，寧宗諦視良久，出則目送之，蓋已屬意於上矣。

又載：

> 濟國公竑失德寢彰，寧宗意不懌，使相王爵閣四年不授。……嘉定十七年正月，宰執奏事，寧宗憂形於色，歷言竑溺女嬖、狎羣小、傲誕淫褻數事，且密諭曰：「皇侄端重英悟，可承宗祧。欲並立爲皇子，續正元良之位。」宰執奏曰：「聖意堅定如此，宗社之福。然事大體重，容少遲，精審行之。」寧宗曰：「俟端聖節可也。」〔註50〕

到了嘉定十七年（1224）八月丙戌（二十一日），寧宗出現「違豫」的狀況，「自是不視朝」〔註51〕，六日後的壬辰（二十七日），寧宗「疾篤」〔註52〕，於是「召右丞相史彌遠、參知政事宣繒、簽書樞密院事薛極入禁中，寧宗頷使前曰：『疾已不可爲。朕前與卿議立皇侄，宜亟行之。』」〔註53〕遂有詔立趙貴誠爲皇子〔註54〕，詔書稱，「念國嗣之未建，嘗以皇弟沂靖惠王之子爲子

〔註50〕　（元）佚名撰，李之亮校點：《宋史全文》卷三十一《宋理宗一》，哈爾濱：黑龍江人民出版社 2005 年版，第 2129 頁。

〔註51〕　《宋史》卷四十《寧宗四》、卷四十一《理宗一》與《宋史全文》卷三十《宋寧宗三》、卷三十一《宋理宗一》均記載八月丙戌，寧宗「不豫」，惟《宋史·理宗一》又記丙戌日「自是不視朝」。

〔註52〕　《宋史》卷四十一《理宗一》，第 784 頁。

〔註53〕　《宋史全文·理宗一》，第 2129 頁。

〔註54〕　有關趙貴誠被立爲皇子的日期，史家記載各有不同。《宋史·理宗一》記爲八月壬辰，《宋史·寧宗四》記爲閏八月丁酉寧宗崩後的遺詔，《宋史·楊皇后傳》記

矣。審觀熟慮，猶以本支未強爲憂」，而「皇姪邵州防禦使貴誠，亦沂靖惠王之子，猶朕之子也，聰明天賦，學問日新，既親且賢，朕意所屬」，因此「俾並立焉。深長之思，蓋欲爲異日無窮之計也。其以爲皇子，改賜名昀」〔註55〕。由此，趙貴誠被立爲皇子，具備了入繼大統的重要條件——皇子身份。

　　閏八月丁酉（三日），「夜漏未盡」，寧宗駕崩。在史彌遠的運作下，皇子趙昀順利登上皇位，是爲宋理宗〔註56〕。而皇子趙竑則由檢校少保、武寧軍節度使、濟國公加封開府儀同三司、判寧國府，進封濟陽郡王〔註57〕。史彌遠最終完成了扶持趙昀繼承皇位的大計。

爲閏八月丁酉寧宗駕崩後的「矯詔」，《宋史全文・理宗一》記爲閏八月丁酉寧宗駕崩之前的詔書，《宋史全文・寧宗三》與《續編兩朝綱目備要》卷十六記爲寧宗駕崩前一天的閏八月丙申。按，《宋史・鎮王竑傳》載寧宗駕崩後，「彌遠在禁中，遣快行宣皇子，令之曰：『今所宣是沂靖惠王府皇子，非萬歲巷皇子，苟誤，則汝曹皆處斬。』」則寧宗駕崩前趙貴誠已被立爲皇子，且時間應超過丙申、丁酉這種一二日間的時段，傳令之人乃知有兩位皇子，故史彌遠加以強調區別；更不可能爲寧宗駕崩後的「矯詔」。故本書認爲「丁酉日立貴誠爲皇子」一說不當。又按，寧宗八月丙戌「不豫」，已不能如常時視朝，故有壬辰日「召宰執入禁中趣定大議」（《宋史全文・寧宗三》）的舉動，並說「朕前與卿議立皇侄，宜亟行之」，且《宋史・寧宗四》與《宋史全文・寧宗三》均記有「閏八月乙未朔，申嚴兩浙諸州輸苗過取之禁」一事，表明寧宗在此日及之前，雖「不豫」、「疾篤」，但尚能處理政務；祗到了丙申日，「疾甚」（《宋史・理宗一》），以致不能明確表達使哪位皇子繼承皇位，最終給史彌遠等以可乘之機，故本書不取《宋史全文・寧宗三》等之「丙申立貴誠爲皇子」一說。綜上，本書認爲，在受到史彌遠等蠱惑與蒙蔽的情況下，寧宗在八月壬辰日召宰執入禁中商議大計，並下詔立趙貴誠爲皇子較爲可信。又，壬辰日所召宰執，除史彌遠外，皆爲史黨親信，且寧宗既已「疾篤」，何故僅僅宣召宰執而不召皇后、皇子。故不排除此段記載爲後來僞造之嫌。宮闈秘事，諱不可言，本書且備此說。

〔註55〕《宋史全文》卷三十《宋寧宗三》，第2123～2124頁。按，《宋史全文》卷三十一《宋理宗一》也載有此篇詔書，惟文字有出入。第2129～2130頁。

〔註56〕《宋史》卷二四六《鎮王竑傳》中有丁酉日趙昀即皇帝位過程的詳細記載，第8736～8737頁。

〔註57〕《宋史全文》卷三十《寧宗三》稱閏八月丙申「詔皇子檢校少保、武寧軍節度使、濟國公竑爲開府儀同三司、判寧國府，進封濟陽郡王」。而同書卷三十一《理宗一》及《宋史》卷四十《寧宗四》、卷四十一《理宗一》、卷二四六《鎮王竑傳》均記爲丁酉日，按，寧宗在丙申日已「疾甚」，或已不能親自下詔進封趙竑及定立嗣君之事。否則，史彌遠等策立之謀將難以實現。又，《鎮王竑傳》稱：「皇后矯遺詔：竑開府儀同三司，進封濟陽郡王，判寧國府。帝（本書按，指宋理宗）因加竑少保，進封濟王。」則是在丁酉日寧宗崩後。故本書取「丁酉日」說。所稱「矯遺詔」，或因寧宗至丁酉日駕崩，終未就如何安排業已存在的兩位皇子作出區處；史彌遠成功策立趙昀之後，或又僞造寧宗遺詔，由楊皇后宣讀，進封趙竑，並使其出外。

在史彌遠策立理宗的關鍵時刻，自然也少不了已經成爲權臣史彌遠與皇子趙昀心腹的鄭清之的積極作用。據劉克莊所撰鄭清之《行狀》記載，鄭清之在這一策立過程的緊要關頭還負責起草了有關趙昀繼位和別封趙竑等的詔旨：

> 寧宗昇遐，遺詔上（按，指理宗）承大統，是夜惟召丞相入定策。時政府翰苑未及知，詔旨皆定公（按，指鄭清之）手。太后趣上入宮，公命子士昌易衣，導綠蓋車至沂邸進發，公留相府之眉壽堂處分諸事。明旦，丞相退朝，輦下纖塵不驚，六軍兆民，仰瞻日出咸池矣。〔註58〕

又據史籍記載，在此關鍵時刻，鄭清之還充當了最終勸服皇子趙昀入繼大統的關鍵角色。《宋史・鎮王竑傳》載：

> 寧宗崩，彌遠始遣清之往，告昀以將立之之意。再三言之，昀默然不應。最後清之乃言曰：「丞相以清之從遊之久，故使布腹心於足下。今足下不答一語，則清之將何以覆命於丞相？」昀始拱手徐答曰：「紹興老母在。」清之以告彌遠，益相與歎其不凡。

鄭清之的勸說與溝通獲得時爲皇子的趙昀的默認，最終使得史彌遠的定策大計順利實施。策立之事的順利實施和理宗即位的平坦順暢，無疑與史彌遠、鄭清之等人的長期策劃和周全準備有著莫大的關係，鄭清之在此過程中的表現和付出，也使得其積累了在理宗一朝「四登宰席，先後八年」〔註59〕的政治資本。

四、鄭清之對理宗親政前的教育

嘉定十六年（1223）四月的淨慈寺之謀後不久，鄭清之即兼魏惠憲王府教授，開始作爲沂嗣趙貴誠的老師，嘉定十七年八月理宗即位後，鄭清之繼續擔任理宗的說書、侍讀、侍講等經筵官職，對理宗的教育長達十年之久〔註60〕。

〔註58〕《劉克莊集箋校》卷一七〇《丞相忠定鄭公行狀》，第 6584～6585 頁。
〔註59〕《劉克莊集箋校》卷一七〇《丞相忠定鄭公行狀》，第 6592 頁。
〔註60〕胡昭曦先生曾計算鄭清之擔任教職的時間，認爲鄭「在任京朝官的約 30 年中，大體是任學官 2 年，王宮教授約 2 年，兼任說書、侍讀、侍講等教職約 8 年」，參見胡昭曦：《晚宋名相鄭清之考論》，載北京大學中國古代史研究中心編：《鄧廣銘教授百年誕辰紀念論文集》，北京：中華書局 2008 年版，第 547 頁。

　　鄭清之對理宗的教育，限於史料記載，僅可從以下若干事件窺探端倪。鄭清之自擔任魏惠憲王府教授後，「日教昀爲文，又購高宗書俾習焉」，趙昀學文、學書進步很快，「清之上謁彌遠，即以昀詩文翰墨以示，彌遠譽之不容口」〔註61〕。詩文翰墨之外，鄭清之還爲理宗講授修齊之法、君臣之道，使理宗得以學習持家治國之道。

　　在日常方面，鄭清之還教導理宗效法先帝，倡行節儉，培育君德。理宗即位後，有一天因爲外界對宮中閣子庫新進一批絲鞋而有所議論，理宗便向鄭清之詢問這件事，鄭清之便直言不諱地說，在這些議論之聲中，「有言禁中服用頗事新潔者」，理宗辯稱：「舊例，月進鞋數兩，朕非敝不易，何由致謗？」鄭清之就以孝宗、寧宗爲例，勸諫理宗：「孝宗繼高宗，故儉德易彰。陛下繼寧考，故儉德難著。寧考受用如寒士，衣領重澣，革舄屢補。今欲儉德著聞，須過於寧考方可。」以本朝祖宗爲例進行勸諫，合情合理而又有委婉規寓，理宗乃「欣受」，予以採納〔註62〕。

　　作爲君主的經筵講讀官，鄭清之對理宗教導的重點還是治國平天下的道理和方略〔註63〕。據劉克莊記載稱：「公（鄭清之）自橫經朱邸，至開卷丹地，每以二帝三王之行事、六經四書之格言反覆開陳，上必敬聽。」〔註64〕以上古時代的聖王之事和聖賢經典來教導理宗，無疑是希望理宗能夠效法先王，遵守儒家經典教義，推行聖政，成爲聖君。鄭清之還借用歷史故實來勸誡理宗以史爲鑒，汲取教訓。如寶慶二年（1226）九月庚午，工部侍郎兼崇政殿說書鄭清之晚上講讀《通鑑》後，君臣之間對東漢恒帝時朱穆因懲治宦官恣橫而被治罪一事〔註65〕展開討論，鄭清之趁機進奏說：「西漢士大夫得出入禁

〔註61〕　《宋史》卷二四六《鎮王竑傳》，第8736頁。

〔註62〕　《宋史》卷四一四《鄭清之傳》，第12419頁；《劉克莊集箋校》卷一七○《丞相忠定鄭公行狀》，第6585頁。

〔註63〕　明人何喬新曾批評理宗說：「彼其初學於鄭清之，所從事者文翰耳，於誠意正心修身之道固未之講。」見何喬新：《椒邱文集》卷七《奉帝爲遊燕》，第259頁。胡昭曦先生對此已有辨正，見前引胡昭曦：《晚宋名相鄭清之考論》一文，第549頁。

〔註64〕　《劉克莊集箋校》卷一七○《丞相忠定鄭公行狀》，第6585頁。

〔註65〕　（南朝宋）范曄：《後漢書》卷四十三《朱穆傳》載：「永興元年，河溢，漂害人庶數十萬戶，百姓荒饉，流移道路。冀州盜賊尤多，故擢穆爲冀州刺史。州人有宦者三人爲中常侍，並以檄謁穆。穆疾之，辭不相見。……及到，奏劾諸郡，至有自殺者。以威略權宜，盡誅賊渠帥。舉劾權貴，或乃死獄中。有宦者趙忠喪父，歸葬安平，僭爲璵璠、玉匣、偶人。穆聞之，下郡案驗。

中，人主不專與婦寺相處。」藉以勸諫理宗親賢遠佞，理宗對此心有明會：「朕觀周成之制，宮中宿衛盡用士大夫，使人君得目見正人，耳聞正論，所以爲進德之基。西漢去古未遠，尚有成周遺意。使人君得親近士大夫，眞良規也。」在君主親近正人、賢人，遠離諂媚姦佞這一點上，君臣之間有著共同的政治話語和追求，理宗並對此「良規」「歎羨久之」〔註66〕。

紹定元年（1228）十月辛亥，在與侍讀鄭清之、王暨等人討論王朝興衰成敗的根由時，理宗說，「漢唐以下，人主鮮克有終者，皆由不知道」，並詢問商紂不以成湯放逐夏桀爲龜鑑而最終重蹈覆轍以致滅亡一事的原因，鄭清之發揮理宗「皆由不知道」的說法，認爲「自古人君不能以亂亡爲鑒，豈獨闇君孱主？」漢武帝、唐玄宗可稱得上是聖主明君了，但是「漢武帝飫聞亡秦黷武之弊而窮征不休，唐玄宗手鋤太平逆韋之難而敗於女寵」，這是不以前人爲鏡鑑而帶來的後果，即使是一代雄主唐太宗，雖然提出「以銅爲鏡，可以正衣冠；以古爲鏡，可以知興替；以人爲鏡，可以明得失」〔註67〕，但他雖「英明創業，親見隋煬帝征遼亡國，乃縱兵鴨綠，迄無成功，有累盛德」，同樣是「不能以覆轍爲戒」。鄭清之並闡釋理宗所稱的「由不知道」，認爲這些君主「不能以道制欲」，所以才會爲後人歎息〔註68〕。鄭清之教導理宗，身爲君主，應當以史爲鑒，踐行君主之道，奉行先王法度，克制內心私欲，這樣才能避免蹈前人覆轍。由此也可以看出，理宗確實已經顯露出對治國、爲君之道的體會與感悟，並能夠從君主的立場來闡發和表達自己的見解和主張。

作爲新君，理宗對經筵講讀還是比較重視的，寶慶三年（1227）正月己丑，理宗下詔學士院：「朕初纂丕圖，亟奉慈訓，既御經幄，日親羣儒。深念進德立治之本實由典學，朝夕罔敢怠忽。尚賴諸賢悉心啓迪，毋有所隱，朕當垂聽，益加自勉。」表現出虛心、主動接受教導的熱情。事實上，理宗不止一次地表達過他向鴻碩儒臣求學和質詢的心意和舉動，如理宗曾經專門闢出緝熙殿，來作爲講學場所，並御製《緝熙堂記》，宣稱自己「日與諸儒碩學

吏畏其嚴明，遂發墓剖棺，陳屍出之，而收其家屬。帝聞大怒，徵穆詣廷尉，輸作左校。」北京：中華書局點校本 1965 年版，第 1470 頁。按，《宋史全文》卷三十一記爲漢成帝，誤。第 2148 頁。

〔註66〕 《宋史全文》卷三十一《宋理宗一》，第 2148 頁。

〔註67〕 （後晉）劉昫等：《舊唐書》卷七十一《魏徵傳》，北京：中華書局點校本 1975 年版，第 2561 頁。

〔註68〕 《宋史全文》卷三十一《宋理宗一》，第 2159 頁。

從容延款，紬繹義理，問辨經史，庶幾有獲，內以修身，外以治國平天下，期無愧於祖宗家傳之學，顧不偉歟」〔註69〕。在講讀臺官的教導與啓迪下，理宗對學問道德的領悟也有所顯現，如紹定六年（1233）九月，「辛酉，經筵奏：乞以御製敬天、法祖、事親、齊家四十八條及御書緝熙殿榜、御製《緝熙堂記》宣付史館，從之。」據《宋史全文》記載，這四十八條御製箴言爲：

> 四十八箴列爲十二軸，左一曰敬天命法祖宗事親齊家；右一曰親碩學精六藝崇節儉惜名器。左二曰謹言語戒喜怒惡旨酒遠聲色；右二曰伸剛斷肅紀綱核名實明賞罰。左三曰廣視聽守信義懼滿盈究遠圖；右三曰開公道塞倖門待耆老獎忠直。左四曰儲人才訪屠釣尚儒術保勇將；右四曰恤勤勞抑貪競進廉退斥讒佞。左五曰鑒迎合絕朋比察讒間禁苞苴；右五曰杜請託議釋老謹刑獄哀鰥寡。左六曰傷暴露罪己爲民損躬撫軍求善使過；右六曰寬民力飭邊備旌死事懲偷生陳公益。〔註70〕

這四十八條理宗御製的箴言以敬天、法祖、事親、齊家爲綱目，包括了君主修齊治平的各個方面，應該說，是理宗在講讀官教導下自己思索和總結出來的人君之道。

在鄭清之在內的一批理學之士的教導下，理宗本人逐漸對理學表現出極大的興趣。史載，寶慶三年（1227）正月己巳，理宗下詔追封追贈朱熹爲太師，進封信國公時，說：「朕每觀朱熹《論語》、《大學》、《中庸》、《孟子》注解，發揮聖賢之蘊，羽翼斯文，有補治道。朕方厲志講學，緬懷典刑，深用歎慕。」〔註71〕三月庚戌，朱熹之子工部侍郎朱在進對，理宗又一次表示說：「卿先卿《四書注解》有補於治道，朕讀之不釋手，恨不與之同時！」〔註72〕元人修《宋史》時，對理宗尊崇理學的行爲給予了讚揚，認爲：

> 宋嘉定以來，正邪貿亂，國是靡定，自帝繼統，首黜王安石孔廟從祀，升濂、洛九儒，表章朱熹《四書》，丕變士習，視前朝姦黨

〔註69〕《宋史全文》卷三十二《宋理宗二》，第2185頁。
〔註70〕《宋史全文》卷三十二《宋理宗二》，第2184～2185頁。
〔註71〕《宋史全文》卷三十一《宋理宗一》，第2151頁。
〔註72〕《宋史全文》卷三十一《宋理宗一》，第2152頁。按，《宋史‧理宗一》記理宗語爲：「先卿《中庸序》言之甚詳，朕讀之不釋手，恨不與同時。」第789頁。兩處記載略有不同。

之碑、僞學之禁，豈不大有徑庭也哉！身當季運，弗獲大效，後世
有以理學復古帝王之治者，考論匡直輔翼之功，實自帝始焉。〔註73〕
理宗的這一態度和在位期間對理學的推重，與其早年所接受的理學家的教導
和啓迪是有著必然關係的。〔註74〕

對於鄭清之的教導和輔佐，理宗是感激在心的。他曾在詔書中讚賞鄭清
之的教授功勞：「朕倚卿舊學，助理萬几，……厥功茂焉。」〔註75〕又說：「大
廈必棟樑之任，巨川惟舟楫之資。……以卿蘊帝師之學，抱王佐之材，疇績
中臺，升班首輔，蓋欲究致主澤民之業，凝調元贊化之功，使國勢重於泰山，
而人心安於磐石。」〔註76〕表現出理宗對鄭清之輔助自己治理百姓、穩重國
勢、安定民心的倚重與期望。時人也多有讚歎鄭清之的教導輔弼之功的。如
淳祐五年（1245）七月，鄭清之進少傅，劉克莊上賀啓，稱：「首延登於保輔，
俾入侍於燕閒。密勿龍光，敷陳麟史。以天理之二字，蔽聖經於一言。將使
夫竊寶玉大弓之徒，皆凜然畏斧鉞華袞之筆。」〔註77〕方秋崖在賀表中也說：
「以經綸典聖學，以緝熙贊皇猷。從容訪道之庭，獨隆體貌；敷錫配天之澤，
備極榮懷。」〔註78〕明確讚頌鄭清之在教導、啓迪理宗一事上的功勞。劉宰
在《答鄭丞相謝除太常丞》中盛讚稱：「大丞相以講學輔主上，續道統之傳；
以勤勞佐主上，復基圖之舊。其精忠可以貫日月，其純誠可以通神明。固非
漢唐諸相所可望，直與禹皐、周召同科。」〔註79〕乃將鄭氏與三代、西周的
皐和召公並稱。

〔註73〕《宋史》卷四十五《理宗五》「贊」，第889頁。

〔註74〕張金嶺專門探究了理宗尊崇理學的淵源、表現、影響及其與理學家的關係。
見氏著：《宋理宗研究》第五章第二、三、四節，第226～251頁。

〔註75〕（宋）魏了翁：《重校鶴山先生大全文集》卷十四《擬御筆褒鄭清之》，影印
明嘉靖銅活字本，《宋集珍本叢刊》第76冊，北京：綫裝書局2004年版，第
718頁。

〔註76〕（宋）洪咨夔：《平齋文集》卷十三《光祿大夫右丞相兼樞密院使鄭清之再辭
特進左丞相兼樞密使恩命不允詔》，影印清影宋鈔本，《宋集珍本叢刊》第75
冊，北京：綫裝書局2004年版，第122頁。

〔註77〕《劉克莊集箋校》卷一一八《賀少傅》，第4880～4881頁。

〔註78〕（宋）佚名：《翰苑新書續集》卷一方秋崖《賀鄭丞相除少傅》，影印文津閣
《四庫全書》第315冊，北京：商務印書館2005年版，第354頁。

〔註79〕（宋）劉宰：《漫塘集》卷七《答鄭丞相謝除太常丞》，影印明萬曆刻本，《宋
集珍本叢刊》第72冊，北京：綫裝書局2004年版，第163頁。

鄭清之在理宗親政前對理宗的教導和輔弼，配合鄭氏在擁立理宗一事上的功勞，使其與理宗之間建立起了親密的關係，理宗也逐漸培養出治國平天下的氣概和志向。在《重修復古殿紀事詩》中，理宗一度表達了效法先王與祖宗故事，中興宋室、開創太平之治的強烈願望：

> 烈祖謀詒燕，沖人命紹龜。禁嚴瞻復古，締創想當時。
>
> ……
>
> 勉輯炎興業，新還舜禹規。
>
> ……
>
> 權綱歸總攬，制度永維持。養士翔鴛鷺，搜兵振虎貔。
>
> 宣王修政日，光武中興時，文治綏函夏，英威詟遠夷。
>
> 萬年丕顯績，三紀太平基，繼述慚非稱，規恢動慨思。
>
> ……
>
> 告成書梗概，拜手緝蕪辭。〔註80〕

然而，在權相史彌遠的專擅之下，朝廷內外大權操持於下，君權旁落，即位後的宋理宗，「淵默十年無爲」〔註81〕，政治上難有改革鼎新的舉措。〔註82〕

第二節　雪川之變

在權相史彌遠等長期的有計劃的扶植下，趙昀最終被策立爲皇帝，同時，將具有競爭地位的皇子趙竑以封藩賜第的方式迫使其離開臨安，但理宗和史彌遠並未就此高枕無憂，藉助一次偶然的民間變亂，史彌遠派人毒殺濟王，永絕後患。這一事件，即是在理宗朝和南宋後期爭訟長久的「雪川之變」，一大批朝野士大夫受到牽連和貶黜。然而，作爲史彌遠和理宗親信的鄭清之，在此期間仕途順暢，迅速攀升。

〔註80〕（宋）宋理宗：《重修復古殿紀事詩》，傅璇琮等主編：《全宋詩》卷三二九二，北京：北京大學出版社1998年版，第39241頁。

〔註81〕（宋）黃震：《黃氏日鈔古今紀要逸編》「理宗」條，《叢書集成初編》第2784冊，北京：中華書局1985年版，第1頁。

〔註82〕張金嶺認爲，理宗的「淵默十年無爲」，其實「是韜晦中的隱計，是自覺瞭解國情、積累知識、增長才幹的過程，決不是十年間無所事事，枉費光陰，不理朝政。他在無力撼動史彌遠的情況下，能夠這樣做算是有所不爲而有所爲了」。見氏著：《宋理宗研究》，第98～104頁。

一、霅川之變

嘉定十七年（1224）閏八月丁酉（三日），趙昀即皇帝位。趙竑被進封爲濟王〔註83〕。起初，理宗想要趙竑居住於宛陵，趙竑不肯前往，史彌遠認爲濟王居住在臨安有逼宮之嫌，在閏八月庚申（二十六日），賜濟王第於湖州，九月丁丑（十四日），詔竑充醴泉觀使，令就賜第，逼迫濟王離開臨安，遷居於霅城（湖州）之西。〔註84〕

寶慶元年（1225）正月庚午（九日），湖州人潘壬、潘甫、潘丙兄弟三人謀立濟王，發動變亂，「義舉推戴」濟王，並「以黃袍加之」，聲稱已與當時在山東擁兵自重的李全取得密約，「揭李全榜於州門，聲言史丞相私意援立等罪。且稱見率精兵二十萬，水陸並進」〔註85〕，而實際上，「全黨欲坐致成敗，然其謀而不助之力」〔註86〕，潘氏所率領的衹是一些太湖漁人及巡尉兵卒。濟王趙竑在得知真相後，一方面派王元春間道告知朝廷，一方面親自率領州郡官兵開展平亂活動。在濟王與湖州郡將率兵圍剿下，變亂很快被鎮壓下去。這一變亂事件，史稱「霅川之變」〔註87〕。湖州變亂發生一天後，史彌遠遣其門客秦天錫〔註88〕來到湖州，聲稱奉旨爲生病的

〔註83〕《宋史》卷二四六《鎮王竑傳》，第8737頁。按，進封濟陽郡王、濟王事，《宋史·理宗一》（第784頁）與《鎮王竑傳》（第8737頁）均記爲丁酉日，寧宗駕崩後，楊皇后宣稱遺詔，趙竑開府儀同三司，進封濟陽郡王，判寧國府，趙昀即位後隨即加竑少保，進封濟王。《宋史·理宗一》又載，當日即賜第湖州，以醴泉觀使就第；《鎮王竑傳》則記爲「九月丁丑，以竑充醴泉觀使，令就賜第。」又，《宋史全文》記趙竑進封濟陽郡王、判寧國府在閏八月丁酉（三日）日內寧宗駕崩之前，封竑爲濟王在理宗即位八日後的乙巳（十一日），又十五日後的庚申（二十六日）乃賜第湖州，並詔濟王竑充醴泉觀使就第。綜合上述記載，本書取《宋史》說。

〔註84〕《宋史全文》卷三十一《宋理宗一》，第2131頁；《齊東野語》卷十四《巴陵本末》，第252頁。「九月丁丑」，據《宋史·鎮王竑傳》，第8737頁。

〔註85〕《齊東野語》卷十四《巴陵本末》，第252頁。

〔註86〕《宋史》卷四七六《李全傳上》，第13826頁。

〔註87〕霅川之變，或又稱湖州之變。《齊東野語》卷十四《巴陵本末》（第252~258頁）、元人劉一清《錢塘遺事》卷二《濟王》（影印清嘉慶洞庭掃葉山房席氏校訂本，上海：上海古籍出版社1985年版，第50~52頁）、《宋史》卷四十一《理宗一》（第785頁）、同書卷二四六《鎮王竑傳》（第8737頁）均有記載，而以《齊東野語》記載爲詳，故本書採《齊東野語》說。

〔註88〕《齊東野語》作「余天錫」，《宋史》卷四十一、卷二四六及《宋史全文》卷三十一均作「秦天錫」。張金嶺對此做出過解釋，見氏著：《宋理宗研究》，第88頁註①。本書取「秦天錫」說。

濟王診病，因此毒殺濟王〔註89〕。事發後，理宗下詔貶濟王爲巴陵縣公〔註90〕，改湖州爲安吉州。

二、霅川之變後的朝議

霅川之變發生後，很快在朝廷內部引起極大的爭議。史稱「濟王不得其死，識者羣起而論之」〔註91〕，爲濟王鳴冤的主要是眞德秀、胡夢昱、魏了翁等理學之臣〔註92〕。對於朝野的抗議、反對之聲，史彌遠採取高壓措施，起用梁成大、李知孝、盛章、莫澤、朱端常等人爲臺諫官，操控言論，以鉗制反對者之口，並以各種名目打壓反對者，「於是一時之君子貶竄斥逐，不遺餘力」〔註93〕。

寶慶元年（1225）七月間，眞德秀入見時上奏說：「我朝立國，先正名分。陛下不幸處人倫之變，流聞四方，所損非淺。霅川之變，非濟王本志，前有避匿之跡，後聞討捕之謀，情狀本末，灼然可考。」眞德秀從湖州之變的事實出發，爲濟王進行辯冤、開脫，並希望對濟王身後之事有所補償，「願討論

〔註89〕　《宋史·鎮王竑傳》（第 8737 頁）及《宋史全文》卷三十一（第 2134 頁）均記爲縊殺，考《齊東野語》卷十四《巴陵本末》（第 253 頁）夾註載：「本州有老徐駐泊云：嘗往視疾，至則已死矣。見其已用錦被覆於地，口鼻皆流血，沾漬衣裳，審爾，則非縊死矣。」則濟王爲毒死無疑。

〔註90〕　《宋史》卷四十一《理宗一》（第 785 頁）、《錢塘遺事》卷二《濟王》（第 52 頁）記濟王死後不久即被貶爲「巴陵郡公」，《理宗一》又記寶慶二年八月乙巳「濟王竑追降巴陵縣公」（第 788 頁）。又，《宋史》卷二四六《鎮王竑傳》（第 8737 頁）及《齊東野語》卷十四《巴陵本末》（第 253 頁）均只記爲「巴陵縣公」，惟《鎮王竑傳》未明確追貶時間。又，《宋史全文》卷四十一未載貶「巴陵郡公」事，惟載寶慶二年八月乙巳，史彌遠等上言議濟王「正名定罪」事，稱「欲乞將濟王追降巴陵縣公」，理宗「從之」（第 2148 頁）。則濟王之貶，實由「王」而追降爲「巴陵縣公」，故本書取《齊東野語》、《宋史·鎮王竑傳》及《宋史全文》說。

〔註91〕　《宋史》卷四一四《史彌遠傳》，第 12418 頁。

〔註92〕　張金嶺分析了理學之臣對待濟王之事的三種態度，即對僭越權力的捲入、疏離與抗爭。並且認爲，理學之士「他們以其『理』來試圖顚覆史彌遠的僭越權力。理學之士對於理宗的繼位也認爲是僭越的，但是當他的統治成爲現實的時候，理學之士開始採取雖然知其不合『理』而認可的矛盾態度，這個矛盾是儒家理論給他們預設的理論陷阱。……他們大多傾向於擁護『這一個』僭越者宋理宗並希望借用理宗的皇權來瓦解『另一個』僭越者史彌遠。實際上，史彌遠是更爲強大和更爲根本的僭越者」。見氏著：《宋理宗研究》，第 40 ～43 頁。

〔註93〕　《宋史》卷四一四《史彌遠傳》，第 12418 頁。

雍熙追封秦王捨罪恤孤故事，濟王未有子息，亦惟陛下興滅繼絕」。然而，理宗卻稱「朝廷待濟王亦至矣」，在眞德秀勸以「人主但當以二帝、三王爲師」時，理宗才肯承認「一時倉促耳」〔註94〕。對於眞德秀的進言，雖然理宗有所接納，但史彌遠對此心存憂慮，「時相以其負人望，有主眷，屢誘怵以禍福，使附己，公（按，指眞德秀）不爲動，乃與其黨謀逐公」〔註95〕。在莫澤、朱端常、梁成大等人的彈劾下，眞德秀被劾「舛論綱常，簡節上語，曲爲濟王地」，「奏箚誣詆」〔註96〕，先後被除職予祠、落職罷祠〔註97〕。寶慶二年二月，梁成大又奏「眞德秀有大惡五，其奏濟王事，乞追封以蓋逆狀，趨立嗣以召禍端，改節聖語，謗訕朝廷，無將之心」，並請竄殛眞德秀〔註98〕。右正言李知孝言：「德秀節改聖語，繆膺牒示，導信邪說，簧鼓同流，其或再有妄言，當追削流竄，以正典刑。」〔註99〕若非理宗表態說「仲尼不爲已甚」〔註100〕，眞德秀將不免竄殛之禍。

寶慶元年（1225）九月，時任大理評事的胡夢昱應詔上書，「引晉申生爲屬，漢戾太子，及秦王廷美之事，凡萬餘言，訐直無忌」〔註101〕，「胡夢昱一疏，尤爲慘怛，貫穿百代之興亡，指陳天人之感應，讀之使人流涕」〔註102〕，又貽書丞相史彌遠，以爲「公論在，天下未有久而不明；冤抑在，天下未有久而不伸。此論不早明，他日必有反覆；此抑不早伸，他日必有屬階」。史彌遠「得書大怒」，九月己未，「御史李知孝承風旨劾夢昱黨附叛逆」，史彌遠將胡夢昱「削籍，羈管象郡」，後「又爲御史梁成大所劾，再徙寧越，未及行，以痢疾卒」〔註103〕。胡夢昱爲此付出生命的代價。胡夢昱被貶後，辭官居家的傅伯成上疏批評打壓言論，稱：「方今內無良吏，田里怨咨，外無名將，邊

〔註94〕《宋史》卷四三七《眞德秀傳》，第12961頁。
〔註95〕《劉克莊集箋校》卷一六八《西山眞文忠公行狀》，第6514頁。
〔註96〕《宋史》卷四十一《理宗一》，第787頁。
〔註97〕《宋史全文》卷三十一《宋理宗一》記眞德秀除職予祠在八月丙辰，落職罷祠在十一月乙酉，第2141、2143頁；《宋史》卷四十一《理宗一》記前者爲八月乙卯，後者爲十一月甲申，第787頁。此處有異。
〔註98〕《宋史全文》卷三十一《宋理宗一》，第2144頁。
〔註99〕《宋史》卷四二二《李知孝傳》，第12622頁。
〔註100〕《宋史》卷四三七《眞德秀傳》，第12962頁。
〔註101〕《齊東野語》卷十四《巴陵本末》，第253頁。
〔註102〕《齊東野語》卷十四《巴陵本末》方大琮語，第255頁。
〔註103〕（清）陸心源：《宋史翼》卷十六《胡夢昱傳》，影印清光緒三十二年初刊朱印本，北京：中華書局1991年版，第166～167頁。

陞危急，而廉恥道喪，風俗益媮，賄賂流行，公私俱困。謂宜君臣上下，憂邊恤民，以弭禍亂。奈何今日某人言某事，未幾而斥，明日某人言某事，未幾而斥，則是上疏者以共工、驩兜之刑加之矣。……在列之臣，無一爲言者，萬一死於瘴癘，陛下與大臣有殺諫者之謗，史冊書之，有累聖治。」〔註104〕可惜，不管宋理宗還是史彌遠都沒有對此作出任何回應。

　　魏了翁早在理宗即位時就因「時事忽異」而「積憂成疾，三疏求閒不得請」，在濟王身死追貶後，「每見上，請厚倫紀，以弭人言」，其言濟王事，「能引義劘上，最爲切至」。在胡夢昱因言事被劾貶竄時，魏了翁又因餞別胡夢昱而被李知孝指爲「首倡異論」，因史彌遠「欲引（魏了翁）以自助」並「外示優容」而止。魏了翁以疾請辭、出知常德府後二日，朱端常便觀風希旨，「遂劾了翁欺世盜名，朋邪謗國」〔註105〕，「封章謗訕」。梁成大則對眞德秀、魏了翁二人進行了極度攻擊性的劾奏，稱：「大佞似忠，大辯似拙，或好名以自鬻，或立異以自詭，或假高尙之節以要名，或飾矯僞之學以欺世。言若忠鯁，心實回邪。一不察焉，薰蕕同器，涇渭雜流矣。言不達變，謀不中機。或強辯以爲能，或詭奸以市直。或設奇險之說以駭眾聽，或肆詭誕之論以惑士心，所行非所言，所守非所學。一不辨焉，枘鑿不侔，矛盾相激矣。」〔註106〕魏因此「落職，奪三秩，靖州居住」〔註107〕。自此被摒棄於朝政之外。

　　在濟王一事的上書言事者中，鄧若水的應詔上封事態度強烈，措辭尖銳，並將矛頭直指理宗本人，對其進行直言不諱地批評。鄧若水論道：「寧宗皇帝晏駕，濟王當繼大位者也，廢黜不聞於先帝，過失不聞於天下。史彌遠不利濟王之立，夜矯先帝之命，棄逐濟王，並殺皇孫，而奉迎陛下。曾未半年，濟王竟不幸於湖州。揆以《春秋》之法，非弑乎？非篡乎？非攘奪乎？」言辭所指，由論濟王身死一事而質疑理宗繼承皇位的合法性。並批評理宗「今踰年矣，爲乾剛不決，威斷不行，無以大慰天下之望」，以致「昔之信陛下之必無者，今或疑其有。昔之信陛下不知者，今或疑其知」，理宗「以此身受此污辱」。鄧若水倡言理宗「行大義然後可以弭大謗，收大權然後可以固大位，

〔註104〕《宋史》卷四一五《傅伯成傳》，第 12443～12444 頁。

〔註105〕《宋史》卷四三七《魏了翁傳》，第 12968 頁。

〔註106〕（宋）徐自明撰，（明）呂邦燿續編，王瑞來校補：《宋宰輔編年錄校補附錄續宋宰輔編年錄校補》卷六，北京：中華書局 1986 年版，第 1532 頁。

〔註107〕《宋史》卷四十一《理宗一》，記爲十一月甲申，第 787 頁；《宋史全文》卷三十一《宋理宗一》記爲十一月乙酉，第 2143 頁。

除大姦然後可以息大難」〔註108〕。然而，鄧若水的這份奏事，「制置司不敢爲附驛，卻還之」。因爲鄧若水的奏事已經在士大夫中廣泛傳播，史彌遠雖未對其予以制裁和打擊，但在隨後的鄧若水按條格改官時抹去了鄧的名字。

此外，金部員外郎洪咨夔上疏中直稱：「濟王之死，非陛下本心」，史彌遠讀之「大恚，擲於地」〔註109〕。戶部郎官張忠恕也應詔上封事，稱：「（濟王）不留京師，徙之外郡，不擇牧守，混之民居，一夫奮呼，闔城風靡」，勸諫理宗「當此時，亟下哀詔，痛自引咎，優崇恤典，選立嗣子」，來消除朝野的質疑與抗議，而理宗「自始至今，率誤於含糊，而猶不此之思」，張忠恕對此表示不解〔註110〕。

寶慶元年（1225）五月甲戌，理宗曾下詔求進言，稱：「凡今內外文武小大之臣，有所見聞，具以啓告，忠言正論，朕所樂聽。事有可行，虛心而從。言或過直，無悼後害。」而「詔已下兩月，應者絕少，縱有之，亦未盡忠儻也」〔註111〕。造成這種狀況的原因，無疑是史彌遠對濟王致死一事言事者的打壓和抑制。鄧若水曾在應詔上封事時論及史彌遠「強臣挾恩以陵上」，稱：「宣繒、薛極，彌遠之肺腑也；王愈，其耳目也；盛章、李知孝，其鷹犬也；馮榯，其爪牙也。彌遠之欲行某事，害某人，則此數人者相與謀之，曷嘗有陛下之意行乎其間哉？」〔註112〕李知孝「起自名家，苟於仕進，領袖庶頑，懷諼誤國，排斥諸賢殆盡」〔註113〕，梁成大「天資暴狠，心術嶮戲，凡可賊忠害良者，率多攘臂爲之」，甚至連李知孝也鄙薄梁成大的爲人，「所不堪者，他日與成大同傳耳」〔註114〕。在史彌遠的授意下，臺諫承風觀旨，「搏擊善類」〔註115〕，「（不肖之臺諫）受權貴之指呼，納豪富之賄賂，內則翦天子之羽翼，外則奪百姓之父母」〔註116〕，「凡平日睚眦之怒，悉指以從僞，彈劾無虛日，

〔註108〕《宋史》卷四五五《鄧若水傳》，第13379頁。
〔註109〕《宋史》卷四〇六《洪咨夔傳》，第12265頁。
〔註110〕《宋史》卷四〇九《張忠恕傳》，第12329～12330頁。
〔註111〕《宋史全文》卷三十一《宋理宗一》，第2137頁。
〔註112〕《宋史》卷四五五《鄧若水傳》，第13380頁。
〔註113〕《宋史》卷四二二《李知孝傳》，第12623頁。
〔註114〕《宋史》卷四二二《梁成大傳》，第12621頁。
〔註115〕（明）田汝成：《西湖遊覽志餘》卷五《佞倖盤荒》，上海：上海古籍出版社1980年版，第84頁。
〔註116〕（宋）羅大經撰，王瑞來點校：《鶴林玉露》丙編卷二《大字成犬》，北京：中華書局1983年版，第274頁。

朝野爲之側足」〔註117〕。這些「不肖之臺諫」，完全充當了史彌遠打擊異己的
爪牙和先鋒，對士大夫來說，流毒頗深。

　　因寶慶元年濟王之事而引發的反對史彌遠專權擅國的事件，還包括影響整
個寶慶、紹定時期（1225～1233）的「江湖詩案」。霅川之變和濟王之死事件發
生後，朝臣士人除了通過章疏、奏事等揭露史彌遠之惡、爲濟王鳴冤外，他們
還通過寫詩作詞來對此予以嘲諷和抗議。史彌遠利用所操縱的臺諫鷹犬等人，
從這些奏章和詩詞文賦中斷章取義、牽強附會，搜羅出所謂「謗訕」、「誣詆」
的言論，藉此對反對者予以嚴厲打擊。「江湖詩案」的發生即緣於此〔註118〕。

　　綜合各家記載，「江湖詩案」的爆發，係李知孝、梁成大等人從臨安詩人
兼書商陳起刊刻的《江湖集》及江湖派詩人曾極、劉克莊、陳起、敖陶孫等
人的詩文中摭取附會，「組織語言，橫肆中傷」〔註119〕，「以爲指巴陵（按，
即濟王趙竑）及史丞相」，「皆指爲謗訕」〔註120〕，「當國者見而惡之，並行貶
斥」〔註121〕，又「劈《江湖集》板」，並「詔禁士大夫作詩」〔註122〕，「江湖
以詩爲諱者兩年」〔註123〕。直到紹定六年（1233）史彌遠死後，詩禁才得到
開解。然而，「江湖詩案」的陰影依然長久存在。如詩人林尚仁曾題說：「懶
說江湖十年事，近來平地亦風波」〔註124〕。另一位詩人周弼更感慨說：「獬豸

〔註117〕《齊東野語》卷十四《巴陵本末》，第 254 頁。
〔註118〕關於「江湖詩案」的記載，主要有（宋）周密的《齊東野語》卷十六《詩道
否泰》、（宋）羅大經《鶴林玉露》乙編卷四《詩禍》及（元）方回《瀛奎律
髓》卷二十劉克莊（潛夫）《落梅》詩。三者之中，周密記爲「寶慶間」，羅
大經記爲「寶紹間」，方回記爲「寶慶初」。張宏生經過分析，認爲其事在寶
慶元年。見氏著：《江湖詩派研究》附錄《江湖詩禍考》，北京：中華書局 1995
年版，第 359～361 頁。而辛更儒將其繫於寶慶三年，見氏著：《劉克莊集箋
校》附錄二《後村先生劉克莊年譜》，第 7728 頁；程章燦也考證其在寶慶三
年，且舉劉克莊《宋自達梅谷序》「寶慶丁亥（按，三年），景建（按，即曾
極）以詩禍謫舂陵」爲證，惟程氏稱李知孝拜監察御史在寶慶二年不確，見
氏著：《劉克莊年譜》，貴州：貴州人民出版社 1993 年版，第 98～102 頁。本
書取「寶慶三年」說。
〔註119〕《劉克莊集箋校》卷一二九《與鄭丞相書一》，第 5227～5228 頁。
〔註120〕《齊東野語》卷十六《詩道否泰》，第 293 頁。
〔註121〕《鶴林玉露》乙編卷四《詩禍》，第 188 頁。
〔註122〕（元）方回撰，李慶甲集評校點：《瀛奎律髓彙評》卷二十《梅花類》劉潛夫
《落梅》，上海：上海古籍出版社 1986 年版，第 844 頁。
〔註123〕《齊東野語》卷十六《詩道否泰》，第 293 頁。
〔註124〕（宋）陳起編：《江湖小集》卷三十三錄林尚仁《端隱吟稿》之《春日偶成》，
影印文津閣《四庫全書》第 453 冊，北京：商務印書館 2005 年版，第 647 頁。

峨冠豈無事，不觸姦邪觸詩士。雖當圣世尚寬容，滔滔寧免言爲諱。」〔註125〕

　　雪川之變及濟王之死事件發生後，朝野內外對史彌遠的專權和暴虐產生了極大的憤慨和抗議，一批官僚士大夫和普通士人通過章疏奏事和詩詞行文的方式對此予以嘲諷和抗爭；但在權相史彌遠的專擅威權之下，這些反對和抗議很快被鎮壓下去。即位後的理宗，既感激史彌遠的扶持策立之功，又懼怕史氏的專擅威權，於是「淵默十年無爲」，無力主掌社稷大計，對史彌遠控制朝政、排除異己的行爲無可奈何。正如紹定三年（1230）通判鎮江府蔣重珍在應詔上疏中所論：「今臨御八年，未聞有所作爲。進退人才，興廢政事，天下皆曰此丞相意，……爲有爲天之子，爲人之主，而自朝廷達於天下，皆言相而不言君哉？」〔註126〕在濟王問題上，事實上，理宗本人或許也默許了史彌遠對朝議者的打壓。因爲，理宗本人也不願意看到濟王之「冤」的伸張，其原因正如王夫之所論，「竑之受誣既白，則彌遠擅殺之罪不可逭。彌遠之罪不赦，則必追論其廢立之惡，……追論廢立之罪，則理宗不可無所受命，聽彌遠之扳己，而遂爲天下君」，「伸竑以抑彌遠，則彌遠無所逃其死，理宗亦不可居人上」〔註127〕。張金嶺即認爲：「理宗堅決不准理學之士爲濟王伸冤的奏請，完全是爲了保住自己的皇位。因爲如果爲濟王伸冤，就必將追究濟王之死的主要兇手史彌遠，追究史彌遠的妄殺之罪，就進一步牽連到理宗登位的問題。否定史彌遠，其實就等於否定理宗皇權的合理性與合法性。」〔註128〕

三、鄭清之寶、紹間的仕途

　　在南宋朝廷內部爲理宗繼位和雪川之變、濟王之死等事件議論紛紜之際，鄭清之因其在扶持、策立理宗一事上的功績，受到史彌遠及宋理宗的信賴和重用，迎來了其仕途上的飛黃騰達之機。嘉定十六年（1223）四月的淨慈寺之謀後不久，鄭清之即兼魏惠憲王府教授，開始作爲時爲沂嗣趙貴誠的老師，此後，鄭清之的仕途發展迅速，從嘉定十六年（1223）三月至紹定三年（1230）十二月，中間經過寶慶三年、紹定三年，八年之間（1223

〔註125〕（宋）周弼：《端平詩雋》卷一《戴式之垂訪村居》，影印文津閣《四庫全書》第 396 冊，北京：商務印書館 2005 年版，第 182 頁。

〔註126〕《宋史》卷四一一《蔣重珍傳》，第 12352～12353 頁。

〔註127〕（清）王夫之撰，舒士彥點校：《宋論》卷十四《理宗一》，北京：中華書局1964 年版，第 238、239～240 頁。

〔註128〕張金嶺：《宋理宗研究》，第 47 頁。

～1230），鄭清之由正九品小官升爲正二品的參知政事，速度之快，令人咋舌〔註129〕。

綜合各家記載，試列表展示理宗登極前後鄭清之的仕途發展如下：

嘉定十六年（1223）	三月	國子錄（正九品）
	四月	兼魏惠憲王府教授
	十二月	宗學諭（正九品）
嘉定十七年（1224）	六月	太學博士（從八品）
	閏八月	諸王宮大小學教授（正八品）
	九月	宗學博士（正八品）
		宗正丞（從七品）
		兼權工部郎官（從六品）
	十月	兼崇政殿說書（從七品）
寶慶元年（1225）	九月	兼權兵部郎官（從六品）
		兼國史院編修官、實錄院檢討官，
		起居郎（從六品），仍兼史官、說書
	十一月	兼樞密院編修官
寶慶二年（1226）	七月	權工部侍郎（從四品），暫權給事中
	九月	給事中（正四品），兼職如故
	十月	陞同修國史、實錄院同修撰
紹定元年（1228）	四月	遷翰林學士、知制誥（正三品）兼侍讀
	十二月	陞兼修國史實錄院修撰、端明殿學士
		（正三品）、簽書樞密院事（從二品）
		〔註130〕
紹定三年（1230）	十二月	除參知政事（正二品）兼簽書樞密院事
紹定四年（1231）	四月	參知政事兼同知樞密院事

〔註129〕元人方回評論說：「（鄭清之）蓋一任教授即內擢，不出都門，登科二十年而
　　　　至從官。」見《桐江集》卷七《跋鄭清之所進聖語考一》，第471頁。
〔註130〕按，《宋史全文》卷三十一（第2160頁）、《宋史》卷四十一（第791頁）、《宋
　　　　宰輔編年錄校補附錄續宋宰輔編年錄校補》卷五（第1432頁）均記載紹定元
　　　　年十二月辛亥，鄭清之端明殿學士、簽書樞密院事。《宋史全文》卷三十一又
　　　　載紹定二年十二月「辛亥，以翰林學士鄭清之爲端明殿學士、簽書樞密院事」，
　　　　第2166頁。本書取「元年十二月」說。

可以看出，自嘉定十六年（1223）兼王府教授，至紹定三年（1230）十二月除參知政事，鄭清之一直在以不同身份擔任理宗的教職〔註131〕，因對理宗的教育與輔佐而具有的潛邸舊學、經筵講讀的身份，以及其與理宗建立起密切信任的關係，「成爲宋理宗老師到逝世的近30年中，一直是皇帝的腹心之臣」〔註132〕。

在朝野內外因霅川之變而輿論紛紜之際，與同爲理學士人的眞德秀、魏了翁不同，鄭清之或許因爲懼怕於史彌遠的威權，雖有主見，而不敢有所言論，或許因爲他試圖在雙方勢力之間保持中立和適當距離，乃至抱有逃避爭議的立場，故而表現得謹慎小心。或許正是因爲他未曾對濟王一事有所論議，並且對史彌遠和宋理宗表現出一貫的忠心和依靠，故而其仕途依然呈現出順暢態勢，並未因政局變動而受到影響。

紹定年間（1228～1233），史彌遠已經逐漸衰老，「決事於房闥，操權於床底，人莫知其存亡」〔註133〕，到了紹定六年（1233）十月，在史彌遠病重不能視事的情況下，「丙戌，……鄭清之光祿大夫、右丞相兼樞密使」，數日後，乙未日，史彌遠薨〔註134〕，結束了其長達二十六年的專政。宋理宗親政，改第二年爲端平元年，開始推行一些有別於史彌遠擅權時代的政治措施，史稱「端平更化」。鄭清之順應理宗「更化」之要求，「慨然以天下爲己任，推忱布公，知無不爲」〔註135〕，以右丞相、後升左丞相的身份輔佐理宗。

第三節　評　析

鄭清之由九品學官，迅速升爲朝中地位高等的執政大臣，其根源正在於嘉定十六年的淨慈寺之謀，參與到史彌遠扶持、策立理宗的政治運作之中，並因擔任理宗即位前後的老師而獲得理宗的信賴，爲其日後二登相位積累了政治資本。

〔註131〕胡昭曦先生曾計算鄭清之擔任教職的時間，認爲鄭「在任京朝官的約30年中，大體是任學官2年，王宮教授約2年，兼任說書、侍讀、侍講等教職約8年」，見前引胡昭曦：《晚宋名相鄭清之考論》，第547頁。
〔註132〕胡昭曦：《晚宋名相鄭清之考論》，第550頁。
〔註133〕《重校鶴山先生大全文集》卷十八《應詔封事》，《宋集珍本叢刊》第76冊，第754頁。
〔註134〕史彌遠之薨，《宋史》卷四十一《理宗一》記爲十月乙未，第799頁；《宋史全文》卷三十二《宋理宗二》記爲十月辛卯，第2186頁。本書取《宋史》說。
〔註135〕《劉克莊集箋校》卷一七〇《丞相忠定鄭公行狀》，第6586～6587頁。

　　鄭清之的進身，得益於權相史彌遠的賞識與提攜。史彌遠「凡相寧宗十七年，帝崩，廢濟王，立理宗，又獨相九年。用余天錫、梁成大、李知孝等列布於朝，最用事者薛極、胡榘、聶子述、趙汝述，時號『四犬』」〔註136〕，「專國柄，端人君子貶斥殆盡，援引憸壬，布列庶位。……凡貴官要職，無非史氏之人者，天子徒擁虛器而已」〔註137〕。其專政擅權的時代，前者，史彌遠繼承韓侂胄專擅朝廷政治威權之餘緒，相權膨脹，而作爲君主的宋寧宗，「在位三十年，前以侂胄十三年，後以彌遠十七年，未嘗自處分一事，恭儉有餘，明察不足，……彌遠與楊后、景獻誅侂胄，函首送北，寧宗亦不知也。獨有立濟邸爲皇子，出寧宗獨斷，而竟扼於姦逆之臣，抱恨而歿」〔註138〕，寧宗以君主之尊，不足以收權相之權，不得不顯示出「垂拱仰成，安於無爲」的姿態，「人主盡委天下以任一相，一相盡以天下謀之三數腹心，而舉朝之士相視以目，嗫不敢言」〔註139〕；後者，理宗之時，繼位之初，君權業已旁落，理宗本人對權相史彌遠感激、畏懼兼而有之，此後，「濟王不得其死，論者紛起，（彌遠）遂專任憸壬爲臺諫，一時君子，貶斥殆盡，帝德其擁立，惟言是從，歿而贈官錫爵，恩寵不衰」〔註140〕。理宗即位之初，喬行簡應詔上疏，奏稱：「自陛下臨御至今，班行之彥，麾節之臣，有因論列而去，有因自請而歸。其人或以職業有聞，或以言語自見，天下未知其得罪之由，徒見其置散投閒，候來驟去，甚至廢罷而鐫褫，削奪而流竄，皆以爲陛下黜遠善士，厭惡直言。去者遂以此而得名，朝廷乃因是而致謗，其亦何便於此。」〔註141〕可以說，史彌遠權相政治的形成和存在，固然與史彌遠善於玩弄權術有關，也與寧、理二帝受制於權臣，對親攬威權心有餘而力不足，從而導致君權旁落有關〔註142〕。

〔註136〕《宋史全文》卷四十二《宋理宗二》，第 2187 頁。按，「四犬」之說，在其他典籍中或作「四木」。如吳泳：《鶴林集》卷二十一《繳薛極贈官詞頭》稱：「薛極……致登政路，與權相相爲終始者二十餘年。方其在都司時，『四木』之謠，莫匪爾極之嘲？得罪於天下公論，蓋不可枚舉也。」影印清乾隆翰林院鈔本，《宋集珍本叢刊》第 74 冊，北京：線裝書局 2004 年版，第 477 頁。

〔註137〕《椒邱文集》卷七「史彌遠矯詔立沂王子貴誠，更名昀，封皇子竑爲濟王，出居湖州」條，第 257 頁。

〔註138〕《桐江集》卷七《鄭清之所進聖語考三》，第 475 頁。

〔註139〕《宋史》卷四百一《柴中行傳》，第 12714～12715 頁。

〔註140〕（清）畢沅編：《續資治通鑑》卷一六七，北京：中華書局 1957 年版，第 4550 頁。

〔註141〕《宋史》卷四一七《喬行簡傳》，第 12490 頁。

〔註142〕關於宋代君權與相權的研究，學界已有較多成果，茲不贅述。對權相的研究中，如張金嶺認爲，宋朝政治制度的演變和積重難返的弊端也是造成南宋權

　　鄭清之雖然在史彌遠的權相威權下參與了其扶持、策立理宗的政治運作〔註143〕，並因此被後者視爲腹心，夤緣進身，位僑宰執，但他或並未如李、梁、莫等臺諫那樣，完全依附於權相，成爲其「鷹犬」、「爪牙」，而是有所保留，並適時發揮積極作用。如在「江湖詩案」中，鄭清之曾力勸史彌遠，「深惟國體，力解當權，謂文字不可罪人，謂明時不可殺士」，對江湖詩人詩作的蘊意多有化解與開釋，對劉克莊等人也有迴護與救助之功〔註144〕；又如在紹定三、四年（1230～1231）李全叛宋之際，時任參知政事兼簽書樞密院事的鄭清之，對朝廷優容和放縱李全的立場表示擔憂，他上書丞相史彌遠，謂：「因全一申，去岳逐趙，是朝廷之王人、國家之帥守，悉聽命於全矣。全以盜賊藍縷奔竄之餘，陸梁跋扈如此，曾無一人正色以議其罪，國無人矣」。鄭清之先後力勸、說服宋理宗和史彌遠下詔討伐李全，並舉薦趙善湘、趙范、趙葵爲將帥，使其「聲勢聯屬」，還親自起草討伐詔書，歷數李全殘暴叛逆，神人共憤，懸賞號召南宋軍民奮起討伐誅殺李全，極大地振奮了南宋將士的作戰士氣，「及討叛詔下，出公之筆，讀者咸奮」〔註145〕。

　　鄭清之雖因依附、投靠史彌遠的威權而仕途順暢，但他處事小心，與史氏的「三兇」、「四木」之類的爪牙不同，他稍微保持著中立和距離，亦偶有異見。他的這一立場及其政治作爲，獲得了理宗的信賴與賞識；當然，鄭清之本人也有著經邦濟世的心志，這是他在後來得以拜相並受到親政後的宋理宗的信任和重用，能夠在政治上有所作爲的前提條件。

　　　　相政治出現的重要條件，可旁證本書之所論。見氏著：《宋理宗研究》，第54～60頁。

〔註143〕關於鄭清之能夠參與史彌遠扶持、策立的原因，本章第一節第二目已作初步探討。

〔註144〕《劉克莊集箋校》卷一二九《與鄭丞相書一》，第5228頁。劉克莊多次談及鄭清之在「江湖詩案」中對自己的迴護，如卷一七〇所撰鄭清之《行狀》稱：「克莊宰建陽，烏臺方吹洗詩案，懼不免禍，公在瑣闥，獨與史丞相爲解紛，克莊獲爲聖世全人，公之賜也。」第6595頁。又如，卷一三八《鄭丞相祭文》中稱：「曩遭詩禍，幾置臺獄。公在瑣闥，力解當軸。」第5544頁。等等。

〔註145〕《劉克莊集箋校》卷一七〇《丞相忠定鄭公行狀》。《行狀》中記載了鄭清之聯合袁韶、范楷等勸諫理宗與史彌遠定議討伐李全的經過，並稱：「當是時，此賊挾精卒十萬，氣吞江表，相老於謀國，工於應變，無如之何。公以一書生，獨謂全反形已露，當聲罪致討，爲誓不與賊俱生以諷。及討叛詔下，出公之筆，讀者咸奮。」第6585～6586頁。《宋史》卷四七七《李全傳下》收錄有鄭清之所代筆詔書全文。第13843～13844頁。

第三章　端平初相的鄭清之

　　紹定六年史彌遠去世後，宋理宗實現親政，在鄭清之等宰執百官的輔助下，在人才、吏治、制度、財政等方面推行了史稱「端平更化」的改革措施，在一定程度上消減了朝廷內政的積弊，革新了政局態勢和朝野氣象，取得了積極成效。對外方面，南宋內部主戰派聯合蒙古，於端平元年正月攻滅金朝，對南宋來說，百年世讎的覆滅，具有極為重大的歷史與政治意義；但是南宋在隨後的收復三京與奪取洛陽的戰役中慘遭蒙古打擊，不僅惡化了宋蒙之間短暫的軍事同盟關係，還自此引發蒙古對南宋長達四十五年的軍事征服，最終導致南宋的滅亡。初任宰相的鄭清之輔佐理宗推行更化，積極作為，發揮了較為顯著的政治作用，但也因力贊聯蒙滅金和支持理宗的冒險性收復之舉，雖然得到理宗的賞識，但終究因戰事慘敗受到朝野上下的批評與攻擊，成為他端平三年第一次罷相的誘因之一。

第一節　端平內政

一、鄭清之拜相

　　早在紹定六年（1231）十月，因為史彌遠病重不能視事，理宗就下詔以史彌遠的親信參知政事兼同知樞密院事鄭清之為右丞相兼樞密使，同時，以薛極為樞密使，喬行簡為參知政事兼同知樞密院事，陳貴誼為參知政事兼簽書樞密院事。由此，組成了以史彌遠親信為主的新的中樞領導集團。史彌遠死後，理宗開始了「親總庶政，赫然獨斷」〔註1〕的親政。

〔註 1〕　《宋史》卷四一四《鄭清之傳》，第 12420 頁。

　　鄭清之的拜相，一方面顯示出，在後史彌遠時代，理宗對史彌遠的迴護與保全〔註2〕以及對史彌遠派系人物的藉重與依賴，另一方面，還寄託著理宗本人變革政治、挽救時局，以中興宋室的政治抱負。事實上，理宗在嘉定十七年（1224）繼位後，雖然由於史彌遠的威權專擅而出現「淵默十年無爲」的狀況，但「淵默」中的理宗並非毫無作爲，他對經筵教學給予了很大期望，並從中不斷學習治理國家的理論、觀念與運作方式，逐漸形成了自己的政治思想〔註3〕。如紹定五年（1232）七月丁未，理宗御集英殿試禮部奏名進士，在制策策題中說：

> 朕……嗣承丕緒，於今九年，昧旦而朝，諮諏輔弼，延納英雋，日御經筵，日誦日講，咸有常準。然六經之道所以淹貫天人，維持世變者，至纖至悉，不可勝窮，而《治鑒》一書，又所以著歷代君臣之微惡以勸誡於後，皆莫先於修身而齊家，進君子而退小人，嚴名分而遏亂萌，修政事而攘夷狄，恤民隱而懼天變。〔註4〕

明確表示要以史爲鑒裨益治政，並概括出治國理政所需要注意的要點和從事的方略。紹定六年（1233），理宗御製「敬天法祖事親齊家」四十八條和《緝熙堂記》，已經表現出比較成熟的治國思想了〔註5〕。在具體的朝政處理上，理宗也表現出君主應有的格局與見識。如，紹定三年（1230）十二月，山東忠義軍首領李全反叛，參知政事鄭清之等執政臣僚「同至上前奏之，上深以爲然，云：『當即批與丞相。』公（按，指鄭清之）奏：『御批須是：「以社稷存亡，在此一舉，苟不用此三人（按，指趙善湘、趙范、趙葵），或有疏失，

<hr>

〔註2〕 理宗在端平二年乙未七月曾御筆「欲保全故相之家，併飭臣僚毋得捃摭，以全大體」，魏了翁即因此上疏，認爲這一做法「雖以國初佐命元勳，猶未有此也。奎畫一頒，中外驚愕」，請求理宗收回該項御筆。見《重校鶴山先生大全文集》卷二十《奏乞收回保全故相史彌遠御筆》，《宋集珍本叢刊》第76冊，第781頁。何忠禮認爲，「理宗對史彌遠的厚賞，不僅是對他『有定策大功，勤勞王室』報答，也是理宗以不合法的手段『入繼大統』的一種自我肯定」，並且，「這個手詔，看似理宗在保全史彌遠，其實是爲了『保全』自己」。見氏著：《南宋全史二（政治、軍事和民族關係卷下）》，上海：上海古籍出版社2011年版，第96頁。
〔註3〕 張金嶺曾把理宗自即位到親政的十年間的表現概括稱爲「韜晦中的隱計」，認爲理宗在此期間，勤於學習、修業進德，留心政事、培植人才，爲其親政變革與治國打下了基礎。見氏著：《宋理宗研究》第二章第四節，第98～104頁。
〔註4〕 《宋史全文》卷四十二《宋理宗二》，第2179頁。
〔註5〕 張金嶺：《宋理宗研究》，第101頁。

過不在朕。』」上頷之。」理宗的果斷與明鑒，爲宋贏得了討伐李全的道義上
的主動權，「黎明出命，朝野歡呼，知賊不足平矣」〔註6〕。宋軍隨即在第二
年正月斬殺李全於揚州城下。史彌遠死後，理宗始得親政，總攬威權，勤勉
政事，「親事法宮，大明黜陟，忠良胥勸，幽枉畢伸。以靜默者十年而發抒於
一日，雷行電瞬，句芑萌達，蓋有日侍左右而不及盡知者」〔註7〕，「中書之
務不問鉅細，內而庶政，外而邊防，叢委轇轕，盡歸廟堂。無一事之區處不
關於念慮，無一紙之申明不經於裁決」〔註8〕，值此「方欲洗濯三十年積弊」
之際，理宗拜作爲史彌遠親黨與政治合作夥伴的鄭清之爲相，無疑是希望鄭
清之能在不根本否定史彌遠及自身繼統問題的前提和君臣默契下，給予自己
必要的支持和有力的輔弼，同時也可以眞正有助於親政皇帝的政治革新與功
業創建；而鄭清之也不負理宗所望，順勢而爲，勵圖振作，「既相，舉太阿倒
持之柄歸之於上，一二大黜陟大因革，獨斷赫然，咸曰：『英主出矣。』上方
欲洗濯三十年積弊，公（按，指鄭清之）亦慨然以天下爲己任，推忱布公，
知無不爲」〔註9〕，對理宗的端平更化作出了積極作用。

　　作爲理宗親政之初最高輔弼大臣的鄭清之，雖然在寧宗嘉定十六年
（1223）淨慈寺之謀後，因效忠於史彌遠並參與史彌遠扶持、策立理宗的政
治運作，受到史彌遠的信任，並因此成爲其親信和政治合作夥伴，由此仕途
順暢，晉升超等，最終僑身宰執；但鄭清之本人也有獨立於史彌遠之外的地
方，表現爲，對史彌遠處理朝政上的有所保留並適時發揮積極作用，在拜相
後能夠輔佐宋理宗倡行更化，推行了一些在某種程度上可以視爲對權相政治
體制下史彌遠長期專擅的「反正」的措施。

二、鄭清之與端平更化

　　理宗親政後，鄭清之拜爲右相，端平二年（1235）六月又升左丞相兼樞密
使，成爲首相。他贊襄理宗推行更化，南宋朝政一時呈現出「聖君賢相」的局
面，劉克莊在端平元年（1234）九月的《備對箚子》中極力讚頌當前的政治形

〔註6〕　《劉克莊集箋校》卷一七〇《丞相忠定鄭公行狀》，第6586頁。
〔註7〕　《重校鶴山先生大全文集》卷三十七《與鄭丞相書（甲午）二》，《宋集珍本
　　　　叢刊》第77冊，第117～118頁。
〔註8〕　（宋）袁甫：《蒙齋集》卷五《右史直前奏事第二箚子》，影印文津閣《四庫
　　　　全書》第392冊，北京：商務印書館2005年版，第636～637頁。
〔註9〕　《劉克莊集箋校》卷一七〇《丞相忠定鄭公行狀》，第6586～6587頁。

勢，「士大夫常恨不遇聖主，今主德可謂聖矣；又常恨不遇賢相，今相業可謂
賢矣。此韓愈、石介作爲頌詩之日也」〔註10〕，將理宗與鄭清之的君臣際遇，
等視爲唐憲宗與裴度、宋仁宗與慶曆諸臣，自然對理宗與鄭清之抱有厚望。不
僅劉克莊如此，在結束了權相史彌遠二十六年的威權政治之後，朝野臣庶對親
政的宋理宗及其輔弼宰執普遍寄以厚望。如魏了翁在賀鄭清之拜相的書啓中
說：「出命九重，登庸二府，崇甘盤之舊學，著調鼎之新功。方茲地節親政之
年，赫然天章責治之意。」〔註11〕表達著對於理宗君臣能夠「調鼎」、「責治」
的期望。端平元年，眞德秀在給獨相的鄭清之書信中提出用正人、開言路的兩
大改革措施，並滿懷希望地寫到：「大丞相於此，實有回乾坤洗日月之功。要
其大者，不過曰用正人、開言路而已。故相之所以失，大丞相之所以得，其不
在斯乎！某之愚以爲誠率是道而不變，則元祐司馬公之相業可以無媿，而嘉祐
韓忠獻之相業亦將馴致焉。昨嘗奏記，欲大丞相堅守初意之善，期以十年，坐
收太平之效。」〔註12〕理學家眞德秀以北宋兩位著名宰相司馬光和韓琦的相業
勛勞期望執政的鄭清之，並抱以太平之期。端平二年六月，中書舍人洪咨夔在
鄭清之進左相的草詔中，以「王言」的形式稱：「以卿韞帝師之學，抱王佐之
材，疇績中臺，升班首輔，蓋欲究致主澤民之業，凝調元贊化之功，使國勢重
於泰山，而人心安於磐石。」〔註13〕則不僅希望君臣際遇下的理宗、鄭清之等
能夠更化調護，革新局面，使君民咸被德澤，更希望穩重國勢、安定人心，革
除數十年來的國家積弊，努力使國家形勢走向良性發展。

在端平更化中，作爲首輔丞相的鄭清之「慨然以天下爲己任」，在君臣之
間關於不觸動、不否定史彌遠的默契與前提下，糾正史彌遠時期的失政，在
內政、外交的治理方面確實起到了輔弼、贊襄理宗推行更化的作用。試考察
鄭清之初相時（紹定六年十月至端平三年九月〔註14〕）的政治作爲。

〔註10〕 《劉克莊集箋校》卷五十一《奏議備對劄子（端平元年九月）》，第2533頁。
〔註11〕 《重校鶴山先生大全文集》卷六十八《賀鄭丞相清之》，《宋集珍本叢刊》第
77冊，第356頁。
〔註12〕 《宋宰輔編年錄校補附錄續宋宰輔編年錄校補》卷六，第1442頁。
〔註13〕 《平齋文集》卷十五《光祿大夫右丞相兼樞密院使鄭清之再辭免特進左丞相
兼樞密使恩命不允詔》，《宋集珍本叢刊》第75冊，第122頁。
〔註14〕 據《宋史・鄭清之傳》、《劉克莊集箋校》卷一七○《丞相忠定鄭公行狀》及
《宋宰輔編年錄校補附錄續宋宰輔編年錄校補》卷五、卷六，鄭清之紹定六
年十月由參知政事兼同知樞密院事拜右丞相兼樞密使，端平二年六月制授特
進、左丞相兼樞密使，三年九月，以禋祀雷變請辭，罷相。

（一）黜佞拔賢，召納人才

理宗親政後，為了塑造和展現有別於史彌遠專擅時期的政治景象，首先在人事制度上採取行動，一掃史彌遠執政晚期的政治風氣。在不否定史彌遠並對其本人和親族曲加迴護的前提下，對史彌遠派系中尤為姦邪無恥、人怨頗深的黨與、羽翼首先進行貶斥和罷黜。鄭清之身為宰輔，「以帝者師，為天下宰，更聖化於膠柱不調之後，還主柄於太阿倒持之餘，進君子退小人，每致嚴禾莠之辨；開誠心佈公道，亦不廢草矛之言」〔註15〕，輔佐理宗對史彌遠親信的「三凶」、「四木」等黨羽鷹犬等加以罷黜。如梁成大，在鄭清之拜右相的當月，「帝夜降旨黜之，提舉千秋鴻禧觀」，同為「三凶」之一的給事中莫澤，急於與之劃清界限，十一月乙巳上疏彈劾梁成大「暴狠貪婪，苟賤無恥」，梁成大的奉祠之命即被取消。端平初年，在御史洪咨夔、吳泳、王遂等人的反覆彈劾下，梁成大被「鑴秩」，先後被發配泉州、潮州居住〔註16〕。而莫澤本人在攻擊梁成大的當月也被臺諫彈劾其「貪淫忮害」，被免去刑部尚書之職，端平二年（1235）五月，被發配南康軍，「並再降授官，尋盡追爵秩」〔註17〕。又如李知孝，史彌遠死後，即「提舉嵩山崇福宮」，端平元年（1234）二月，監察御史洪咨夔奏李知孝、梁成大「諂事權姦，黨私罔上，倡淫黷貨，罪大罰輕」，二人也同樣被鑴秩罷祠，最終先後發配婺州、瑞州，後來三人皆盡追爵秩〔註18〕。莫澤等「三凶」的罷黜，以至貶死，深得人心，「天下快之」〔註19〕。「四木」中，胡榘與趙汝述在理宗親政前夕去世，薛極卒於端平元年五月，聶子述則因帥蜀時棄關逃跑已被貶斥。又如，參與了史彌遠扶持、策立理宗政治運作的余天錫，在理宗即位後，「懷其定策恩，旋擢至執政」，但余氏「人材猥劣，且門庭穢雜，朝論不與」，端平元年，右正言郭磊卿上疏彈劾余天錫，稱：「不仁者而在高位，則抱道懷德之士莫之敢近矣。陛下欲聚羣賢以興至治，而股肱喉舌之任，乃使庸邪廁迹其間，是卻行而求前也。」郭氏數次上章彈奏，余天錫最終被罷去〔註20〕。再如，紹定六年（1233）十二

〔註15〕　《劉克莊集箋校》卷二十六《除宗簿謝丞相啟》，第4842頁。
〔註16〕　《宋史》卷四二二《梁成大傳》，第12621頁；《宋史》卷四十一《理宗一》，第799頁。
〔註17〕　《宋史》卷四十一《理宗一》，第799、802頁。
〔註18〕　《宋史》卷四二二《李知孝傳》，第12623頁；《宋史》卷四十一《理宗一》，第800～802頁。
〔註19〕　《宋史》卷四二二《李知孝傳》，第12623頁。
〔註20〕　《宋史翼》卷十六《郭磊卿傳》，第165頁。

月，監察御史洪咨夔等彈劾袁韶「仇視善類，諂附彌遠，險忮傾危」，詔袁「奪職罷祠祿」；趙善湘、陳晊、鄭損「納賄彌遠，怙勢肆姦，失江淮、荊襄、蜀漢人心，罪狀顯著」，趙善湘因討伐、誅滅李全功勞幸免，陳、鄭二人落職與祠廟〔註21〕，鄭損此後又被削秩貶竄。一大批姦邪險惡的史彌遠集團人物的罷黜與貶斥，使南宋政治局勢和朝廷景象大為改觀，也為理宗君臣推行更化掃除了障礙。

在罷黜姦佞的同時，鄭清之還贊襄理宗收召了一大批此前因反對史彌遠專擅而遭受打擊的忠正賢達的官員回朝廷任職，以進一步革新朝廷局勢，聚集更化力量。劉克莊記載稱：「召老成，拔滯淹，真公德秀、魏公了翁、崔公與之、李公𩀱、徐公僑、趙公汝談、尤公焴、游公似、洪公咨夔、王公遂、李公宗勉、杜公範、徐公清叟、袁公甫、李公韶，或奮閒散，或起遷謫，或由常調，莫不比肩接踵於朝。眾芳翕集，時號『小元祐』。」除崔與之與劉宰未至〔註22〕外，這些賢達之士大多得到了新的重用，「大者相繼為宰輔，餘亦為名公卿」〔註23〕，並對朝廷局勢產生了積極影響和作用。如洪咨夔，紹定六年（1233）十月，理宗親政後五日，即以禮部員外郎召其入見，首論「進君子而退小人，開誠心而佈公道」，奏請理宗召回崔與之、真德秀、魏了翁等人，「可為朝廷重，……當聚之本朝」，被拜為監察御史後，即表示「朝無親擢臺諫久矣，要當極本窮源而先論之」，於是「首乞罷樞密使薛極以厲大臣之節，章三上，卒出之。其他得罪清議者，相繼劾去，朝綱大振」，又與言官王遂等彈劾李知孝等「三兇」。王遂在上疏中奏稱：「三十年來兇德參會，未有如李知孝、梁成大、莫澤肆無忌憚者。三兇之罪，上通於天，乞重其刑。」〔註24〕三人終至貶死，一時朝廷渙然，人心思奮〔註25〕。又如徐僑，端平初年以秘書少監、太常少卿入覲，「手疏數千言，皆感憤剴切，上劘主闕，下逮羣臣，分別黑白，無所回隱」，又直言「陛下國本未建，疆宇日蹙；權倖用事，將帥非材；旱蝗相仍，盜賊並起；經用無藝，帑藏空虛；民困於橫斂，軍怨於掊

〔註21〕 《宋史》卷四十一《理宗一》，第799頁；《宋史》卷四十二《理宗二》，第808頁。

〔註22〕 《宋史》卷四〇一《劉宰傳》稱：「一時譽望，收召略盡，所不能致者，宰與崔與之耳。」第12169頁。

〔註23〕 《劉克莊集箋校》卷一七〇《丞相忠定鄭公行狀》，第6587頁。

〔註24〕 《宋史》卷四一五《王遂傳》，第12461頁。

〔註25〕 《宋史》卷四〇六《洪咨夔傳》，第12265～12266頁。

克；羣臣養交而天子孤立，國勢阽危而陛下不悟：臣不貧，陛下乃貧耳」，以國家和朝廷內外各個方面存在的弊病和危機警惕人主，理宗聞之，「感動改容，咨嗟太息」，第二天即下詔「罷邊帥之尤無狀者，申儆羣臣以朋黨爲之戒，命有司裁節中外浮費」〔註26〕。又如徐清叟，勸諫理宗「原人倫以釋羣惑……惜名器以示正義……因物望而進人才」，「蓋欲請復皇子竑王爵，裁抑史彌遠恤典，召用眞德秀、魏了翁也」〔註27〕，徐氏所奏請的三件事，既有反正史彌遠長期專擅政治所遺留問題的考慮，也有恢復朝野氣脈、伸張朝廷綱紀與內外公議的要求，對於剛剛進入後史彌遠時代且急於有所變革和奮發的理宗來說，無疑是收攬威權、齊聚人心、更新風化的先務。再如，李韶在端平二年（1235）拜右正言後，即上言議論汰兵、節財及襄、蜀邊防等朝廷要事，遷殿中侍御史後，則奏論「今國柄有陵夷之漸，士氣有委靡之漸，主勢有孤立之漸，宗社有阽危之漸，上下偷安，以人言爲諱」等〔註28〕，批評朝廷政事中仍舊存在的問題。

在端平初期諸賢中，眞德秀、魏了翁久孚眾望，在更化之初，也爲理宗所重。眞德秀在理宗親政之前，「立朝不滿十年，奏疏無慮數十萬言，皆切當世要務，直聲震朝廷。四方人士誦其文，想見其風采」，具有極大的政治關懷和參與熱情。理宗親政後，「臣庶封章多乞召還了翁及眞德秀，上因民望而並召之」，眞德秀以戶部尚書自知福州召還，理宗謂之曰：「卿去國十年，每切思賢」，眞德秀入朝後，先後拜翰林學士、知制誥兼侍讀，終拜參知政事，「時政多所論建」〔註29〕。魏了翁在寶慶初因言濟王事被劾，理宗親政後，應詔上疏，極言「國家權臣相繼，內擅國柄，外變風俗，綱常淪斁，法度墮弛，貪濁在位，舉事弊蠹，不可滌濯」的十大弊端，奏請恢復舊有典制以彰顯更化氣象，其所論十事分別爲：

> 一曰復三省之典，以重六卿；二曰復二府之典，以集眾議；三曰復都堂之典，以重省府；四曰復侍從之典，以來忠告；五曰復經筵之典，以熙聖學；六曰復臺諫之典，以公黜陟；七曰復制誥之典，

〔註26〕《宋史》卷四二二《徐僑傳》，第12614頁。
〔註27〕《宋史》卷四二〇《徐清叟傳》，第12572頁。
〔註28〕《宋史》卷四二三《李韶傳》，第12629頁。
〔註29〕《宋史》卷四三七《眞德秀傳》，第12963～12964頁；《宋史》卷四三七《魏了翁傳》，第12969頁。

以謹命令；八曰復聽言之典，以通下情；九曰復三衙之典，以強主
威；十曰復制閫之典，以黜私意。

魏了翁的上奏，「分別利害，燦若黑白」，理宗「讀之為感動」〔註30〕。理
宗以權禮部尚書兼直學士院召其入朝後，「首乞明君子小人之辨，以為進退
人物之本，以杜姦邪窺伺之端。次論故相十失猶存，又及修身、齊家、選
宗賢、建內小學等，皆切於上躬者。他如和議不可信，北軍不可保，軍實
財用不可恃，凡十餘端」，「又奏乞收還保全彌遠家御筆，乞定趙汝愚配享
寧廟，乞趣崔與之參預政事，乞定履畝之令以寬民力，乞詔從臣集議以救
楮弊，乞儲閫才以備緩急」，所奏事，涵蓋內政、邦交、國防、經濟、財政
等諸層面，並涉及宋理宗對史彌遠身後「保全」的諫議，關乎朝廷國勢與
民心，對朝廷政事闕失多有建明。理宗對其建言也十分重視，表現出虛懷
納諫的態度，「經幃進讀，上必改容以聽，詢察政事，訪問人才」，魏了翁
也感激理宗的知遇，所陳事務「皆苦心空臆，直述事情，言人所難」，「還
朝六閱月，前後二十餘奏，皆當時急務」〔註31〕，對理宗親政初期撥亂反
正、一新圖強的朝政多有補益。

理宗親政初期罷黜姦佞、召納賢才以圖革新與更化的舉措，使朝廷氣象
煥然一新，呈現出「眾正進而小人消，君臣胥慶；羣陰退而吾道長，天地開
除。一氣洪鈞，八荒壽域」〔註32〕的景象，鄭清之對理宗的輔弼，尤其輔佐
理宗倡行更化、革新政治的立場與舉措，更是受到了士大夫們的極力讚頌。
如鄭雪巖稱：

方更張於新化，爰圖任於舊人。非道不陳王前，與與如也；斯
謀惟我后德，贊贊襄哉。業之隆者酬必隆，眷之厚者施亦厚，此禮
非諸臣之敢望。惟上知我公之獨深，非但勸當世之至忠，又將貽後
王之玉則。〔註33〕

不僅讚揚了鄭清之輔佐理宗召用賢才、力圖更化的功業，還對理宗與鄭清之
君臣之間的恩遇表達了敬仰之情，並希望這種君臣際遇，不僅可以激勵當世
忠正賢達的士大夫戮力同心、共襄國事，也可以成為後世君王的榜樣，勸導

〔註30〕 《宋史》卷四三七《魏了翁傳》，第 12968～12969 頁。
〔註31〕 《宋史》卷四三七《魏了翁傳》，第 12969 頁。
〔註32〕 （宋）方岳：《秋崖集》卷二十《賀丞相啟》，影印文津閣《四庫全書》第 395
册，北京：商務印書館 2005 年版，第 125 頁。
〔註33〕 《翰苑新書續集》卷一鄭雪巖《賀鄭少師》，第 353 頁。

其禮遇士人、召用賢才。鄭氏還極力讚美了鄭清之得遇明主，以「甘盤之舊臣」而成爲「商宗之良弼」，輔佐理宗倡行更化所造就的朝野新氣象：

> （鄭清之）久煩共掌於政機，爰命晉登於魁輔。否則能替，人皆知補袞之忠；和而不同，上獨味調羹之手。身千一難逢之會，志五三至治之隆。號令甫新，精彩立異。吾道方泰，善類同升。謂黷貨無厭，申三風十愆之戒；念挾書已甚，開四門百揆之公。八柄詔王，如雷震驚；萬類含春，聞風興起。〔註34〕

直至將理宗、鄭清之君臣發力下的端平更化媲美三皇五帝時候的治世。受到朝廷政治革新更化形勢鼓舞與振奮的眞德秀則讚歎道：

> 偉運量宇宙之材，參謀舊廊廟之寄。密勿盡言，而幾弗露；從容應變，而道不窮。當雷霆以蟄之餘，有入地重開之象。坐黼扆而親聽斷，如古哲王；用金甌而覆姓名，維予舊學。……進賢去佞，幾如慶曆之頌詩；剔蠹濯污，快哉元祐之條貫。……閭閻知蘇醒之期，朝野起昇平之望。致君於堯舜之上，鄭公固所憂爲；行政若管晏之卑，孟子豈其或比。〔註35〕

讚頌鄭清之的才謀與氣度、理宗君臣際遇及理宗所寄寓鄭清之的厚望與重任，讚頌理宗君臣進君子退小人的更化所帶來的新氣象，表達出對理宗君臣同德一心創造昇平治世的期待。

對於端平更化過程中的黜佞拔賢，相對於史彌遠專擅時期親信與重用「三兇」、「四木」這樣的讒佞之輩，無疑是令人振奮的。但是，所召納的眾望所歸的賢才，有的卻表現出崇尚空談、不切實務的缺憾，主政者對他們也存在任之未久、任之不專的缺憾，時人和後人中也有將其歸因於鄭清之的。後來曾拜右丞相的崔與之批評說：

> 陛下勵精更始，擢用老成，然以正人爲迂闊而疑其難以集事，以忠言爲矯激而疑其近於好名，任之不專，信之不篤。或謂世數將衰，則人才先已凋謝，如眞德秀、洪咨夔、魏了翁，方此柄用，相繼而去，天意固不可曉。至於敢諫之臣，忠於爲國，言未脫口，斥逐隨之，一去而不可復留，人才豈易得，而輕棄如此。〔註36〕

〔註34〕　《翰苑新書續集》卷一，鄭雪巖：《賀端平相正元臺》，第356頁。
〔註35〕　《西山先生眞文忠公文集》卷三十九《賀鄭丞相》，《宋集珍本叢刊》第76冊，第396～397頁。
〔註36〕　《宋史》卷四〇六《崔與之傳》，第12262～12263頁。

崔與之的批評並非空穴來風。如真德秀，端平召回，「人徯其來，若元祐之涑水翁（按，指司馬光）也。是時楮輕物貴，民生頗艱，意謂真儒一用，必有建明，轉移之間，立可致治。……及童馬入朝，敷陳之際，首以尊崇道學、正心誠意爲第一義，繼而復以《大學衍義》進。愚民無知，乃以其所言不切於時務」〔註37〕，真氏高談性命義理和君王修養，而不顧及民生現實的政治表現，自然導致了士民的失望，再加上其在朝不到一年即因病去世，所施影響與作用有限。又如魏了翁，還朝六個月之內前後二十餘奏，都關係著當時朝廷的急務，但也因此受到在位者的疑嫉與排斥，「上將引以共政，忌者相與合謀排擯」，魏因此「不能安於朝矣」，後來竟「執政遂謂近臣惟了翁知兵體國，乃以端明殿學士、同簽書樞密院事督視京湖軍馬。會江、淮督府曾從龍以憂畏卒，並以江、淮付了翁」，「又賜便宜詔書如張浚故事」，以督視朝廷軍馬的名義將魏了翁排擠出朝廷；魏了翁在江州開幕府，「甫二旬，召爲簽書樞密院事」。這樣的安排與隨意調動，實際出自朝中當權者丞相鄭清之等人個人的人事好惡與政治權術，「蓋在朝諸人始謀假此命以出了翁，既出則復以建督爲非，雖恩禮赫奕，而督府奏陳動相牽制，故遽召還，前後皆非上意也。」〔註38〕顯然諱言了宋理宗在這一事件上的參與。朝廷中的人事牽制與政治鬥爭，也阻礙了召用而來的人才發揮個人才能的途徑，不能不說是端平更化中人事上的一大弊端，這也是史彌遠權相政治的某種遺存。當時魏了翁就對此提出嚴厲批評，稱：

> 今彌遠既斃，天開治之期，所宜懲創紹聖、崇寧之失，堅擬元
> 祐、建中之治，則豈爲壽國家元氣之脈，亦可以伺姦人窺伺之端。
> 而朝廷之上牽於係累之私，遲回顧畏，以生禍隙。遂使朋姦罔上之
> 徒，旁緣事變之來，譏笑善類，將以爲援引權黨，撼搖國是之地，
> 至煩陛下慨然於舊弼之思。〔註39〕

元人方回曾嚴厲批評端平之初鄭清之對真、魏二人心存猜忌、任之不盡的做法，批評其心術姦邪賊害賢士，稱：

> 當是時，天下屬望以爲相者在真、魏，雖理宗之意亦然。清之
> 忌此二公，遲遲其召，以貢舉考士，紓真於內，以督府行軍，黜魏
> 於外，此其心術之陰賊莫甚焉者也。〔註40〕

〔註37〕 《癸辛雜識》前集《真西山入朝詩》，第43頁。
〔註38〕 《宋史》卷四三七《魏了翁傳》，第12970頁。
〔註39〕 《宋宰輔編年錄校補附錄續宋宰輔編年錄校補》卷十一，第1535頁。
〔註40〕 《桐江集》卷七《鄭清之所進聖語考二》，第473頁。

不僅真、魏二人遭遇如此境地，其他更化之初所召納的賢才也同樣如此。理宗淳祐末年，太學博士湯漢批評鄭清之在端平爲相期間「愚闇無識」、「愚冥自用」，甚至直斥稱「高宗皇帝之天下，壞其半者，鄭清之也」，湯漢認爲：「兩十年來君子之聚莫盛於端平之元，然不幸當國之人愚闇無識，名爲用賢，心實技忌，陽□（按，此處闕字。）其身而陰沮其言，凡開邊、易楮、稅畝、建督，種種悖繆，皆其愚冥自用，盡卻正諫。一真德秀早使登庸，金甌未闕，太平可致，而乃多爲曲折，而後與之以共政之空名，其他亦皆落落引去。端平迄無善治者，正以一相非才，賢者不得行其道之故耳。」〔註 41〕將端平更化最終沒有實現「善治」乃至內政外交中的「種種悖繆」，都歸咎於鄭清之「愚冥自用，盡卻正諫」、「一相非才」，致使「賢者不得行其道」。

（二）革新吏治，倡行廉政

鄭清之端平爲相時，還提倡節儉廉政，嚴厲懲治貪贓枉法的腐敗官吏，這些舉措配合著朝廷人事上的變動與調整，同樣有利於更化措施的推行。

早在理宗即位之初，還是崇政殿說書的鄭清之就曾因閣子庫進納絲履而勸諫理宗應效法孝宗、寧宗故事，力行節儉以涵育君德，理宗對此表示「嘉納」〔註 42〕。鄭清之本人也躬行節儉，即使端平拜相後，也不因位高權重而改變。劉克莊在鄭清之《行狀》中稱：「公自初爰立，首以清苦變貪濁，痛卻饋遺，雖族戚杯羹壺酒不許入。」〔註 43〕劉克莊的記述雖不免溢美之詞，但若是從鄭清之的出身與仕宦經歷來看，也不能完全否定他的處事風格和在任相之初的謹愼。鄭清之不僅對於官場上的人情往來，即使族人、親戚、門客等也拒絕和禁止他們因私行賄貢奉，並且能夠不徇私情，依法究治。端平二年（1235）七月，魏了翁在奏疏中稱：「方賄賂公行之餘，而鄭清之能以廉儉首變貪風，……近又聞鄭清之以出入材館之客受賕撓法，付京府鞫治。」〔註 44〕此外，鄭清之還曾率領宰執官員奏請減少官員俸祿，以節省國用，並以此作爲勸導百官庶民力行節儉的榜樣。《宋史全文》載：「（端平二年四月）庚辰，宰執奏：『節用自貴近始，積財在於節用，律下當以身先。乞將俸給自五月始

〔註 41〕《桐江集》卷七《鄭清之所進聖語考二》引湯漢語，第 474 頁。
〔註 42〕《宋史》卷四一四《鄭清之傳》，第 12419 頁。《劉克莊集箋校》卷一七〇《丞相忠定鄭公行狀》，第 6585 頁。
〔註 43〕《劉克莊集箋校》卷一七〇《丞相忠定鄭公行狀》，第 6587 頁。
〔註 44〕《重校鶴山先生大全文集》卷二〇《乙未秋七月特班奏事》，《宋集珍本叢刊》第 76 冊，第 777～778 頁。

減半幫支，痛自撙節，以示表厲。』從之。」在鄭清之等人的表率下，刑部尚書李𡩋及眾多卿監也請求減少俸祿以紓國用。〔註45〕此外，鄭清之還向朝廷舉薦廉潔奉公的官吏，如徐澄、趙筬夫等人。

除倡行節儉、舉薦廉吏外，鄭清之還主張對貪污受賄、敗政枉法的官員予以監察與懲處，以肅正官員隊伍，振舉朝廷綱紀。

紹定六年（1233）十一月，鄭清之拜相不久，就有江西帥臣陳韡彈劾知贛州姚鏞、知興國軍王相「貪墨」，於是姚、王二人各自「追五秩」，分別安置衡州、岳州，並因此下詔「戒飭贓吏」〔註46〕。端平元年（1234）四月，因臣僚言朝廷官員在舉薦人才時猶有舊時私下接受饋贈的弊習，所頒詔旨未能有效禁絕，革除弊政，於是「令吏部遍行戒飭，仍令御史臺覺察違戾者以聞」，加強對不法官員的督責與監察力度。〔註47〕五月，右正言何琮奏請「自今官吏贓狀敗露，經臺諫、監司奏劾分明者，即下所屬州郡拘贓，聽朝廷議罰，或移為他用者，并籍其家」〔註48〕，得到了理宗及宰執大臣的同意並執行。拘贓與籍財的規定，加大了打擊貪腐不法的力度。至六月，就有知安慶府林𣏌「贓狀顯著」，被「追三秩勒停，送撫州居住」，並且派遣專門官員對其「窮究追贓」〔註49〕，顯示出較大的懲治和打擊貪腐的力度。端平元年七月，理宗曾問及臣僚：「守令貪殘，何術以懲之？」張元簡回答稱其「非有所恃不敢為」〔註50〕，不法官員能夠貪腐枉法的一個外因即是有所倚恃。如鄭損，在寶慶三年（1227）蒙古軍進攻四川時，時任四川制置使的鄭損因懼敵而放棄關外階成和鳳四州及天水軍，退守武休等三關，又自沔州退守利州，不僅使崔與之在蜀時精心治蜀的成效遭受重創，也使南宋邊境膏腴之地遭受蒙古蹂躪，損失嚴重；但因鄭損「納賄彌遠」，受到史彌遠的包庇與縱容，並未受到較大懲處。紹定六年（1233）十月，史彌遠死後，十二月，臺臣即羣起彈劾，要求追究鄭損等失地之罪，於是，詔鄭損「落職與祠」；端平二年（1235）四月，在臺諫彈劾下，鄭損因「城池失守，且盜陝西五路府庫財鉅萬」，被「削官二秩，謫居溫州，簿錄其家」，六月，又將其「更削兩

〔註45〕　《宋史全文》卷三十二《宋理宗二》，第 2204 頁。
〔註46〕　《宋史全文》卷三十二《宋理宗二》，第 2187 頁。
〔註47〕　《宋史全文》卷三十二《宋理宗二》，第 2192 頁。
〔註48〕　《宋史全文》卷三十二《宋理宗二》，第 2193 頁。
〔註49〕　《宋史全文》卷三十二《宋理宗二》，第 2195 頁。
〔註50〕　《宋史全文》卷三十二《宋理宗二》，第 2197 頁。

秩，竄南劍州」〔註51〕，將其徹底罷黜。這是對史彌遠爪牙的一大打擊，也是對其政策的一大反動。

（三）整頓政制，糾失除弊

除了人事方面的調整和整頓外，在政治事務的運作制度與機制方面，鄭清之還輔助理宗進行相關改革與調整，以糾正或革除史彌遠專擅時期的一些積弊，提高朝廷行政與事務處理的水平，使相關機制與制度逐漸恢復到其本身的意義與效能上來。

在制度方面，首先對臺諫監察系統進行人員調整和制度整頓，表現在：罷黜史彌遠派系中的不肖臺諫，進用正直敢言之士，取消副封慣例。人事方面的調整，前文已有所論述。在宋代政治制度體系中，御史臺和諫院是重要的監察機構。「御史臺肅正綱紀，糾劾不法，自朝廷至於州縣，由宰相及於百官，不守典法，皆合彈奏。」〔註52〕「諫官職任拾遺補闕，凡朝政闕失，悉許論奏，則自宰臣至百官，自三省至百司，任非其人，事有失當，皆得課正。」〔註53〕作爲天子耳目之官，臺諫的職責往往是「規主上之過失，舉朝政之疵謬，指羣臣之奸黨，陳下民之疾苦」〔註54〕，具有很大的監察、奏事的職權。然而，在權相政治下，臺諫官員們往往不能正常發揮其職能，反而成爲權相專權的耳目喉舌與鉗制人言的工具。例如，史彌遠「所用臺諫，必其私人。約言已堅，而後出命，其所彈擊，悉承風旨，是以紀綱蕩然，風俗大壞」〔註55〕。史彌遠所任用的臺諫，如梁成大、李知孝、莫澤、朱端常、王暨、盛章等人，往往觀風承旨，實際成爲權相史彌遠的鷹犬與爪牙。如梁成大，因觀望史彌遠欲排斥眞德秀而自稱「某若入臺，必能辦此事」，由此受到史彌遠的信任與重用，寶慶元年（1225）拜爲監察御史，上臺後即爲史彌遠彈擊眞德秀、魏了翁、胡夢昱等人〔註56〕。端平元年（1234），魏了翁在應詔上封事請求「復臺諫舊典，以公黜陟」時，曾論及史彌遠專擅時對臺諫的除授及臺諫

〔註51〕　《宋史》卷四十一《理宗一》、卷四十二《理宗二》，第 799、808 頁。

〔註52〕　（宋）趙汝愚編，北京大學中古史研究中心校點：《宋朝諸臣奏議》卷五七劉摯等《上哲宗乞議經歷自受官吏之罪以正綱紀》，上海：上海古籍出版社 1999 年版，第 630 頁。

〔註53〕　《宋會要輯稿・職官》十七之十六，第 2742 頁。

〔註54〕　《宋朝諸臣奏議》卷五三呂公著《上哲宗乞選置臺諫罷御史察案》，第 584 頁。

〔註55〕　《宋史》卷四〇七《杜範傳》，第 12280 頁。

〔註56〕　《宋史》卷四二二《梁成大傳》，第 12620～12621 頁。

論事情況，「凡除授臺諫，必先期請見，餉以酒肴。及論事之時，又以尺簡往復，先繳全藁，是則聽之，否則易之」，甚至於「近來文字，皆是府第付出」。李知孝也曾自認：「昨所論洪咨夔、胡夢昱，乃府第付出全文。」〔註57〕這種情況不改變，臺諫的監督職能將無法得到正確發揮。此外，權臣威權下，臺諫奏事，還有副封的情況。副封，即臺諫將上奏言事的章疏副本封呈權相，供其審查。史彌遠擅權時，「臺諫皆其私人，每有所論劾，必先呈副封，……合則緘還，否則別以紙言某人有雅故，朝廷正賴其用，於是旋易之以應課」〔註58〕。副封的存在，也不利於臺諫官員在進行監察與彈劾時做到實事求是、無所隱諱與迴避。鄭清之拜相後，罷黜梁成大、李知孝等史彌遠派系的不肖臺諫，進用洪咨夔、王遂、吳昌裔、郭磊卿等正直敢言之士出任臺諫官，對朝廷政事闕失建言獻謨，對史彌遠的親信黨與「三凶」、「四木」等人予以彈劾、抨擊，還「首革副封」，此後，「臺諫始有攻時政闕失者」〔註59〕，臺諫官員在彈劾不法官員、議論朝政得失時，能夠不受外在因素的牽制，無所避諱。端平初期出現的對史彌遠派系人物的彈劾與罷黜，除因臺諫官員「梗亮忠懇，有助新政」〔註60〕、「剛正莊重，遇事敢言」〔註61〕、「彈劾權倖無所避」〔註62〕外，也得益於制度上創造和提供的施展空間。

在科舉取士方面，主要是增加和調整地區之間的科舉解額。宋代江浙地區文教昌盛，南宋立國東南以來，江浙士人數目激增，舊有分配的科舉解額已難以滿足士子中第進身的期望，而鄉舉、省試與其他別頭試、鎖廳試等的錄取比例不一，也一度引起士子的不滿，也敗壞了科舉考試的規則與風氣，「遂有隱身匿名不認親戚以求免者，憤懣憂沮狼狽旅邸者，彼此交怨，相視為仇」〔註63〕，造成士子及進士之間的矛盾和對立；諸路轉運司所舉行的牒試，又

〔註57〕 《重校鶴山先生大全文集》卷十八《應詔封事》，《宋集珍本叢刊》第76冊，第757頁。

〔註58〕 《癸辛雜識》前集《簡槧》，第36頁。

〔註59〕 《劉克莊集箋校》卷一七○《丞相忠定鄭公行狀》，第6587頁。按，劉克莊撰《丁給事神道碑》載：「癸巳（紹定六年）十月，相（史彌遠）斃，舊學爰立。公（丁伯桂）輪對，首乞去臺諫副封……」或當時有論去副封者，鄭清之贊行之。《劉克莊集箋校》卷一四一《丁給事神道碑》，第5612頁。

〔註60〕 《宋史全文》卷三二《宋理宗二》，第2213頁。

〔註61〕 《宋史》卷四○八《吳昌裔傳》，第12304頁。

〔註62〕 《宋史翼》卷十五《郭磊卿傳》，第165頁。

〔註63〕 《宋史》卷一五六《選舉志二》，第3639頁。

時常出現「營求偽冒」等弊端，最終取消牒試。為緩和士子人數與解額之間
比例緊張的形勢，並通過科舉考試選拔更多的才能之士，鄭清之進行科舉取
士方面的改革，適當增加並協調各路之間的解額數，「於各路州軍解額窄者量
與均添，庶士子各安鄉里，無復詐競。於是臨安、紹興、溫、台、福、婺、
慶元、處、池、袁、潮、興化及四川諸州府，共增解額一百七十名」〔註64〕，
「閩及江浙多士之郡，各增解額，由是士安里選」〔註65〕，在一定程度上整
治和平息了士子的奔競之風，也減少了由此帶來的科場舞弊等的發生。此外，
鄭清之還創新了進士覆試之法，有利於真正有才能的士子脫穎而出，並能打
擊和貶斥弄虛作假之人，以此來正肅士子的學風和科舉考試之風。

　　在整頓吏治方面，鄭清之贊襄理宗，對銓選冒濫和人浮於事的吏治弊
病進行全面整頓。官吏冗雜，材不盡職，是當時吏治的一大問題。正如端
平二年（1235）七月，劉克莊在輪對時所論及的銓選氾濫與材名不符的現
象：「竊見本選在籍小使臣一萬三千九百餘人，內奏補五百五十餘人，宗室
三千六百餘人，吏職軍班各千人。而武舉不滿五百，軍功不滿千，……而
又有鬻爵一途。已參注者二千一百餘人，來者源源未已，皆注監當。而監
當闕，皆十二年以上，六七人共守一闕。」劉克莊由此感慨地說：「以恩澤
入仕者如此之多，臣因以知名器之濫予；以材武自奮者如此之少，臣因以
知武功之不競。」〔註66〕造成這一弊政的主要原因，是通過各種恩蔭奏補
和賞賜等途徑所造成的待選授官數目的激增。為緩解官吏冗雜帶來的財
政、吏治等方面的壓力和選任真正有才能、有治績的官員，理宗多次要求
任人唯賢、量材授官，並要求必須舉薦真正有才能的人才，不得私自和徇
私薦舉，並限定恩蔭授官的名額；另一方面，在官員舉薦和選任敘遷上作
出規定，加重官吏除授資格，減少官吏磨勘遷轉次數。端平元年（1234）
十月，在宰執臺官的奏請下，理宗下詔：

　　　　今後應奏薦人，並先補入國學，各以年齒肄業，方許授官。或
　　限內請舉登第舍選釋褐如任子及第換授法，左選文學注破格監當，
　　任滿許註簿尉；右選校尉注作院以下闕，候年勞轉承信，方許注監
　　當。紹定六年以後入貲補官者，令別換授。士子發解三十年、五到

〔註64〕　《宋史》卷一五六《選舉志二》，第 3639 頁。
〔註65〕　《劉克莊集箋校》卷一七○《丞相忠定鄭公行狀》，第 6587 頁。
〔註66〕　《劉克莊集箋校》卷五十一《輪對箚子二》，第 2552～2553 頁。

省，許就特科，以四分取一，置前四等。春秋班引，雖舉員及格，不許放特班。宗子凡遇慶典，非兩舉不補官，非三請不換授。戰功補授人未得放令離軍已參注者，不許收使，仍詣軍自陳，收隸軍籍，量與請給。省吏官至朝奉、中散、中奉大夫者，存歿任子，不許過二三人。密院比類，一體施行。令有司裁抑參定，著爲令。〔註67〕

此詔明確規定選人、士子、宗子、戰功、任子等的選授、恩蔭程序，具有限制和裁抑濫恩冗選的作用。

（四）稱提楮幣，履畝收會

理宗親政之初，國家財政相當惡化，財政支出遠遠高於財政收入，出現較爲困難的入不敷出局面，正如端平元年（1234）六月，著作佐郎高斯得在上奏時所稱：「國家版圖日蹙，財力日耗，用度不給，尤莫甚於邇年。聞之主計之臣，歲入之數不過一萬二千餘萬，而其所出乃至二萬五千餘萬。」收入之數僅爲每年財政支出總數的一半左右，而彌補這一巨大財政赤字的方法不過是「其取辦之術，則亦不過增楮而已」〔註68〕。端平二年（1235），王邁在館職試策「楮幣至是術窮矣，其將何以救之歟」時，也曾論及「今國家罄一歲所入，曾不支旬月，而又日不輟造十數萬楮幣乃僅得濟，是不止無餘矣，其可爲岌岌寒心」〔註69〕。

面對國家財政入不敷出的困境，南宋朝廷採取的解決方法即是發行和印製更多的楮幣——東南會子。會子的發行量逐漸擴大，王邁在端平二年的館職試策中評議會子的發行量時說：「方開禧之開邊以誤國也，增造之數至於一億四千萬，比之前時凡數倍矣。紹定之養姦以耗國，增而至於二億九千萬，方之開禧，抑又倍焉。」〔註70〕這一方法雖然能暫時緩解財政收支的不平衡，但容易造成楮幣因發行量超過實際流通所需量，從而出現嚴重貶值現象，最終會導致國家財政的崩潰。同時，濫發楮幣，造成幣值大跌，物價騰躍，對社會各階層的生活造成了極大弊害，「數日以夥，用日以輕。變之欲其通，而行者愈滯；令之欲其信，而聽者終疑。於是物價翔騰，閭閻憔悴，膏液枯涸，

〔註67〕《宋史全文》卷三十二《宋理宗二》，第2199～2200頁。
〔註68〕（宋）高斯得：《恥堂存稿》卷一《輪對奏箚（六月六日，時爲著作佐郎）》，影印文津閣《四庫全書》第395冊，北京：商務印書館2005年版，第6頁。
〔註69〕（宋）王邁：《臞軒集》卷一《乙未館職策》，影印文津閣《四庫全書》第393冊，北京：商務印書館2005年版，第753頁。
〔註70〕《臞軒集》卷一《乙未館職策》，第754頁。

稱貸無從，而農病矣；關禁苛急，取息無贏，大邑通都，白晝閉肆，而商病矣；四方遊士，充賦上京，思得白鏹，如拾至寶，士病於道途矣；百工技巧，轉移執事，困於賤直，莫贍其生，工病於庸役矣。舉天下四民俱受病」〔註71〕，更重要的是，楮幣貶值也使得楮幣的信用大為降低，民間對楮幣失去信任，地方官強硬推行、攤派楮幣，使得百姓「畏楮如毒虺，得之者惟恐推去不速」〔註72〕，反過來又影響了國家財政收入的增加。

　　面對財政困境，鄭清之協助理宗在人事和貨幣流通方面施行積極措施，力圖開展會子稱提〔註73〕，穩定會子會價〔註74〕，平衡財政收支，緩解財政困境。

　　人事方面，明確賞罰，嚴行政令。

　　紹定六年（1233）十月，「詔：楮幣浸輕，關係甚重，薛極久參國政，練達時宜，令與三省措置以聞」〔註75〕，薛極時任樞密使，以執政身份擔負起主持會子稱提的重任。端平二年（1235）三月，詔以權兵部尚書余鑄、監察御史丁伯桂同提領會子所官公共措置商確收換事宜，擇其可用，條具來上〔註76〕，指派專人負責楮幣的管理與收換工作。同時，對在會子稱提整頓中有所績效的官員予以獎勵，對作為無力或不作為的官員予以懲處。如，端平二年正月，因為本郡會價降低，知衢州蔡節被「削二秩」〔註77〕，而知慶元府趙與懬、知平江府王遂、知建寧府姚瑤、知常州何處信，都因

〔註71〕《矚軒集》卷一《乙未館職策》，第754頁。

〔註72〕《西山先生眞文忠公文集》卷四十二《通議大夫寶文閣待制李公墓誌銘》，《宋集珍本叢刊》第76冊，第446頁。

〔註73〕稱提，又作「秤提」，指隨時對流通中的會子進行輕重散斂，以便使紙幣與鑄幣之間的比價達到均衡。見汪聖鐸：《兩宋貨幣史》，北京：社會科學文獻出版社2003年版，第701頁。稱提的主要內容是回籠紙幣，以減少紙幣的流通量，「其具體辦法是儲備銅、鐵錢，紙幣減價時，用官錢收買紙幣，用金、銀、官田收兌紙幣，用度牒、茶引、鹽引等有價證券，甚至出賣官爵收兌紙幣等等」。見賈大泉：《宋代的紙幣發行和紙幣理論》，載《社會科學研究》1996年第1期。

〔註74〕會價，即會子的購買力，一般以會子與鑄幣（銅錢）的比價來表現。在會子作為流通中的紙幣發生貶值時，其購買力低於紙幣面值所等同的銅錢所具有的購買力，即會價降低，用會子表示的物價上漲。參考前引汪聖鐸：《兩宋貨幣史》第四編第二章第四節《會價》，第693～701頁。

〔註75〕《宋史全文》卷三十二《宋理宗二》，第2186頁。

〔註76〕《宋史全文》卷三十二《宋理宗二》，第2203頁。

〔註77〕《宋史全文》卷三十二《宋理宗二》，第2203頁。

爲稱提會子有力有效而進一秩〔註78〕。又如，朝廷頒佈稱提會子詔令之後，建陽、樂定、新淦三縣縣令因奉行不虔而被「鐫徙」，臨川縣令趙汝鐩則因告誡百姓奉法行事，「臺閫交薦，監鎭江府榷貨務」〔註79〕。獎懲措施的施行，在一定程度上能促使地方官員遵守朝廷稱提會子的命令，促進稱提工作的開展。

流通方面，首先，限制發行，查禁僞幣。

早在高宗紹興三十二年（1162）時，朝廷就曾制定僞造會子法。規定：「犯人處斬，賞錢十貫，不願受者，補進義校尉。若徒中及庇匿者能告首，免罪受賞，願補官者聽。」〔註80〕然而，由於楮幣防僞技術不高，易於印製，更由於利潤的刺激，僞造楮幣的情況一直存在。端平二年（1235），王邁在館職試策時對僞造楮幣的現象予以奏論，稱：「去歲取還舊楮，所入反多於所出，繼頒新楮，僞者與眞而摻行。」王邁認爲這種現象的發生，是因爲僞造會子的情況十分普遍而猖狂，「昔楮局點吏能爲之，今大室或效尤矣；昔都郡姦徒能爲之，今遐氓亦抵禁矣；昔取紙於蜀獨可辨認，今新局造楮眞贋莫辨矣。一有敗露，納賄求免，不曰字畫之不盡摹，則曰貫索之不盡類。」但是以往的監控和懲治往往顯得不夠力度，不能有效地打擊楮幣僞造行爲，「法當重數，僅從末減，似此姑息，何以戢姦？」因此，王邁主張「舉行典憲，……犯者必誅，告者必賞」〔註81〕，加大打擊力度，以減輕因僞幣流通所帶來的會子大幅貶值和收支失衡壓力。理宗爲此下詔，對僞造楮幣者一律嚴懲不貸，並將其與強盜、放火一起列爲三個不可赦免的重罪。

其次，回籠會子，稱提楮幣。

紹定六年（1233）十月，理宗命樞密使薛極主持會子稱提，並「詔出內帑緡錢二十萬，令臨安府措置兌易」〔註82〕，此外，據端平元年（1234）五月吳泳上奏中所稱，薛極還「請捐內帑金銀、度牒、官誥及鹽鈔、賣乳香等以收兩界。……在京十局共支過金九萬一千八百三十餘兩，銀二百一萬六千九百餘兩，諸州品搭之數不與焉。如官誥，如度牒，如鹽鈔，印造換給，則

〔註78〕《宋史全文》卷三十三《宋理宗三》，第 2221 頁。按，王遂四人進秩在嘉熙元年二月甲辰，其因以受獎的稱提政績當在嘉熙之前的端平年間。
〔註79〕《劉克莊集箋校》卷一五二《刑部趙郎中墓誌銘》，第 5979～5980 頁。
〔註80〕《宋史》卷一八一《食貨三》，第 4406 頁。
〔註81〕《臞軒集》卷一《乙未館職策》，第 756 頁。
〔註82〕《宋史全文》卷三十二《宋理宗二》，第 2186 頁。

又不知紀極矣」〔註 83〕。雖然度牒、官誥、鹽鈔等的數目不見記載，但僅就京城臨安府一地十局所撥付的金銀數目來看，紹定、端平之際的這次回收、稱提會子的投入相當充沛。然而，薛極主持的這次稱提，其效果並不如意。吳泳評論稱薛極此舉「夫收一界可也，而併其二收之，所以耗國之財力、輕國之名器」，「捐金銀所以救弊，而弊愈滋；捐告牒、官鈔所以權楮，而楮愈輕。既無益於民，又多損於國。始謀之不臧，貽害至於今日」〔註 84〕，即論這次稱提不僅未能緩解和挽回會價降低的走勢，反而對朝廷和百姓造成了新的傷害。端平元年（1234），魏了翁在除授禮部尚書內引奏事時曾稱：「楮幣泛濫，錢荒物貴，極於近歲，人情疑惑，市井蕭條。禁帑出黃白金四千餘萬緡，併銷兩界，此非常之賜也。然徒傷公私之財，而無救於楮幣之濫。」〔註 85〕同樣是批評此次稱提投入巨大而收效甚微，徒然有害於國家財政收支的狀況。時任監察御史的丁伯桂也在論時事時評論稱：「條忽之間，空內府累世金寶百萬之藏，而楮賤自若。」〔註 86〕這種狀況持續到端平二年（1235）四月時，依然是「第十六、十七界會子散在民間，爲數浩汗。會價日損，物價日昂」的形勢，以致朝廷不得不再次對回收兩界會子進行投入，然而此次的財政投入已經不再是金銀等資財通貨，而是「詔令封樁庫支撥度牒五萬道、四色官資付身三千道、紫衣師號二千道、封贈敕告一千道、副尉減年公據一千道發下諸路監司、州郡，廣收兩界會子」〔註87〕，這次撥付的度牒、告身等，或許是因爲朝廷財政處於相當緊張的狀況，或許是對以金銀等兌收會子不理想效果的一種補充，其效果或許同樣不盡人意，楮賤幣輕的狀況依然未能得到改善。

第三，履畝收會，同等輸納。

《宋史全文》卷三十二載，端平二年（1235）九月己巳，都省言：「兩界會子數多，監司郡守奉行秤提不虔，欲下諸路州縣，令有官之家、簪纓之後及寺觀僧道并按版籍，每畝輸十六界會子一貫，願納十七界者，並從各州截角類解，赴封樁庫交納。其將相勳貴之家、御前寺觀曾被受指揮特免科役去

〔註83〕　《鶴林集》卷二十一《繳薛極贈官詞頭》，第 477 頁。
〔註84〕　《鶴林集》卷二十一《繳薛極贈官詞頭》，第 477 頁。
〔註85〕　《重校鶴山先生大全文集》卷十九《被召除禮部尚書內引奏事第四箚》，《宋集珍本叢刊》第 76 冊，第 772 頁。
〔註86〕　《劉克莊集箋校》卷一四一《丁給事神道碑》，第 5613 頁。
〔註87〕　《宋史全文》卷三十二《宋理宗二》，第 2204 頁。

處，毋得寅緣規免，仍不許敷及佃戶，違，許越訴。」這一建議得到了理宗的肯定，履畝收會的工作隨即開展起來。

端平二年開始的這次履畝收會，實質上是取消官戶、寺觀等原本持有的免徵特權，強制其與百姓同等輸納會子，並不得「寅緣規免」，也不得將其轉嫁給百姓、佃戶。與端平二年面向官戶和寺觀進行履畝收會相對應的，是寧宗嘉定年間主要面向普通百姓的徵收會子。開禧北伐期間，軍費開支大增，財政危急情勢加劇，政府不得不大量增印會子，造成第十一、十二、十三三界會子並行，總數超過一億四千萬貫，流通中的會子數量空前增加，會價大跌。[註88] 嘉定元年（1208）以後，官方開始進行會子的稱提，除規定用嘉定四年（1211）新發行的第十四界會子兌收第十一至第十三界舊會外，還曾強制百姓藏會，即按照田產和資產狀況收藏會子，如嘉定六年（1213）蔡幼學出任知福州時，「提舉使民以田高下藏新會子，按不如令者沒入其資」[註89]；又如，李誠之任江西轉運司幹辦公事時，「使稱提會子，第其物力高下輸錢以斂之，誠之以爲擾。」[註90] 嘉定四年，李燔任職於江西運司，「漕司以十四界會子新行，價日損，乃視民稅產物力，各藏會子若干，官爲封識，不時點閱，人愛重之則價可增，慢令者黥籍，而民譸張，持空券益不售」[註91]。嘉定年間的這次稱提會子，還包括臨時增加會子在稅收中的比例等措施，其主要對象是面向普通百姓，「而官戶、寺觀似是免徵的；這次（本書按，指端平二年的履畝收會）則是專向前次免徵者徵收，或許可視爲前次履畝徵會的繼續或補充」[註92]。

端平二年的履畝收會涉及到官戶、勳親、寺觀等權勢階層，又因其在執行中奉行不肅，出現了損害中下戶利益的現象，政令一出臺就受到這些利益羣體的反對。魏了翁在上奏中直接批評稱：「今履畝而徵，至下之策也。苟又無誠信慘怛之心以行之，民其不解乎！」[註93] 吳潛上奏極言計畝徵會有招

〔註88〕 關於會子各界的發行及使用情況，參見前引汪聖鐸：《兩宋貨幣史》第四編第二章第二節《會子的界》，第663～678頁。

〔註89〕 （宋）葉適撰，劉公純、王孝魚、李哲夫點校：《葉適集》卷二十三《兵部尚書蔡公墓誌銘》，北京：中華書局1961年版，第444頁。

〔註90〕 《宋史》卷四四九《李誠之傳》，第13243頁。

〔註91〕 《宋史》卷四三〇《李燔傳》，第12784頁。

〔註92〕 汪聖鐸：《兩宋貨幣史》，第718頁。

〔註93〕 《重校鶴山先生大全文集》卷二〇《奏乞審度履畝利害以寬中下戶》，《宋集珍本叢刊》第76冊，第784頁。

人怨、費民財、引訴訟、費帑藏、生隱患等九大害處〔註94〕。中書舍人袁甫和臣僚徐鹿卿則批評此一舉措將大失人心，《宋史・袁甫傳》載：「時相鄭清之以國用不足，履畝使輸券。甫奏：『避貴虐賤，有力者頑未應令，而追呼迫促，破家蕩產悲痛無聊者，大抵皆中下之戶。』嘗講罷，帝問近事，甫奏：『惟履畝事，人心最不悅。』」〔註95〕批評履畝過程中的措置不公和強制騷擾造成的人心不悅。徐鹿卿在奏中稱：「楮弊之輕，特國之一事。天下之心，乃國之根本。救一弊而失天下之心，孰為輕重？」〔註96〕監察御史吳昌裔則從履畝收會的效果並不理想的角度批評這一舉措，並直言在具體施行過程中存在的漏洞和弊政。吳氏奏稱：「臣竊見履畝之令，朝廷不得已而行之，使行之而有益於楮，猶可為也。今令行已久，而楮價不增，則是救弊果何益乎？臣訪聞畿輔之間，中戶盡數已納，而大家往往幸免，州縣長吏不惟不能體朝廷之意，而反以旁緣為私，故有促辨催入而久不解者，又有那移他使而規自利者。」因此請求允許各路監司對執行過程中的不法官吏進行劾察。〔註97〕到了嘉熙元年（1237），趙必願在應詔上封事時還批評稱「履畝之令下而加以抑配，稱提之法嚴而重以告訐。民無蓋藏，每有轉壑之憂；士不宿飽，常有思亂之志」〔註98〕，認為履畝收會造成諸多弊病，是導致嘉熙元年火災的原因。

　　作為丞相的鄭清之，對端平二年（1235）專門面向官戶和寺觀的履畝收會負有主持責任，也因此招致臣僚的批評，背上了所謂的「罪名」。時人即稱「宰相鄭清之輕躁，沾沾喜功利，易楮履畝，……政令騷然」〔註99〕。到了南宋度宗咸淳四年（1268）九月，呂沆在輪對時還聲稱：「端平初，十五界、十六界並行。鄭清之相，驟廢十五界，新行十七界，以準十六界之二，而物價騰湧，會價新者與舊價俱落。至欲履畝收楮，為清之大罪。」〔註100〕然即

〔註94〕　（宋）吳潛：《許國公奏議》卷二《奏論計畝官會一貫有九害》，影印清光緒刻本，《宋集珍本叢刊》第84冊，北京：綫裝書局2004年版，第83～86頁。

〔註95〕　《宋史》卷四〇五《袁甫傳》，第12240頁。

〔註96〕　《劉克莊集箋校》卷一四四《待制徐侍郎神道碑》，第5712～5713頁。

〔註97〕　（明）楊士奇等：《歷代名臣奏議》卷一百《經國》錄吳昌裔《論今日病勢六事狀》「貼黃」，影印明永樂內府刊本，上海：上海古籍出版社1989年版，第1362～1363頁。

〔註98〕　《宋史》卷四一三《趙必願傳》，第12409頁。

〔註99〕　（宋）趙汝騰：《庸齋集》卷六《提刑鄭吏部墓誌銘》，影印文津閣《四庫全書》第394冊，北京：商務印書館2005年版，第671頁。

〔註100〕　（宋）呂午：《左史諫草》附錄《監簿呂公家傳》，影印文津閣《四庫全書》第146冊，北京：商務印書館2005年版，第516頁。

使如此，批評者所關涉的，並不是收會政策本身，而是在實際操作中出現的錯誤及其造成的惡果。由於官民的激烈反對，端平二年的此次履畝收楮很快被停止，並未對當時財政上入不敷出的危急問題予以較大程度的解決，其根本原因仍在於貨幣發行量遠遠超過了實際流通中的所需量，一方面不斷擴大會子的發行量，另一方面卻希望紙幣不會貶值，這是不可能並存的悖論。

端平年間，侍御史李鳴復在上制國用奏中批評朝廷措置會子寡謀失策：

> 今日之財用匱矣。問之戶部，戶部莫之知；問之宰相，宰相亦莫之知也。戶部不以白宰相，宰相不以告陛下。府庫已竭而調度方殷，根本已空而蠹耗不止。廟堂之上、縉紳之間，不聞他策，惟添一撩紙局以爲生財之地。窮日之力，增印楮幣，以爲理財之術而已。楮日益多，價日益減，號令不足以起其信，繼以稱提；稱提不足以強其從，重以估籍。估籍之令行而民不聊生矣，民不聊生將激而爲亂矣。如是焉，而猶不早爲之計，豈不大可懼也哉！〔註101〕

李鳴復的批評，不僅涉及國家財政治理的具體舉措層面，還對朝廷中財政運作體制和機制中的弊病予以直接批評。端平元年（1234）六月，著作佐郎高斯得更指出單純依靠增印楮幣之術「造幣以立國，不計其末流剝爛糜滅之害，而苟焉以救目前之急，是飲鴆以止渴也」〔註102〕。對於會子稱提來說，由於財政入不敷出的狀況依然存在，作爲紙幣的會子的印刷數量的增加不可避免，會子流通數量的增加，必然使稱提的努力及其效果受到減弱和限制。當時也有臣僚意識到稱提的關鍵在於控制會子的發行數量，如端平元年五月，李宗勉面對時即稱：「願詔有司，始自乘輿宮掖，下至百司庶府，覈其冗蠹者節之，歲省十萬，則十萬之楮可捐，歲省百萬，則百萬之楮可捐也。行之既久，捐之益多，錢楮相當，所至流轉，則操吾贏縮之柄不在楮矣。」〔註103〕節省財用的方法雖然可行，但在晚宋國家版圖日益縮小、軍費開支不斷增加、內部形勢逐漸惡化的形勢下，財政上的入不敷出無法挽回，不得已依靠增發會子緩解目前，使幾次稱提會子、平衡國家財政收支的努力終致勞而無功，無力迴天。

〔註101〕 《歷代名臣奏議》卷二七三《理財》錄李鳴復《上制國用奏》，第3565頁。
〔註102〕 《恥堂存稿》卷一《輪對奏箚（六月六日，時爲著作佐郎）》，影印文津閣《四庫全書》第395冊，第6頁。
〔註103〕 《宋史》卷四○五《李宗勉傳》，第12234頁。

　　端平年間鄭清之等進行的回籠、稱提會子的舉措，固然立足於回轉朝廷財政形勢、緩解收支嚴重失衡狀況，並爲之多方措置，雖然初期取得了一些成果，如嘉熙三年（1239），吳潛在經筵奏論中評論當時的經濟形勢時稱：「錢既流通，楮亦增重，目前市邑，粗免蕭條急迫氣象。」〔註104〕但好景不長，最終因內外局勢不斷惡化、內部利益集團力量的反對等原因，或者施行不力，或者旋行即停，或者措施本身存在難以自解的矛盾，並未取得初始希冀的效果。

三、端平內政平議

　　端平內政更化，是「淵默十年無爲」之後而親政的宋理宗在不徹底否定史彌遠及理宗繼位法統的前提下所主動進行的內部調整與變革，其出發點，是鑒於韓侂胄、史彌遠以來長期的權相政治所造成的並遺留了的內則士風、政風不振，人心惶惑難定，財政、經濟困窘不舉，外則疆場危急、邊患頻發的嚴重危機，其形勢正如端平二年（1235）王邁所喻：「我國家自韓侂胄用於慶元，迄於開禧，甫及十年，天下之勢如人少壯而得疾，故其藥之也易爲功。自史彌遠相於嘉定，迄於紹定，凡二十有七年，天下之勢如人垂老而得疾，故其藥之也難爲力。」〔註105〕將國家憂患危急局面的出現歸咎於兩大權臣。劉克莊更直言不諱地將國家形勢比喻成「此脈家所謂在膏之上，肓之下」〔註106〕，南宋社會內外交困、積弊已深，亟需進行變革，以圖自救。端平年間開始的內政更化，其目的正在於，在後史彌遠時代平衡朝野各股政治勢力，除弊革新，聚集人心，整頓財政，增強國力，以期紓解內外統治危機，緩和與挽回政局走勢，並力圖再造中興景象。張金嶺認爲：「『端平更化』的核心，是在依靠以鄭清之爲首的擁戴派的同時，斥逐史彌遠的某些劣跡累累的親信，起用曾經遭到史彌遠排斥和打擊的一些有聲望的官員和理學名臣，無論以前他們在濟王事件中採取何種態度，一律不予追究，以示『端平』，以平息反對派的不滿。」〔註107〕更化中各項措施所體現出來的「端平」意義十分明顯。

〔註104〕《許國公奏議》卷三《經筵奏論救楮之策所關係者莫重於公私之糴》，第119頁。

〔註105〕《臞軒集》卷二《乙未六月上封事》，第757頁。

〔註106〕《劉克莊集箋校》卷五十一《輪對箚子二（端平二年七月十一日）》，第2549頁。

〔註107〕張金嶺：《宋理宗研究》，第96～97頁。

在結束了長期的權相專擅朝政、威權政治的後史彌遠時代，宋理宗、鄭清之等推行的有限的反正措施，尤其是黜佞拔賢、嚴肅吏治、整頓財政等舉措，在權相政治的黑幕下打開了一個不大不小的缺口，起到了一定的積極意義和效果，這對在權相統治下壓抑已久的朝野士大夫來說，卻不啻爲「大旱之雲霓」，大獲稱頌與喝采。王邁曾將端平更化前後的局勢和狀況作出比較，極力讚頌鄭清之對理宗親政更化的輔弼之功績，稱：「向也望之以直而去朝廷，汲黯以戇而離禁闥，今起忠良於散地，聘耆舊於遐陬。向也元載以苞苴之富而肥家，林甫以溪壑之欲而典選，今斥貪夫而弗齒，洗舊染以維新。向也挾權貴以劾倫魁，何止文昌之覓舉；因驅儈以營薦剡，殆類鴻都之鬻官。今痛懲已往之姦，申飭方來之禁，如醫王之治廢疾，半劑而蘇；如國手之捄危枰，一著即活。」王氏又稱讚鄭清之本人「由方寸恬淡，一介弗取，故定力堅凝，萬變莫搖。有洗日之功而上不疑，有迴天之論而世不駭」〔註108〕。鄭清之以潛邸舊學和策立功臣的身份獲得理宗的信任，在理宗親政、更化之初即入主宰席，宅茲百揆，盡力贊襄理宗推行更化，「端平以來，圖事揆策，既與卿共焦勞矣，未曾一日共其逸也」〔註109〕，獲得理宗的看重與賞識，取得了顯有成效的革新效果，「（鄭清之）屬當更化之初，首任秉鈞之重，收召耆哲，拔去凶邪，以廉律貪，一洗舊污之染；量能授職，咸欣公道之開」〔註110〕。對於鄭清之在端平更化中的作用與功過，眾說紛紜，莫衷一是，但比較爲眾人所接受與讚賞的是其贊襄理宗進行黜佞拔賢、更化政治所帶來的朝野新氣象。元代史臣在修《宋史》時也承認「端平之間召用正人，清之之力也」〔註111〕，鄭清之被稱爲「端平良相」，多半是由於這一點。即便是彈劾鄭清之誤國大罪的監察御史吳昌裔，也客觀上承認鄭清之在端平爲相時所具有的政績，稱：「當陛下親攬萬幾，聿新大化，清之亦悉心贊輔，隨事更張，如絕苞苴、斥貪佞、召耆德、去副封等事，其於新政豈無小補？」〔註112〕即便到了端平入洛之役，宋師潰敗，「兵民死者十數萬，資糧器甲悉委於敵，邊境騷然，

〔註108〕《翰苑新書續集》卷一王臞軒（邁）《賀鄭丞相》，第358頁。

〔註109〕《鶴林集》卷十二《賜鄭清之以久雨乞上丞相印不允詔》，第386頁。

〔註110〕（宋）徐應龍：《東澗集》卷四《特進左丞相兼樞密使鄭清之特授觀文殿大學士醴泉觀使兼侍讀制》，影印文津閣《四庫全書》第393冊，北京：商務印書館2005年版，第102頁。

〔註111〕《宋史》卷四一四《鄭清之傳》，第12423頁。

〔註112〕《歷代名臣奏議》卷一八五《去邪》錄吳昌裔《論鄭清之誤國疏》，第2436～2437頁。

中外大困」〔註113〕，監察御史杜範攻擊鄭清之輕挑強敵，爲相誤國，又劾其貪黷時，理學大儒眞德秀猶自爲鄭氏辯解，稱：「此皆前權臣玩愒之罪，今日措置之失，譬如和、扁繼庸醫之後，一藥之誤，代爲庸醫受責。」〔註114〕眞氏認爲，長期的權臣政治造成朝政中的積弊累日經年，顯然不是鄭清之憑一己之力所能完全消除、徹底撥亂反正的，因此不應對鄭清之有所苛責。

　　鄭清之端平爲相，上承史彌遠二十六年專擅之遺餘，朝廷綱紀法度屢遭破壞，輿論不振，士民無主，理宗君臣所面臨的嚴峻形勢，正如端平二年（1235）六月王邁在上書奏事中所比喻的那樣：「以三十年大壞極弊之天下，挈亂膠轕，如甚棼之絲，而解之難；破爛潰裂，如甚漏之舟，而補之難。」〔註115〕鄭清之繼史彌遠之後，輔弼理宗勵圖更化，在後史彌遠時代推行一些反正措施，冀望革新政治，挽回局勢，再造中興氣象。但是，理宗、鄭清之君臣所倡導和推行的端平更化存在著明顯的「先天不足」：一是承緒史彌遠二十六年的權相政治，朝廷內外積弊厚重，非三二年工夫就能徹底根除。其狀況，正如時任著作郎、史官蔣重珍所論：「更化以來，舊敝未去者五：徇私、調停、覆護、姑息、依違是也。今又益之以輕易。」〔註116〕二是理宗本人推行更化，其根本前提是確保自身繼位法統的正當性，因此政治更化存在較多顧慮，最重要的一點即是對史彌遠及其家族曲加庇護，如端平三年，新除右正言方大琮首疏論事，提到理宗在端平二年曾有御筆「衛王（史彌遠）功茂，深欲保持其家」〔註117〕。對史彌遠的歷史問題退避迴護，致使政事和人事上的某些革新措施未能深化和徹底。總之，由於各種弊政積重難返，輿論人心紛紜難安，再加上對外收復三京之役的潰敗及由此所招致的宋蒙戰爭，對內各種社會矛盾的加深，端平更化的效果並非如時人所期望與後人所讚賞的那樣。端平二年，軍器監丞杜範入對奏稱：「陛下親覽大政，兩年於茲。今不惟未覩更新之效，而或者乃有浸不如舊之憂。」〔註118〕端平三年（1236）六月，時任知慶元府兼沿海制置使趙與懃論說稱：「近士大夫專以議論相尙，未嘗眞見利害之實，故自更化以來，美意雖多，實政未究。」理宗對此表示同意，並且

〔註113〕《宋史》卷四〇七《杜範傳》，第12281頁。
〔註114〕《宋史》卷四三七《眞德秀傳》，第12964頁。
〔註115〕《臞軒集》卷二《乙未六月上封事》，第757頁。
〔註116〕《宋史》卷四一一《蔣重珍傳》，第12354頁。
〔註117〕《劉克莊集箋校》卷一五一《鐵庵方閣學（大琮）墓誌銘》，第5963頁。
〔註118〕《宋史》卷四〇七《杜範傳》，第12279頁。

說：「虛論誠無益於國。」〔註119〕理宗曾對袁甫論及端平政事，道：「端平更化之初，賢者佈在朝廷，不曾做得一事。眾弊膠轕，愈不可爲。」袁甫即奏稱：「以臣所見，非是端平君子無益於人國，乃是朝廷任用不篤，未能使君子展盡所長耳。」〔註120〕袁甫所議論與批評的，則與前所論用人未久、用人不專及相關人事牽制與鬥爭有著不可迴避的關係。這些都造成端平「更化」雷聲大，雨點小，效果不盡如人意。而端平爲相的鄭清之，也因此招致朝野內外部分士大夫的批評。

第二節　端平外交

一、聯蒙滅金

十三世紀初，北方游牧民族蒙古在宋開禧二年（1206）建立蒙古汗國之後，勢力迅速擴張，並對金朝開展持久的打擊，迫使金在貞祐二年（宋嘉定七年，1214）遷都南京（開封），南宋與金的政治中心距離縮短，影響了兩國關係的變化。

就宋金關係看，自韓侂冑開禧北伐失敗以後，宋、金在嘉定元年（1208）簽訂和議，南宋內部以史彌遠爲首的主和派，主張向金納歲幣，以此換取宋金之間的相對和平。這一狀況隨著蒙古對金的打擊及金自身的衰弱與困憊而發生了變化。嘉定四年（1211）六月，宋賀金生辰使余嶸出使金朝，因蒙古包圍了金中都燕京，余嶸至涿州而還。六年（1213），南宋先後派董居誼、真德秀、李壂三人出使金朝，皆因蒙古侵金及金朝內亂〔註121〕而未成行。七年（1214），金宣宗遷都南京（今河南開封），宋金形勢發生新的變化。在此情況下，宋廷內部圍繞宋金關係進行了一場爭議，其焦點即是在蒙古攻金的形勢下，對金應採取和或者戰的問題。

〔註119〕《宋史全文》卷三十二《宋理宗二》，第2213頁。
〔註120〕《歷代名臣奏議》卷一五○《用人》錄袁甫《直前奏事箚子》附「聖語」，第1962頁。
〔註121〕金至寧元年（宋嘉定六年，1213）八月，金右副元帥紇石烈執中在中都發動政變，殺死金衛紹王及左丞相完顏綱，改立完顏珣爲皇帝，是即金宣宗，而紇石烈執中本人不久也被殺。見《金史》卷一三二《紇石烈執中傳》，第2835～2838頁。

　　嘉定四年余嶸使金不達後，南宋朝臣瞭解到金所受蒙古打擊之困境，即對宋金關係進行檢討。主政的史彌遠雖然繼續主和，但亦藉口漕渠乾涸中止了向金納歲幣〔註122〕。此後，嘉定五、六年的歲幣同樣未予繳納，故嘉定七年金宣宗南遷汴京後，兩次遣使南宋督責宋補交歲幣，南宋對此予以拒絕。八年（1215）三月，南宋賀金主長春節使提出將歲幣由嘉定和議所規定的銀絹各三十萬兩匹減至隆興和議所規定的銀絹各二十萬兩匹，同樣被金宣宗以「本自稱賀，不宜別有祈請」爲由予以拒絕〔註123〕。金宣宗最終於興定元年（宋嘉定十年，1217）以歲幣不至爲由，發動對宋的南侵，實際則是「主兵者不能外禦大敵，而取償於宋」〔註124〕，南宋則在是年六月下詔伐金，宋金關係完全破裂。金的南侵，成爲南宋轉向聯蒙滅金的最終推力。〔註125〕

　　在南宋內部，對於如何處理這一時期的宋金和戰關係，有著很大的爭議，其情形正如杜範所論：「慮兵財之不支，則主於和；憂豺狼之難厭，則主於戰」〔註126〕，呂午在評論這種廷議不決、國策不定的情況時也說：「夫所謂定規模以一人心者，戰、守、和之說是也，國家自邊釁既開，三者各持一說，分朋植黨，異議紛耘，人心不齊，規模不定，事功難立。」〔註127〕然而，就此一

〔註122〕真德秀曾批評這種以藉口而停納歲幣的做法，稱：「歲幣之弗遣是矣，然不以還燕爲詞，而諉曰漕之渠乾涸，使殘虜得以移文督責，中原豪傑聞之，寧不以寡謀見哂乎？」見《西山先生真文忠公文集》卷五《江東奏論邊事狀（丙子十二月十二日上）》，《宋集珍本叢刊》第75冊，第709～710頁。

〔註123〕（元）脫脫等：《金史》卷六十二《交聘表下》，北京：中華書局點校本1975年版，第1483頁。

〔註124〕（金）元好問：《元好問全集（增訂本）》卷十八《內相文獻楊公神道碑銘》，太原：山西古籍出版社2004年版，第425頁。

〔註125〕張金嶺認爲：「金朝發動的這場企圖從其認爲軟弱可欺的南宋撈取便宜的戰爭持續了七年之久，……由於遭到南宋軍隊的頑強抵抗，金朝南侵不僅未能達到『取償於宋』的戰爭目的，反而削弱了自己的力量。……金朝這困獸猶鬥的侵略態度進一步加深了南宋對它的仇恨，這場戰爭完全排除了南宋聯金抗蒙的可能性，把南宋推上聯蒙滅金的道路。南宋在金朝這個世仇和蒙古這個新敵之間只有選擇蒙古作它的暫時盟友，別無選擇。」見氏著：《宋理宗研究》，第83頁。

〔註126〕（宋）杜範：《杜清獻公集》卷五《國論主威人才箚子（臺中上，端平三年春。）》，影印清鈔本，《宋集珍本叢刊》第78冊，北京：綫裝書局2004年版，第392頁。

〔註127〕《左史諫草》卷一《戊戌年正月二十三日奏爲定規模以一人心據要害以飭武備欲望聖慈兢業施行奏聞事伏候敕旨》，第509頁。

時期而言，雖然朝議在和戰問題上有著極大的爭議〔註 128〕，但權相史彌遠主持下的宋廷對金的政策還是以和為主的，衹是在「仇金情緒」的影響下，採取了折中的辦法：既停輸歲幣又與金依舊通聘往來。中間雖因金宣宗南侵而爆發了宋金持續七年的戰爭，但在元光二年（宋嘉定十六年，1223）十二月，金宣宗駕崩，金哀宗繼位，次年六月，金即「以文榜遍諭宋界軍民更不南伐」〔註 129〕，並向宋遣使修好。史彌遠也趁機斂兵息戰。其後，史彌遠因濟王事件受到主戰的魏了翁、眞德秀等清議的抨擊，在打擊和貶斥清議力量的同時，史彌遠對外也繼續奉行主和的立場。

而對宋蒙關係來說，在宋廷內部為對金和戰爭議紛紜的同時，蒙古為盡快滅金，曾主動謀求與宋的接觸乃至聯合〔註 130〕。因之對金和戰的爭議，南宋對宋蒙關係的走向及所應持有的態度和應對措施也存在著不同的意見，在金朝滅亡之前，這種分歧主要體現為是否聯合蒙古以滅金。在宋廷內部，對於聯蒙派來說，「大致上聯蒙派的發起是當宋金因歲幣問題而引起戰爭的時候，他們是想運用中國傳統對外『聯夷以制夷』的政策，來達到疑敵紓憂的目的」〔註 131〕。另一方面，反對聯蒙的主張主要包括反對與蒙古通好、反對允許蒙古借道川陝及反對聯蒙滅金〔註 132〕等聯蒙形式，這些主張，基本立足於對蒙古情偽難辨的擔憂和對聯盟滅金後可能遺留的隱患的憂慮。

對南宋來說，毫無疑問，聯合蒙古打擊金國，是有著洗雪國恥、慰藉祖宗英靈的意義存在的，南宋朝野對此當是樂觀其成的；但是，另一方面，南宋不得不對蒙古可能提出的「約宋夾攻」的建議所帶來的負面效應有所準備和應對。宋廷所採取「以夷制夷」的策略，在歷史上是有過覆轍和教訓的，

〔註 128〕黃寬重考察、分析了這一時期南宋內部關於對金和戰的爭議，條列了主和派與主戰派的各自主張，主和派大致主張予金歲幣，使其拒蒙古以蔽南宋，主戰派則主張罷歲幣、停使絕交甚至與金一戰。見氏著：《晚宋朝臣對國是的爭議——理宗時代的和戰、邊防與流民》，臺灣大學文史叢刊，1978 年，第 15～18 頁。

〔註 129〕《金史》卷六十二《交聘表下》，第 1483 頁。

〔註 130〕張金嶺將宋蒙早期關係劃分為三個階段，宋嘉定四年至十年，蒙古主動遣使與宋聯繫，南宋不予接納；嘉定十年至十六年，南宋主動遣使與蒙古聯繫，蒙古熱情接待與回訪；寶慶、紹定年間，宋蒙友好交往趨於冷淡，以致中斷了聯繫。見氏著：《宋理宗研究》，第 84～86 頁。

〔註 131〕黃寬重：《晚宋朝臣對國是的爭議》，第 27 頁。

〔註 132〕參考黃寬重：《晚宋朝臣對國是的爭議》，第 25～27 頁。該文對這種爭議論述頗詳，本書不再贅述。

北宋與金的宣和海上之盟及後來的靖康之難，讓南宋君臣對不甚瞭解乃至無所聞知的蒙古存有戒心，蒙古的強大軍力則進一步加重了南宋對因聯蒙滅金而可能發生的「宣靖故轍」的憂慮。

雖然南宋內部在是否聯蒙滅金一事上存有爭議，但並未影響到執政者——無論是前期的史彌遠，還是後期的宋理宗和鄭清之——對外政策的走向和變化。就前期而言，權相史彌遠的態度無疑對宋金、宋蒙關係的走向和變化有著決定作用，黃寬重認為：「早期史彌遠還是按客觀形勢的發展來決定與運用所有外交政策，並不是受這二派（本書按，指聯蒙派和反對聯蒙的一派）中的任何一派的影響和支配。等到由於理宗即位所引發宋朝臣間的黨爭以後，他的態度改變了，宋朝的外交也走向聯蒙的途徑上。」〔註133〕而到了史彌遠死、理宗親政之後，一方面，短時期內理宗君臣無法完全改變或消除史彌遠政策的影響，史彌遠派系份子還佔據著宋廷內外的重要位置，不得不繼續沿用聯蒙的對外政策；另一方面，理宗親政之後，對內百度革新，倡行更化，對外則迫切需要有諸如滅金以報世仇國恥的事件來表達和展現其中興宋室的願望與抱負。作為丞相的鄭清之，既是史彌遠派系中的主要人士，又由於其潛邸舊學和經筵講讀的身份與理宗之間建立並保有親密關係，因而成為理宗在親政之初推行更化所主要倚仗的倡導者、踐行者和護衛者，亦即時人所讚稱「上方欲洗濯三十年積弊，公亦慨然以天下為己任，推忱布公，知無不為」〔註134〕，其對理宗更化新政的贊襄、輔弼毋庸置疑。在處理聯蒙滅金以報世仇國恥這一朝政大事時，面對朝野自嘉定四年（1211）以來二十餘年的聯蒙爭議，拜相未久的鄭清之，一方面難以謀劃與制定出一整套平衡利弊、兼顧得失的對外政策，因此不得不沿承既有的史彌遠聯蒙遺策；另一方面，鄭清之也不乏針對理宗以建立不世奇功來成就中興大業願望的投好而固寵的心理，其贊成聯蒙出兵當在情理之中了。

在宋理宗、鄭清之等的支持下，紹定六年（1233）十月，聯蒙派的南宋京湖安撫制置使史嵩之派孟珙等出兵會合蒙軍，端平元年（1234）正月攻陷金哀宗死守的蔡州，滅亡金朝〔註135〕。三月，京湖安撫制置使史嵩之上北宋

〔註133〕黃寬重：《晚宋朝臣對國是的爭議》，第27頁。

〔註134〕《劉克莊集箋校》卷一七○《丞相忠定鄭公行狀》，第6586～6587頁。

〔註135〕關於宋蒙聯軍圍困、攻陷蔡州及金朝滅亡的經過，可參見張金嶺：《宋理宗研究》，第90～96頁。

八陵圖，並露布金亡消息。宋理宗除對攻蔡滅金有功之人論功行賞外，又遣使祭掃八陵，以祭告祖宗，宣告中興之意。

二、端平入洛及其失敗

　　金朝滅亡之後，宋蒙之間的關係發生了新的變化。從地域關係上來看，金的滅亡，使宋蒙之間不再存在舊有的緩衝地帶，雙方的政治疆域與軍事分界變化爲直接接壤，發生衝突與對立的可能性大大增強，南宋直接面對強大的蒙古政權及其軍事壓力，邊疆形勢趨於嚴峻；而蒙古對南宋的入侵，也因此增加了多種可供選擇的路徑，南宋的邊防壓力劇增。時人李鳴復分析指出：「今三邊皆與我爲鄰，無金以牽掣其肘，無黃河、潼關以限隔其勢，……臣謂和不足恃，戰未可保，當以守備爲急。」〔註136〕再者，從兩國邦交關係上來說，前此存在的軍事聯盟因共同敵人金的滅亡而終結，友好聯盟業已失去其存在的前提和基礎，宋蒙之間轉而出現了擴張與防禦、侵掠與反抗的軍事對立與衝突的可能。另一方面，蒙古雖然與南宋聯合滅金，但對金亡後的宋蒙疆域分界問題並沒有作出明確的協定〔註137〕。南宋若對中原之地乃至北宋故地有所希求，必然要面對與蒙古的政治或軍事方面的對抗，況且，早在端平元年（1234）三月宋理宗遣使祭掃祖宗八陵之際，就有「諜云大元兵傳宋

〔註136〕《宋宰輔編年錄校補附錄續宋宰輔編年錄校補》卷十二，第1552頁。

〔註137〕史籍中記載在紹定六年蒙宋約定夾攻時，蒙古曾允諾歸還南宋舊有疆土，但關於蒙古允諾歸還南宋土地的範圍，史書中有兩種說法：一是《宋季三朝政要》卷一所稱的將河南地歸還南宋，二是《宋史》卷四七四《賈似道傳》所載的「約以陳、蔡爲界」。黃寬重研究認爲，蒙古所允諾的土地，僅爲陳蔡以東之地。見黃寬重：《辨「端平入洛敗盟」》，收入氏著：《南宋史研究集》，臺北：新文豐出版公司1985年版，第19～30頁。何忠禮則認爲：「當時南宋與蒙古在談判時比較匆忙，雙方祇討論了在軍事上如何聯合滅金，來不及或有意避開了滅金後河南之地的歸屬問題。有關史書所謂『滅金後以河南地來歸』，祇是南宋方面的一廂情願；所謂『以陳、蔡爲界』，祇是蒙古後來爲發動南侵所製造的一個藉口，被元代史臣據此載入史書而已。」見氏著：《南宋全史二（政治、軍事和民族關係卷下）》，上海：上海古籍出版社2011年版，第106～107頁。陳高華則分析了「因蒙古背盟不予宋河南地，故而南宋要出兵爭奪」的說法，認爲「在南宋出兵以前並不存在蒙古答應歸還河南地而後來背約之事」，「『端平入洛』之舉，實在不是蒙古背約，而是南宋方面不顧信義」。見陳高華：《早期宋蒙關係和「端平入洛」之役》，載氏著：《元史研究論稿》，北京：中華書局1991年版，第214～219頁。

來爭河南府，哨已及盟津，陝府、潼關、河南皆增屯設伏」〔註138〕的情況，宋蒙之間因滅金而建立起來的短暫性軍事聯盟關係極易因疆土、分界等問題而破裂。

　　端平元年（1234）四月，在得知蒙古在陝西、河南「增屯設伏」的情況後，宋理宗「詔令侍從、兩省、給舍、臺諫、卿監、郎官、經筵官赴尙書省集議和戰攻守事宜，在外執政從官、沿邊帥守並實封奏聞」〔註139〕。集議的結果是，大多數朝中官員和部分沿邊將帥都反對在滅金後冒險出兵收復以三京爲首的河南之地，這些官員包括參知政事兼知樞密院事喬行簡、監察御史杜範和李宗勉、侍御史李鳴復、知福州眞德秀、京湖制置使史嵩之、沿江制置使趙善湘、淮西總領吳潛、淮西轉運判官杜杲等。反對出兵河南的官員大致認爲，南宋內治未舉，規模未立，人才缺乏，士卒不足，而河南之地赤地千里、軍食艱難，如若從江淮、閩浙運糧，又恐怕會使內郡民心不孚，釀成內亂，並導致根本之地空虛，埋下禍患；南宋即使能夠收復三京、河南之地，但實力不足，事力難繼，最終不能守護所收疆土；再加上宋若主動出兵，即違反了當初聯合滅金時與蒙古達成的協約，不僅道義上難以爲辭，恐怕還會給蒙古以口實，引來蒙軍的南侵。反對出兵河南的這些官員，在聯蒙滅金的喜悅之後能夠較爲冷靜地面對金亡後宋、蒙之間變化了的新形勢，分析和比較宋、蒙之間的政事、軍事實力優劣，理智地看到了宋與蒙古之間的巨大差距，因此主張並堅持以自治爲先務、以恢復爲後圖的較爲現實的策略。〔註140〕但另一方面，以沿江制置副使兼淮西制置副使趙范、淮東制置使兼知揚州趙葵、淮西制置使全子才爲代表的部分前線邊帥將領，「鳴劍抵掌，坐談關河，鼻息所衝，上拂雲漢」〔註141〕，主張宜趁聯蒙滅金大勝之際，「乘時撫定中原」，認爲在宋蒙對峙不可避免的情況下，「非扼險無以爲國」，因此建議「守河據關」〔註142〕，

〔註138〕《宋史》卷四一二《孟珙傳》，第 12374 頁。

〔註139〕《宋史全文》卷三十二《宋理宗二》，第 2192 頁。

〔註140〕參考黃寬重：《晚宋朝臣對國是的爭議》，第 34～40 頁。

〔註141〕《劉克莊集箋校》卷五十一《備對箚子二（端平元年九月）》，第 2537 頁。

〔註142〕《齊東野語》卷五《端平入洛》，第 77 頁。據吳潛所述，「守河據關」的大致
　　　　設想是：「若乘韃人之北歸，因中原之思漢，用師數萬，收復河南，撫其人民，
　　　　用其豪傑，上自潼關，下至清河，盡河而守，此誠大有爲之規模、不可失之
　　　　機會也。」見《許國公奏議》卷一《應詔上封事條陳國家大體治道要務凡九
　　　　事》，第 72 頁。

極力鼓動理宗下詔北伐，企圖趁蒙軍北還、河南空虛之際，進軍收復三京，並進而「據殽、函，絕河津，取中原地」〔註143〕。

　　儘管有「集議和戰攻守事宜」之時的眾多反對與批評力量的存在，朝臣中對戰、和、守三說爭執不已，難有確論。但理宗既已決意乘滅金勝利之餘威，收復三京等祖宗故地，以符契國內對更化革新的呼聲與業已展開的政策措置，並藉以鞏固與強化其親政威權與中興形象。主政的右丞相兼樞密使鄭清之，既有心迎合理宗對更化、中興的慾望與訴求，也極欲以收復故土之功，展現其輔佐理宗、贊行更化的高大形象，加強其立朝主政的權威與資本，平息乃至消弭朝野對其出身史彌遠派系的議論與批評；再加上其與趙范、趙葵兄弟之間舊有的交遊、相知關係，鄭清之對二趙的北伐、恢復建議持贊成態度，有記載稱，當時「廷臣邊閫交進機會之說」〔註144〕。最終，宋廷決意進取三京及河南之地。端平元年（1234）六月十二日，全子才率淮西軍萬餘人從廬州（今安徽合肥）出師，七月初五日、二十八日先後收復開封、洛陽，但隨後即在洛陽遭蒙軍埋伏，八月初，入洛之師大敗，逃歸宋境，入洛失敗。此後，蒙軍進行反擊，攻陷南宋所據有的應天府及徐、邳、海等州，南宋向蒙古請和，雙方暫時停戰，宋收復三京的戰役以失敗結束〔註145〕。

　　端平入洛的失敗，有著多方面的原因，除去宋蒙軍事實力的差距外，宋對戰前形勢的錯誤估計而引發的軍事冒險行動也導致了失敗結果的產生，這表現在出師準備如糧餉的不充分和對敵情的不明上。宋軍全子才部到達開封時，糧食已經出現緊張，徐敏子前軍入洛陽之初，尚未與蒙軍交戰即已「軍食已盡，乃採蒿和麥作餅而食之」，在洛陽城中與蒙軍作戰的徐敏子部宋軍，則「士卒飢甚，殺馬而食，……軍士至此四日不食矣」〔註146〕，軍糧的匱乏

〔註143〕《宋史》卷四七四《賈似道傳》，第 13780 頁。

〔註144〕《宋史》卷四三八《葉味道傳》，第 12987 頁。

〔註145〕關於端平入洛的史籍記載，可見《齊東野語》卷五《端平入洛》，第 77～80 頁；《錢塘遺事》卷二《三京之役》，第 52～55 頁。楊倩描曾專文辨析了「端平入洛」與「三京之役」的區別，認為「三京之役」可分為兩個階段，第一階段即為端平元年六月至八月宋出兵收復，入洛不久即遭兵敗而放棄洛陽、開封，退保應天府及徐、邳、海等州；第二階段為端平元年八月至二年春，蒙軍反擊，奪取宋所退保之應天府等諸府州，宋請和，雙方暫時停戰。參見楊倩描：《端平「三京之役」新探——兼為「端平入洛」正名》，載姜錫東、李華瑞主編：《宋史研究論叢》第八輯，保定：河北大學出版社 2007 年版，第 229～250 頁。

〔註146〕《齊東野語》卷五《端平入洛》，第 79 頁。

直接影響了作戰的持久性和效果。而對敵情的不明，則是既低估了蒙古的戰鬥力，也對蒙古南下攻宋的野心和謀劃缺乏必要的認識和充分的準備。邊帥出於貪功心理而對敵情的不實上奏也影響了朝廷的決策，侍御史李鳴復曾批評稱：「夫中原之所至清野，邊閫皆知之，特朝廷未知之耳。襄帥之所主在和，既不以實告，而惟欲以和而策勳；淮帥所主在戰，亦不以實告，而惟欲以戰而奏績。和戰之議不同，其誑爲之辭以幸朝廷之聽從則一而已。」〔註147〕在軍餉不足、敵情不明下冒然出兵，入洛失敗不可避免。晚宋入元人周密在評論端平入洛之役時也指出：「是役也，……所失在於主帥成功之心太急，入洛之師無援，糧道不繼，以致敗亡。」〔註148〕明人張溥也評論說：「滅金之役正也，三京之復亦正也。其復而不果者，病在進之太速，守之不固，非盡始謀者過也。」〔註149〕同樣指出宋的冒進和對戰爭準備不足導致了收復三京的最終失敗。

此外，宋廷內部的爭議與鬥爭制約了南宋力量的集中與強化，其分散與掣制因素大大降低了軍事行動成功的可能性〔註150〕。宋廷在集議和戰攻守事宜時即已表現出嚴重的意見分歧，其中反對出兵入洛者不乏地方官員及沿邊將帥，如當時的蜀帥趙彥吶，「端平元年，……丞相鄭清之趣其出兵，以應入洛之役，不從。」〔註151〕而兩淮邊帥趙范、趙葵與京湖大帥史嵩之之間的矛盾更因入洛爭議而突出，史氏拒絕給出師的兩淮軍隊饋糧，甚至不惜「迂旨」，並表示：「若夫和好之與進取，決不兩立。臣受任守邊，適當事會交至之衝，議論紛紜之際。雷同和附，以致誤國，其罪當誅；確守不移之愚，上迂丁寧

〔註147〕《歷代名臣奏議》卷九十九《經國》錄李鳴覆奏疏，第1346頁。

〔註148〕《齊東野語》卷五《端平入洛》，第80頁。

〔註149〕（明）馮琦原編，（明）陳邦瞻纂輯，（明）張溥論正：《宋史紀事本末》卷九十二《三京之復》，北京：中華書局1955年版，第817頁。按，中華書局1977年版點校本《宋史紀事本末》本卷末無張溥論語。

〔註150〕沈松勤從南宋黨爭的角度分析指出：「（端平入洛的失敗）其根本原因不僅在於此（本書按，指主謀者『進之太速』及『糧道不繼』兩項原因。），還在於士大夫圍繞『三京之復』引起的主戰與主和之爭中表現出來的『尚同之習』；甚至可以說，該習性是入洛之師『不戰而潰』的最終根源所在。」見氏著：《南宋文人與黨爭》，北京：人民出版社2005年版，第145頁。這種「尚同之習」使得掌握最高和最終決定權的主戰派不能主動而認眞地考量和採納主和派的建議與勸告中的合理成分，並爲之作出相關應對，使「集議和戰攻守事宜」的努力流於形式，這也是收復三京失敗的原因之一。

〔註151〕《宋史》卷四一三《趙彥吶傳》，第12400頁。

之旨，罪亦當誅。迕旨則止於一身，誤國則及天下。」鄭清之給史嵩之寫信，勸其「勿爲異同」，史嵩之則以辭官作爲不合作的答覆，最後辭去京湖制置使，奉祠還鄉〔註152〕。再者，在兩淮邊閫和收復之師內部，也存在大大小小的分歧與矛盾，如李鳴復在入洛失敗後批評稱：「當風寒之衝者，京襄也。子才握制閫之權，未嘗至洛。……聞諸道路，子才與葵爭欲得開封爲之，故違命不行，僅遣楊義以往。義之敗，子才之罪也。」〔註153〕三京之中，開封比洛陽的政治影響要爲大，全子才留駐開封、遲遲不進兵洛陽，無疑是對知開封府、東京留守這一官封抱有幻想。況且，全子才雖爲二趙的老師，但「子才爲人跅弛亡賴，始因范、葵得官，後雖夤緣通顯，范、葵常意輕之。暨至提兵境外，才敵勢鈞，則又敢於抵巇以貳其所事」〔註154〕，說明作爲收復戰役主要軍事指揮的淮西與淮東主帥之間的矛盾已經十分尖銳了，在北上收復的淮東、淮西兩部宋軍之間並無明確的統一指揮〔註155〕。這些因素也成爲宋軍軍事行動的巨大掣制，阻礙了其順利進行。

在存在諸如軍事實力懸殊、戰爭形勢估計失誤、內部和戰攻守集議未定、沿邊將帥不和等眾多不利現象的情況下，作爲丞相的鄭清之依然堅持和鼓動收復之舉，並最終出師。鄭清之以上承君心、下固眷寵之考慮而興戰爭之國事，這一軍事冒險行動最終不可避免的失敗。對此，具有高層決策權力的鄭清之應負有不可推卸的責任，其招致朝野的極大批評也屬必然。

端平入洛的失敗，對南宋形勢產生了十分惡劣的影響。一方面，對南宋而言，宋在戰役中遭受了巨大的損失，「兵民之物故者以數十萬計，糧食之陷失者以百餘萬計，凡器甲舟車悉委僞境，江淮蕩然，無以爲守禦之備」〔註156〕，「趙范、趙葵、全子才三帥凡三十萬盡殲，江南百餘年兵糧積聚，輦載之北盡空，京襄四川沿邊百郡盡失」〔註157〕，極大地削弱了宋在江淮一帶的軍事和邊防力量；入洛之師的潰敗，極大地影響了宋軍的士氣，「自汴京退走，而

〔註152〕《宋史》卷四一四《史嵩之傳》，第 12423～12424 頁。

〔註153〕《歷代名臣奏議》卷九十九《經國》錄李鳴覆奏疏，第 1347 頁。

〔註154〕《鶴林集》卷二十一《繳全子才降一官錄黃》，第 479 頁。

〔註155〕關於北上收復的淮東、淮西兩部宋軍之間缺乏明確的統一指揮的問題，參考前引楊倩描：《端平「三京之役」新探——兼爲「端平入洛」正名》，第 238～241 頁。

〔註156〕《歷代名臣奏議》卷一八五《去邪》錄吳昌裔《論鄭清之誤國疏》，第 2437 頁。

〔註157〕《黃氏日鈔古今紀要逸編》，第 4 頁。

我師之雄膽已喪；徐、邳再陷，而我師之畏心愈甚。御失其道，狙詐作敵，勢實使之」〔註158〕，不利於宋以後的保疆守邊和對抗蒙古南下；倡行入洛之舉的淮西帥趙范、淮東帥趙葵與主和的京湖帥史嵩之之間在入洛師出之前即在戰和問題上存在歧見，史嵩之並因此拒絕籌劃糧餉以供給收復三京的兩淮宋軍，辯稱「荊襄連年水潦蟊蝗之災，飢饉流亡之患，極力振生，尚不聊救，徵調既繁，夫其堪命？」〔註159〕入洛之師因乏糧而困窮乃至失敗後，史嵩之與二趙及鄭清之的關係急劇惡化，「趙范、趙葵弟兄用師河南，丞相鄭清之主議，嵩之奏不可，師大衂，繇是三姓交惡」〔註160〕，不僅使宋廷內部的國是問題愈發因人事鬥爭而紛紜不定，而且成為後來淳祐年間鄭清之再相前與史嵩之黨爭的緣由之一〔註161〕。另一方面，宋的收復之舉，不僅激起蒙古為報復而起的軍事反擊，使宋收復的三京和谷安用等獻納的徐、邳、海等州盡數被蒙軍佔領，還給蒙古大舉進攻南宋提供了口實，宋蒙之間短暫的軍事聯盟關係破裂，轉向軍事對抗，蒙古由此開始對南宋的全面而持久的軍事攻擊，「韃靼聚兵牧馬，決意南來：一渡河、洛以窺江淮，一由唐、鄧以窺襄漢，一託秦、鞏以窺四川。三道並入，眾號百萬」〔註162〕，在南宋四川、京湖、兩淮地區爆發了反覆的爭奪戰爭。淳祐中，宗室、權戶部尚書趙必愿在回顧入洛事件後蒙古對南宋的持續攻擊時說：「端平元年，洛師輕出。明年，德安失，襄陽失。又明年，固始失，定遠失，六安失，郢、復、荊門失，蜀道蹂，成都破。又明年，夔、峽徙，浮光降。又明年，滁陽殲。越二年，壽春棄。明年，真陽擾，安豐危，成都遺燼，靡有孑遺。」〔註163〕時人王埜即將戰爭的興起歸因於宋的入洛之舉：「國家與大元本無深仇，而兵連禍結，皆原於入洛之師輕啓兵端。」〔註164〕

〔註158〕《歷代名臣奏議》卷九十九《經國》錄李鳴復《論天變可畏人事當修疏》，第1351頁。

〔註159〕《宋史》卷四一四《史嵩之傳》，第12424頁。

〔註160〕《延祐四明志》卷五《人物考中・先賢・史嵩之》，第6212頁。

〔註161〕王德毅在研究鄭清之淳祐再相的相位爭奪時曾論稱：「（鄭）清之認為如果他不出來當大任，則史嵩之無法除去，所以投進聖語，讓理宗懷念他……鄭清之為什麼老而不知退呢？他的解釋是為了堵塞史嵩之，防他東山再起。」見王德毅：《鄭清之與南宋後期的政爭》，第180頁。

〔註162〕《歷代名臣奏議》卷三三九《禦邊》錄吳昌裔《論三邊備禦狀》，第4398頁。

〔註163〕《宋史》卷四一三《趙必愿傳》，第12412頁。

〔註164〕《宋史》卷四十四《理宗四》，第854頁。

端平入洛和收復三京失敗之後，在趙范的奏請下，趙葵被降一官，全子才等分別被削秩，而贊成出師入洛的鄭清之，雖然有吳昌裔論其「不能度德量力，保境息民，妄意功名，經營分表，力排羣議，輒啓兵端。信輕銳之士以主帷幄之謀，用虛驕之將以分節鉞之寄，輕挑強鄰，敗師河洛」〔註165〕，但因爲其支持出兵收復三京及河南地、力主改變過去對金妥協的屈辱態度，能夠投理宗中興宋室抱負之所好，得到理宗的賞識與庇護，故而非但沒有丟官，卻於端平二年六月由右丞相升爲左丞相兼樞密使。直至端平三年（1236）三月，襄陽駐軍發生兵變，襄陽陷沒於蒙古〔註166〕，四月，理宗被迫以開邊下罪己詔後，鄭清之才於該年九月以「天變」爲由罷相奉祠〔註167〕。此外，宋廷內部因對蒙和戰攻守而引發的爭議並未因此消解，反而愈演愈烈〔註168〕，南宋朝廷在和戰攻守之間搖擺不定，對晚宋政局產生了重要影響。

三、端平外交評析

紹定六年十月權相史彌遠死後，親政的宋理宗力圖更化，在對內變革維新的同時，對外則想要通過滅金、收復三京的舉動，一則報世仇、雪國恥，可以告慰祖宗英靈；二則藉此對外武功，打造理宗本人「中興賢君」的英明形象；三則亦可掩飾在繼位和濟王問題上的不自信心理，壓制和平息內部關於繼統問題的議論。而繼史彌遠爲相的鄭清之，一方面由於其與史彌遠在扶持、策立宋理宗這一政治運作上的歷史淵源關係及由此帶來的順暢仕途，不可能完全反對甚至改正史彌遠時期的既定外交政策，也由於其與理宗之間的潛邸舊學、經筵講讀之間的親密關係及在後史彌遠時代對皇權的倚仗，必然需要投理宗所好，在外交政策上與理宗保持一致。另一方面，無論是親政的宋理宗，還是輔政的鄭清之，在史彌遠長達二十六年的權相政治之後，面對宋、金、蒙之間複雜變幻的國際形勢和內部在和戰攻守事宜上紛紜莫定的爭議局面，均不能迅速而全面地謀劃與制定出一套完整而有效的、平衡和戰攻

〔註165〕《歷代名臣奏議》卷一八五《去邪》錄吳昌裔《論鄭清之誤國》疏，第2437頁。
〔註166〕關於端平三年三月襄陽兵變的研究，參閱熊燕軍：《南宋端平襄陽兵變及相關問題》，載姜錫東主編：《宋史研究論叢》第十二輯，保定：河北大學出版社2011年版，第357～382頁。
〔註167〕《宋史全文》卷三十二《宋理宗二》，第2212、2214頁。
〔註168〕關於端平入洛之後宋廷內部的和戰爭議，可參閱黃寬重：《晚宋朝臣對國是的爭議》，第49～57頁。

守利弊得失、兼顧朝廷邊閫考量的對外政策體系，故而在和戰這一國是問題上繼續搖擺不定。朝廷人事上的糾紛不合〔註169〕與沿邊制閫間的各自為政〔註170〕既是端平入洛和收復三京之役中宋軍大敗的原因之一，也使和戰問題成為了朝臣、邊帥爭權奪位、彼此攻擊的工具，反過來更進一步造成了和戰政策的更迭變化，造成既不能戰、又不可和的尷尬局面。入洛及收復的慘敗，不僅暴露出了自身的強弱和虛實，也給蒙古南進創造了口實。作為主戰丞相的鄭清之，明顯表現出在和戰問題上決策的失誤，最終也因為戰爭的失敗及其帶來的惡果受到批評，承擔責任。

第三節　「端平更化」平議

紹定六年（1233）十月，專擅南宋朝政長達二十六年的權相史彌遠死去，「淵默十年無為」的宋理宗得以親政，然而，初攬威權的宋理宗所面臨的國家形勢極為複雜和嚴峻，長期的權相專擅給國家造成的傷害是多層面的、巨大的。

端平二年（1235）七月，劉克莊在輪對中痛心指出：

> 柄臣濁亂天下久矣。暨元春、知孝之流橫議於朝，反易綱常，變亂邪正，而元氣壞。國、損、善湘之倫妄作於邊，削薄本根，裂棄險要，而弱勢成。……於斯時也，水旱洊臻，彗孛交流，火燔都邑，盜滿原野，柄臣懼天下議己，遂行一切苟悅之政，以求容於斯世。贛卒戕憲而不討，旴卒殺守而曲赦，於是兵以姑息為當然，訓齊以發則怨。贓吏滿天下，躬盜賊之行，而享封君之富，於是吏以饕墨為當然，薄錄其尤則怨。覃免無節，循轉不已，徒手赴春闈而秋賦幾廢。正郎滿銓部，而任子倍增，於是士大夫以僥倖為當然，

〔註169〕杜範在批評朝臣在議事決策中的不合時說：「和衷之美未著，同列之意未孚，紙尾押敕，事不與聞；同堂決事，莫相可否。集議盈廷而施行決於私見，諸賢在列而密計定於私門，正途未闢，捷徑已開，朝端未親，舊習猶在，此大臣之私猶有未去也。」《杜清獻公集》卷五《軍器監丞輪對第一札》，第388頁。

〔註170〕《重校鶴山先生大全文集》卷十九《被召除禮部尚書內引奏事第四箚》評論稱：「而二三帥臣，乃欲以四十年濁亂之天下，圖前人未集之功於指呼叱咤之間，或欲和戎以歸疆土，或欲興師以撼關河，陛下與大臣皆勇於聽從。」《宋集珍本叢刊》第76冊，第770頁。

裁抑其甚則又怨。柄臣與其徒皆攫取陛下之富貴而去，而獨留其大
敝極壞之朝綱，已開難合之邊釁，驕冗不可簡稽之兵，窮極不可變
通之楮，陷溺不可挽回之風俗，以遺陛下，此脈家所謂在膏之上、
肓之下，良醫棄其針石而走之證也。〔註 171〕

危機急切而普遍，更化已經顯得刻不容緩。面對內外交困的危急形勢，在不
徹底否定史彌遠的歷史問題及不危及理宗本人的繼位法統這一絕對前提下，
理宗君臣倡行「更化」，主動進行內治外交方面的調整與變革，在黜佞拔賢、
嚴肅吏治、整頓財政、革新制度及對外關係等方面推行有限的反正措施，以
圖在後史彌遠時代平衡朝野內外各股政治勢力，聚集人心，除弊革新，增強
國力，造就武功事業，以紓解南宋所面臨的內外統治危機，緩和與挽回政局
走勢，並打造理宗「更化」、「中興」的賢君明主形象。在「端平」這一指導
方針下的更化措施，確實起到了一定的積極意義與效果，並為當時朝野士大
夫所認同和稱讚。

　　繼史彌遠為相的鄭清之，得益於嘉定十六年淨慈寺之謀後對史彌遠扶
持、策立理宗這一政治運作的投靠、參與與效忠，被史彌遠及宋理宗接受、
信任與依賴，由此仕途順暢，進身迅速，不數年即由正九品的國子錄躍升
為正二品的參知政事，並在史彌遠病重將死之際拜相，在理宗親政後更是
獨相達一年又八個月，官至宰輔，位極人臣。鄭清之自知其受寵、進身之
緣由，故而對史彌遠、宋理宗抱有感恩與支持的態度，其為相後，一方面
贊同理宗對史彌遠身後及其家族的庇護與恩澤，另一方面也支持並贊襄理
宗推行一些有別於史彌遠時期的、帶有更化與反正色彩的政策與措施，對
內，在進行黜佞拔賢、更化政治、革新制度的過程中，鄭清之親力親為，「悉
心贊輔，隨事更張」〔註 172〕，為更化措施的施行及效果的獲得作出了個人
的積極努力；對外，迎合宋理宗中興宋室的抱負和願望，力主聯蒙滅金，
洗雪了自靖康以來一百多年的國恥世仇，並在金亡後支持收復三京及河南
地，雖因入洛之師遇伏慘敗、蒙古南下攻宋而使收復之舉勞而無功、損失
巨大，但卻因得到理宗的賞識而由右相升左相，達到朝廷官僚體系的頂峰
位置。

〔註 171〕　《劉克莊集箋校》卷五十一《輪對劄子二》，第 2548～2549 頁。標點有改動。
〔註 172〕　《歷代名臣奏議》卷一八五《去邪》錄吳昌裔《論鄭清之誤國疏》，第　2436
　　　　　頁。

鄭清之端平爲相時期，承繼史彌遠二十六年專擅朝政、政治威權之餘緒，國家政治運作體制、綱紀法度受到肆意破壞，以臺諫和清議爲代表的士人輿論經受打壓後萎靡不振，士風頹喪媮薄，內外吏治敗壞。理宗君臣所面臨的嚴重態勢，已經表明南宋處在了一個生死攸關的節點，正如嘉定十七年（1224）魏了翁在奏事中所總結的那樣：

> 士風媮薄，世道頹靡，面譽背毀，心私跡公，此事變倚伏之幾也；師老財殫，幣輕物貴，常產既竭，本根易搖，此人心向背之幾也；民夷雜居，客主不敵，齊淮兩大，帥乖異情，此疆場安危之幾也；金酋初立，委政舊臣，斂戍息民，招攜棄怨，此其志不在小，重遲不發，則情態叵測，脫請繼好，則從違皆難，此鄰寇動靜之幾也；韃使既至，行人亦還，情僞未明，邀求難塞，土疆歲略，禮際盟約，既費將畫，而越國以兆戎，交遠以疑近，示弱以誨盜，此遠夷利害之幾也。〔註173〕

鄭清之贊襄理宗推行的更化措施，正是因應對朝廷內外的殘破形勢而發。但由於某些更化措施如易楮履畝等存在實際操作中的困難而遭到反對，更因爲各種弊政故習積重難返，輿論人心紛紜難安，再加上朝廷人事上的糾紛與鬥爭使國事、朝政的處理容易陷入遷延歲久、爭議不決的窘境，使收召而來的賢才並未得到有效的任用與發揮，最終影響了更化政策與措施的作用與效果。端平元年，持有主戰立場的丞相鄭清之罔顧宋蒙軍事力量對比懸殊及南宋內部所存在的諸多問題，以投理宗中興宋室之所好，冒險出兵，企圖收復三京及河南地，最終遭受重大失敗。南宋出兵收復三京之役的潰敗，及由此引發的蒙古對南宋的攻伐，不僅使宋蒙聯合滅金時的戰略同盟關係破裂，由此轉向全面而持續的軍事對抗，也使南宋內部正在進行的更化革新受到掣制，加劇了南宋內部因和戰攻守事宜的分歧而存在的黨爭，對南宋內外局勢產生了消極影響。

〔註173〕《重校鶴山先生大全文集》卷十六《直前奏事箚子·論事變倚伏人心向背疆場安危鄰寇動靜遠夷利害五幾》，《宋集珍本叢刊》第 76 冊，第 735 頁。

第四章　罷相後的鄭清之

　　鄭清之紹定端平之際第一次拜相，得益於其在寧宗嘉定後期的政治機緣，故而在理宗親政後，能夠受到理宗的信任和依賴，支持並參與理宗的端平更化，取得了某些積極的成效，也使自己不僅取得仕宦上的最高地位，也獲得了較爲正面的清議讚賞。然而，由於長期的權相政治對國家和朝廷內外造成的傷害與弊政積重難返，理宗推行更化的舉措更存在先天不足、後天乏力，再加上端平入洛和收復三京戰役失敗帶來的嚴重後果，諸多因素交織紛雜，最終導致鄭清之在端平三年的罷相。儘管如此，理宗對鄭清之的恩寵仍未衰減，而鄭清之罷相後的歷任宰執大臣，政治作爲有限，理宗不得不在鄭清之罷相十餘年後將其重新召回，鄭清之在淳祐七年再次拜相。

第一節　鄭清之罷相

　　端平三年（1236）九月乙亥，「左丞相兼樞密使鄭清之罷爲觀文殿大學士、醴泉觀使兼侍讀」〔註1〕，鄭清之「四疏控辭，依舊大學士、提舉洞霄宮」〔註2〕。自紹定六年（1233）十月拜右丞相兼樞密使，中經端平二年（1235）六月升左丞相兼樞密使，至此，在理宗親政之初任相達三年之久的鄭清之被罷免相位。對端平三年鄭清之被罷免相位的原因〔註3〕，可有如下分析。

〔註1〕　《宋史》卷四十二《理宗二》，第811頁。
〔註2〕　《劉克莊集箋校》卷一七○《丞相忠定鄭公行狀》，第6587頁。按，《宋史》卷四十二，端平三年十二月癸卯，「鄭清之辭免觀文殿大學士、醴泉觀使兼侍讀，詔仍舊觀文殿大學士、提舉洞霄宮。」第812頁。
〔註3〕　胡昭曦認爲，「端平三年，理宗已親政數年，有號稱『小元祐』之世，罷鄭清

其一，「應天變」。

端平三年七月以來，持續出現「天變」、「異象」。據劉克莊所撰鄭清之《行狀》載：「(端平)三年八月，以霖雨四疏丐去。九月，以禋祀雷變，請益力。」《宋史・鄭清之傳》亦大致同此。又據《宋史》卷四十二載：「(端平三年)七月……甲申，雨血。……(九月)庚午(按，此日朝饗太廟)，雷。辛未，祀明堂，大赦，雷雨。」〔註4〕持續的「天變」、「異象」引起了朝野的恐慌，大理正王湛即奏稱：「更化願治，三年於茲，而天變見於上，人心搖於下。」〔註5〕司農卿高定子入對奏：「內治不修，外懼不謹，近親有預政之漸，近習有弄權之漸，小人有復用之漸，國柄有陵夷之漸，士氣有委靡之漸，主勢有孤立之漸，宗社有阽危之漸。天變日多，地形日蹙。昔有危脈，今有危形；昔有亡理，今有亡證。」〔註6〕借天變直言批評朝野弊政。到了九月癸酉，理宗以雷聲驟發，上天示譴，令學士院下詔，稱：「乃季秋仲辛，朕方齋精秉純，為民請命，祈福於天地、祖宗，冀幸神靈顧答，乂我受民，以輯寧我邦家。而將事之夕，天大雨雷，非時發聲，明威震怒，炳然甚著。」理宗不得不「避正殿，減常膳，命有司非祠祀毋得舉樂，側身省愆」，並「令小大之臣，下至民庶，推原致災之由，敷陳銷變之策。凡朕躬過失、朝政闕違，悉意以言，靡有所隱，以告中外，咸使聞知」〔註7〕。在皇帝已經下詔自愆修省的情況下，鄭清之作為首輔，自然也須對此作出反應，而最常見、最合乎規制的態度，即是辭去相位，以示敬天、忠君、愛民，這在歷史上及本朝不乏先例。故而史書中對鄭清之端平三年九月罷相的原因大致記載為「以禋祀雷變」。

其二，平息朝野對端平以來國家內政外交的議論與批評。

自理宗親政、推行更化以來，固然在收人心、肅吏治、懲貪腐等一些方面收到了積極效果，但也因某些政策的推行與人事的調整，尤其端平入洛與收復三京的慘敗，而引起統治集團內部的某些反對與非議。杜範對端平更化有過以下批評：「端平號為更化，而居相位者非其人，無能改於其舊，敗壞污

之宰相，既可防止宰相擅政，鞏固和增強皇帝權力，又可『保全功臣』和緩和當時朝野對端平敗衄的不滿」。見胡昭曦：《晚宋名相鄭清之考論》，第550頁。

〔註4〕《宋史》卷四十二《理宗二》，第811頁。
〔註5〕《宋史全文》卷三十二《宋理宗二》，第2214頁。
〔註6〕《宋史》卷四○九《高定子傳》，第12320～12321頁。
〔註7〕《宋史全文》卷三十二《宋理宗二》，第2214頁。

穢，殆有甚焉。自是聖意惶惑，莫知所倚仗，方且不以彼爲讎而以爲德，不以彼爲罪而以爲功。於是天之望於陛下者孤，而變怪見矣，人之望於陛下者觖，而怨叛形矣。」〔註8〕如易楮履畝的推行，因涉及到官戶、勳親、寺觀等權勢階層，又因官員在執行中奉行不謹，出現了損害中下戶利益的現象，政令一出臺就受到這些利益臺體的反對。吳潛上奏極言向官戶計畝徵會有招人怨、費民財、失爵利、引訴訟、耗帑藏、生隱患等九大害處。〔註9〕《宋史·袁甫傳》則載：「時相鄭清之以國用不足，履畝使輸券。甫奏：『避貴虐賤，有力者頑未應令，而追呼迫促，破家蕩產悲痛無聊者，大抵皆中下之戶。』嘗講罷，帝問近事，甫奏：『惟履畝事，人心最不悅。』」〔註10〕起復未久的徐鹿卿則奏稱：「楮幣之輕，特國之一事。天下之心，乃國之根本。救一弊而失天下之心，孰爲輕重？」〔註11〕直言批評易楮履畝將有害於民心國本。吳昌裔奏則從履畝收會的效果並不理想的角度批評這一舉措，並直言在具體施行過程中存在的漏洞和弊政，因此請求允許各路監司對執行過程中的不法官吏進行劾察。〔註12〕作爲丞相的鄭清之，對端平二年推行的專門面向官戶和寺觀的履畝收會負有主持責任，也因此招致臣僚的批評，背上了所謂的「罪名」，時人即稱「宰相鄭清之輕躁，沾沾喜功利，易楮履畝，……政令騷然」〔註13〕。由於官民的激烈反對，端平二年的此次履畝收楮很快被停止，並未對當時財政上入不敷出的問題予以較大的解決，反而引起內部的紛爭與不安。

此外，入洛和收復三京之役的慘敗，招致朝野更爲強烈的批評。監察御史杜範率領全臺論諫入洛之事：「時清之妄邀邊功，用師河洛，兵民死者十數萬，資糧器甲悉委於敵，邊境騷然，中外大困。範帥合臺論其事。」杜範在改官殿中侍御史後，又論：「清之橫啓邊釁，幾危宗祀。」〔註14〕監察御史吳昌裔更

〔註8〕　《宋史》卷四○七《杜範傳》，第 12284 頁。
〔註9〕　《許國公奏議》卷二《奏論計畝官會一貫有九害》，第 83～86 頁。
〔註10〕　《宋史》卷四○五《袁甫傳》，第 12240 頁。
〔註11〕　《劉克莊集箋校》卷一四四《待制徐侍郎神道碑》，第 5712～5713 頁。
〔註12〕　《歷代名臣奏議》卷一百《經國》錄吳昌裔《論今日病勢六事狀》「貼黃」稱：「臣竊見履畝之令，朝廷不得已而行之，使行之而有益於楮，猶可爲也。今令行已久，而楮價不增，則是救弊果何益乎？臣訪聞畿輔之間，中戶盡數已納，而大家往往幸免，州縣長吏不惟不能體朝廷之意，而反以旁緣爲私，故有促辦催入而久不解者，又有那移他使而規自利者。」第 1362 頁。
〔註13〕　《庸齋集》卷六《提刑鄭吏部墓誌銘》，第 671 頁。
〔註14〕　《宋史》卷四○七《杜範傳》，第 12281 頁。

是直接批評鄭清之對外政策存在嚴重失誤，稱：「蓋緣清之始也輕於用兵而國威喪，終也折於從和而虜難滋，根本盡搖，智勇俱竭，朝夕凜凜，懷不自安，惟恐人之議己。」〔註15〕又論「特其（鄭清之）不能度德量力，保境息民，妄意功名，經營分表，力排羣議，輒啓兵端。信輕銳之士以主帷幄之謀，用虛驕之將以分節鉞之寄，輕挑強鄰，敗師河洛。兵民之物故者，以數十萬計，糧食之陷失者，以百餘萬計。凡器甲舟車，悉委僞境，而江淮蕩然無以爲守禦之備。……凡邊民之骸骨相枕，國家之膏血無餘，使陛下寒心銷志於九重之上，夜不安枕至於累月者，皆清之輕動干戈之罪也，誤國孰大焉？」並稱：「如清之固位不去，必不能盡變舊習，載圖新功。滯吝私心，重誤國事，不至於危亡不至。」〔註16〕將端平入洛之後南宋所遭受的侵擾與破壞全部歸罪於鄭清之，並請理宗將此奏章宣示鄭清之，使其自請引退。牟子才批評執政者不能分清朝廷先務，貪功冒進以求「固寵保位」，稱：「邊防者，備禦之大經也，比年以來，不以內修政事爲急，而妄意於攻攘，不以保固邊圉爲務，而銳意於恢復，輕啓邊釁，不待機至，幾類經制西戎、經理燕雲之事，彼其說不過以爲固寵保位之計，而不知邊釁一開，兵連禍結，猝不可解。」〔註17〕王邁在端平二年（1235）六月上封事中合論開邊、換楮二事，也批評鄭清之的處理不當，稱：「開邊一事，雖出於帥臣之喜功，而清之不能救其源；換楮一策，雖出於樞臣之寡謀，而清之不能奪其議。」〔註18〕在朝野一片批評聲中，宋理宗也不得不下詔罪己，稱：「肆荼毒於列域，至蔓延於他路，兵民之死戰鬥，戶口之困流離，室盧靡存，骸骴相望。致援師之暴露，及科役之繁苛，爲之騷然，有足憫者。是皆朕明不能燭，德有未孚，上無以格乎天之心，下無以定乎民之志，遂令有衆，多告非辜。」〔註19〕既然理宗都已經爲入洛和收復之役的慘敗下詔罪己，作爲百官之首的鄭清之更應爲當初贊成並力主出兵承擔責任，藉此辭免相位，將所有責任一攬於己，既是平息朝野議論與批評、緩和內部緊張對立形勢的需要，也有助於維護理宗君主形象、保持更化措施的繼續推行。

〔註15〕 《歷代名臣奏議》卷一五〇《用人》錄吳昌裔《論宰相不當指臺臣爲朋比上奏》，第 1967 頁。

〔註16〕 《歷代名臣奏議》卷一八五《去邪》錄吳昌裔《論鄭清之誤國疏》，第 2437頁。

〔註17〕 《歷代名臣奏議》卷六十二《治道》錄牟子才《爲著作郎奏當今弊事不可不革疏》，第 859 頁。

〔註18〕 《臞軒集》卷二《乙未六月上封事》，第 757 頁。

〔註19〕 《宋史全文》卷三十二《宋理宗二》，第 2212 頁。

其三，回應對鄭清之本人及其親黨的批評與攻擊。

朝廷官員，尤其是臺諫官員對鄭清之本人及家族親黨多有批評與攻擊。但是，臺諫職權的發揮受到限制，宰執大臣對臺諫的論奏忌諱鉗制，非法處理，以私害公。如初拜監察御史的杜範所論：「陛下親政，首用洪咨夔、王遂，痛矯宿弊，斥去姦邪。然廟堂之上，奉制尚多。言及貴近，則委曲迴護，而先行丐祠之請；事有掣肘，或彼此調停，而卒收論罪之章。亦有彈墨尚新而已頒除目，沙汰未幾而旋得美官。自是臺諫風采，昔之振揚者日以鑠；朝廷紀綱，昔之漸起者日以壞。」在改官殿中侍御史後，杜範又極言臺諫失職之弊：「陛下自端平親政以來，召用正人以振臺綱，未幾而有委曲調護之弊，其所彈擊，或牽制而不行，其所斥逐，復因緣以求進。……不惟不之革，而其弊滋甚，甚至節貼而文理不全，易寫而臺印無有，中書不敢執奏，見者為之致疑。不意聖明之時，其弊一至於此。……陛下但知崇獎臺諫為盛德，而不知阻抑直言為弊政，則陛下外有好諫之名，內有拒諫之實，天下豈有虛可以蓋實哉。」〔註20〕儘管如此，一些忠於職責的臺諫官員還是努力發表對朝政、人事的評論。御史杜範在劾奏鄭清之「輕啓邊釁，幾危宗祀」的同時，還彈劾鄭清之之子「招權納賄，貪冒無厭，盜用朝廷錢帛以易貨外國，且有實狀」，請求對其重行貶斥〔註21〕。新入臺的監察御史唐璘在召對緝熙殿之時，首疏即劾鄭清之，稱其：「不顧民命，輕挑兵端，不度事宜，頓空國幣。」又劾鄭清之子鄭士昌「納交商人，賄塗大開，小雅盡廢，瑣瑣姻婭，敢預邪謀，視國事如俳優，以神器為奇貨，都人側目，朝士痛心」，請求誅之「以著不忠之戒」，又劾鄭清之「妄庸誤國，乞褫職罷祠。其子士昌招權納賄，拔庸將為統帥，起贓吏為守臣，乞削籍廢棄」〔註22〕。監察御史吳昌裔則直斥鄭清之「舊由庠序，驟致顯榮，涉歷迂疏，智謀短淺，扳援潛藩之舊，冒居宰輔之司」〔註23〕，更因鄭清之自請辭免的奏牘中有「激成朋比」、「危機將發，朋比禍作」之語，意謂宰相乃是指責臺諫互為朋比，因而批評鄭清之因開邊召釁一事而「根本盡搖，智勇俱竭，朝夕凜凜，懷不自安，惟恐人之議己」，故而「今乃自為朋比之說，以猜疑言事之臣」，又辯解稱：「緣臣（杜）範首論何炳，而

〔註20〕　《宋史》卷四○七《杜範傳》，第 12280、12281～12282 頁。
〔註21〕　《宋史》卷四○七《杜範傳》，第 12282 頁。
〔註22〕　《宋史》卷四○九《唐璘傳》，第 12332～12333 頁。
〔註23〕　《歷代名臣奏議》卷一八五《去邪》錄吳昌裔《論鄭清之誤國疏》，第 2436
　　　　頁。

其（按，指鄭清之）親朋懼；臣（徐）清叟連抨明人，而其鄉黨懼；臣（按，指吳昌裔）繼論劉克莊等，而其賓客懼。故其徒倡爲此說以動清之，清之亦復持此說以惑陛下。始於臺小之自謀，成於累疏之自辨，故爲形跡，激作擠排，不盡逐臺諫不止也。」公開直言鄭清之意欲打擊臺諫，臺諫與鄭及其親黨、門客之間的矛盾不可調和，敦請宋理宗「陛下若愛惜紀綱，以臣等之言爲是，則乞將全臺論列速賜施行，以消朋比之風；若猶存體貌，以臣等之言爲僭，亦乞將言事諸臣速賜處分，以全進退之節。毋使廟堂之上與公論爲敵，兆縉紳之禍，而開危亂之萌」〔註24〕，大有你死我活、不可並存之意。在這種情況下，鄭清之的辭免相位，應有遠避批評與黨爭的意義存在。

其四，平息朝臣之間的政爭與黨爭。

朝廷國事與人事上的爭議使鄭、喬二相之間的不協凸顯，並因此加劇了朝臣的疑慮及朋黨之間的毀謗與紛爭。端平二年（1235）六月戊寅，鄭清之由右相制授特進、左丞相兼樞密使，同時，喬行簡由參知政事制授金紫光祿大夫、右丞相兼樞密使。在親政一年又八個月後，理宗最終選擇結束獨相、並命二相，其初衷，正如該年閏七月理宗所說：「朕任清之甚專，但以天下多事，非一相所可理，故以行簡輔之。行簡之用，斷自朕心。」〔註25〕儘管右正言袁韶上奏請求「以國事、邊防二事專委丞相鄭清之、喬行簡各任責」〔註26〕，然而，二相並存所帶來的後效並非如理宗所願。魏了翁在二相任命的次月（七月）奏事時，即指出其在政事處理中造成的弊端，稱：「陛下……內出手書，並命二相，庶幾同心戮力，新美治功，……今既月餘，而二相謙遜未遑，事多牽制，析六房而爲二，既多窒礙；分小治於次輔，又傷事體。」〔註27〕「謙遜」雖然只是一種表現出來的政治姿態，但「事多牽制」造成的消極影響卻是顯而易見的。起居舍人袁甫也上奏稱：「陛下並命二相，天下莫不欣悅。爲二相者，所當各盡公心，勿徇己私，則可以上副陛下委任之意。……今中外多事，可謂甚矣。左揆一向辭避，右弼又一向畏遜。若各事形跡，深恐耽閣國家事，無人乘當緩急之際，將若之何？」無論是「辭避」還是「畏

〔註24〕 《歷代名臣奏議》卷一五〇《用人》錄吳昌裔《論宰相不當指臺臣爲朋比奏疏》，第 1967 頁。
〔註25〕 《宋史全文》卷三十二《宋理宗二》，第 2206～2207 頁。
〔註26〕 《宋史》卷四二三《袁韶傳》，第 12629 頁。
〔註27〕 《重校鶴山先生大全文集》卷二十《乙未秋七月特班奏事》，《宋集珍本叢刊》第 76 冊，第 777 頁。

遜」，同樣是一種姿態的外示，而「各事形跡」卻是並命二相所不曾預望的弊病。袁氏認為：「專制擅決者，固不足以為公，而徘徊猶豫、善避形跡者，似公而亦非公也；勇往好勝者，固不足以為公，而謙遜畏抑、務為小心者，似公而亦非公也。」基於這種憂慮，袁甫請求理宗「宣示兩相，俾其力行一個公字」〔註28〕。到了八月，錢相進對時便直言奏稱：「外而諸帥，內而二相，不相協和。事會孔殷，民情叵測。」〔註29〕認為二相的不協已經對政事與民心產生了消極影響。鄭、喬二人在和戰這一國是問題上存有分歧，鄭清之主戰，故而贊成並力主出師收復三京及河南地；喬行簡主和，在議論收復三京問題上，明確指出南宋內治未舉、民心未固、兵財不足等值得重視與憂慮的事情，但未被理宗、鄭清之等主戰派接受〔註30〕。喬行簡被任為右相後，二人在政事上的分歧依然存在，也使得朝野臣庶生發「紛紛之論」，袁甫曾在描述這一狀況時稱：「陛下知左揆之忠直無他腸，而恐其勤勞太過，不可以無助也，於是置右弼以佐之，陛下之心不過如是，而寡見淺識者妄窺形似，謂聖意將有所移矣。陛下察右弼之老成有素望，必能長慮卻顧共圖國事也，於是使濟左揆之所不及，陛下之心不過如是，而旁睨竊聽者又揣摩意見，謂聖心將偏有所重矣。」〔註31〕「寡見淺識者」和「旁睨竊聽者」對並命二相的觀望、揣摩和猜測，也加劇了人心的紛紜不安，並極易形成和加劇朋黨紛爭，從而影響對國家政事的應對與處理，袁甫對此已有所警覺，袁氏論稱：「如其內懷顧望，各有所主，則造作語言，緣飾事端，讒間之隙既開，交鬥之風滋熾，於是朋黨之論興矣。用一人焉，彼以為此之黨，此以為彼之黨，而人主始莫知所適從矣；行一事焉，彼以為此之私，此以為彼之私，而人主始惑於聽聞矣。無事之時，倡為此論，猶慮簧鼓是非，徒亂人意，況當中外搶攘，事變蠭起之際乎？」〔註32〕鄭、喬二人並相，不僅容易產生圍繞二相的朋黨集團，也使二人不可避免地為朋黨之爭所攻擊與中傷，「分朋植黨者又各扇搖是非，一則為縱容子弟賓客之說，一則為薦引執政都司之謗」〔註33〕。這種

〔註28〕《蒙齋集》卷五《中書舍人直前奏事箚子》，第 638、639 頁。
〔註29〕《宋史全文》卷三十二《宋理宗二》，第 2209 頁。
〔註30〕《宋史》卷四一七《喬行簡傳》，第 12492～12495 頁。
〔註31〕《蒙齋集》卷五《中書舍人直前奏事箚子》，第 638 頁。
〔註32〕《蒙齋集》卷五《中書舍人直前奏事箚子》，第 638 頁。
〔註33〕《重校鶴山先生大全文集》卷二十《乙未秋七月特班奏事》，《宋集珍本叢刊》
　　　　第 76 冊，第 777 頁。

因黨派、門戶私見而起的讒間、交鬩，不僅影響了人主對國家政事的聞知與判斷，使朝廷難以持續保有一套關於內政外交的正確政策，也使許多既定和施行中的政策、措施受到阻礙與干涉，影響了端平更化的實施與效果。杜範在端平三年上疏中稱：「自更化以來，所以無一事之可立，無一弊之可革者，實由於斯。臣所謂國論之未定者也。」〔註34〕在二相不協凸顯、更化日見式微，尤其朝野議論與批評日盛的情況下，理宗罷免在國家大政問題上存在不協的鄭、喬二相，未嘗不是一種昭示革新、展現賢明的表現，同時，也是為理宗思考與抉擇未來國策基準與朝廷政局走向提供新的契機的需要。在罷免鄭清之卻留任喬行簡之後的端平三年（1236）十一月戊辰，理宗下詔惕厲羣臣，在歷數「比年以來，鮮廉寡恥，相師成風，背公營私，恬不知省……因循苟且，玩歲愒日，由內而外，靡然同流」等態勢之後，稱：「今內則百度之未休，外則四郊之多壘。國事如此，寧不動心？倘不易轍而改弦，何異抱薪而救火？」即是希望在朝廷人事調整之後，有所更化和革新，以符合「孜孜求治之意」〔註35〕。

其五，宋理宗對相權的收縮與掌控，維繫皇權。

理宗得以由宗室之子入繼大統、即皇帝位，實緣於史彌遠權相政治對其扶持與策立的運作，其對史彌遠始終抱有敬畏與感恩之心，故而能夠在即位之後「淵默十年無為」，聽任史彌遠對朝政的繼續專擅。這固然是由於史彌遠的威權使然，也不能完全忽視和排除理宗出於自保目的而主動讓權的因素。然而，對於君主，尤其像理宗這樣抱有中興之志的新君來說，君權旁落終究是不堪忍受和難以持久的，而理宗本人在「淵默」之中也並非完全地荒怠無為、無所事事，相反，他在經筵講讀之中注意修業進德，培養和確立自己的治國理念，在視朝聽政之時注意留心政事，培植人才，逐步明習治國理政的運行機制與程序〔註36〕。在史彌遠死後，理宗隨即親政獨斷，倡行更化，力圖革新政治、再造中興，正體現出理宗在掌控國家內外政務的治理和重現君權至上原則問題上的態度和立場。端平更化雖然受制於不徹底否定史彌遠的歷史問題與不危及理宗本人的繼位法統問題這一絕對前提，其更化措施畢竟

〔註34〕《杜清獻公集》卷五《國論主威人才箚子（臺中，端平三年春。）》，第392頁。

〔註35〕《宋史全文》卷三十二《宋理宗二》，第2216頁。

〔註36〕參考張金嶺：《宋理宗研究》，第98～104頁。

體現出對史彌遠二十六年權相政治所遺留問題的有限地反正，表示出理宗力圖擺脫史彌遠威權的陰影、打造親政君主的新形象和新權威的努力。對理宗而言，雖然其根本利益得自於權相政治，但絕不表明親政之初總攬威權的理宗對權相存有依賴或容忍的態度或立場。在史彌遠病死、權相政治終結之後，理宗必然不希望出現新的權相，以對「親總庶政，赫然獨斷」〔註37〕的君權造成新的威脅。屢次辭免任命的崔與之就對理宗的所謂「獨斷」提出過勉誡，稱：「陛下收攬大權，悉歸獨斷。謂之獨斷者，必是非利害，胸中卓然有定見，而後獨斷以行之。比聞獨斷以來，朝廷之事體愈輕，宰相進擬多阻格不行，或除命中出，而宰相不與知，立政造命之原，失其要矣。大抵獨斷當以兼聽為先，儻不兼聽而斷，其勢必至於偏聽，實為亂階，威令雖行於上，而權柄潛移於下矣。」〔註38〕事實上，端平二年理宗並命二相的舉動，未嘗不含有分割相權以尊君權的目的，時人王邁在二相並命之初即上奏稱：「清之為相，避權則有之，而不敢以專權，遠勢則有之，而不至於怙勢。」而「行簡為人，素號多智，彌遠在時，善事惟謹，其性姿多苛，其薦舉多私，彌遠喜其順己，每事委曲從之。及與清之共政，所見每有不同。況當耄及之年，易犯在得之戒。其身雖未必肯為小人之事，其門必多引小人之徒」。王邁並且對理宗任命喬行簡為右相這一舉動的動機與影響表示懷疑和擔憂，認為：「陛下責治太銳，課功太速，不擇忠賢以輔之，乃用行簡以疎間之，而又欲用袁韶以快其報復之志。是何陛下惟知有招權納賄之彌遠，而不知有避權遠勢之清之？能容養彌遠於二十七年之久，而不能篤信清之於二年之暫？此非獨愚臣疑之，亦天下所共疑也。」〔註39〕有論者指出，「理宗決定並相的目的本在防範一相獨大、權相政治的重演」，「實際目的是確保君權對相權的絕對控制。在這一問題上，理宗具有絕對的處置權，朝臣也是站在維護君權獨尊的立場來看待相權，並提出可能的處理辦法。朝廷以確保君權對相權的掌控為要務，相權只能接受君權的安排」〔註40〕。因此，鄭清之雖因參與史彌遠扶持、策立理宗的政治運作及其與理宗之間的潛邸舊學、經筵講讀的關係而拜相，並在端

〔註37〕《宋史》卷四一四《鄭清之傳》，第 12420 頁。
〔註38〕《宋史》卷四〇六《崔與之傳》，第 12263 頁。
〔註39〕《臞軒集》卷二《乙未六月上封事》，第 757 頁。
〔註40〕伍純初：《宋理宗親政時期的君權與相權關係探析》，上海師範大學碩士學位論文，2005 年，第 14～15 頁。

平初相期間因堅定贊輔理宗內行更化、外舉收復而得到理宗的賞識與信任〔註41〕，但同樣不得不因理宗一紙詔書而罷相，其原因正在於總攬威權、親政獨斷的君權對相權的收縮與掌控。

第二節　罷相後之境遇

鄭清之罷相奉祠以後，仍舊不斷地得到理宗的眷顧與恩寵。劉克莊在所撰鄭清之《行狀》中敘述稱：「上遇臺臣，於公特厚，每初度必親御翰墨，或聖製，或古作，眞草間出，精金重錦，奇薰佳茗，間以老人星、大士像爲壽，歲以爲常。雖在外，亦遣黃門就賜。」〔註42〕

自端平三年（1236）罷相，至淳祐七年（1247）四月鄭清之再次入相，期間理宗對鄭清之的恩賞還有：嘉熙三年（1239），封申國公；嘉熙四年，賜御書「輔德明謨之閣」，並賜楮幣十萬緡以爲建閣費用，以示恩寵；淳祐四年（1244）十二月，御筆復鄭清之觀文殿大學士、醴泉觀使兼侍讀，又拜少保，進封衛國公；特令鄭清之赴京，預席淳祐五年（1245）正月理宗誕辰的天基節，並詔令守臣「以禮趣赴闕」；淳祐五年七月，拜少傅，進封越國公，十二月，又拜少師，建節奉國軍，依前醴泉觀使兼侍讀，賜玉帶，賜第於西湖魚莊；淳祐七年（1247）三月，拜少保，在鄭清之力辭之後，從其請，以異恩許其以太保追封高祖。此外，理宗還多次拒絕鄭清之歸家的請求，即便在鄭清之子鄭士昌身死的情況下，理宗依舊不許鄭清之的「出館江滸，決意東歸」〔註43〕。

〔註41〕 如端平二年六月鄭清之進封左丞相制中稱：「（鄭清之）升暘谷之日而春萬象，翊我初潛；興太山之雲而雨八瀛，贊予更化。……回狂瀾於既倒，坐消貪濁之風。……惟宿弊不容於驟革，而駿功有待於美成。修攘之務孔嚴，安危之寄逾重。匪進久虛之次，曷旋丕應之機。……序陞左輔，光踐前修，總樞機於本兵，超品級於賜位。」《平齋文集》卷十四《光祿大夫右丞相兼樞密使鄭清之可特授特進拜左丞相兼樞密使加食邑食實封制》，《宋集珍本叢刊》第75冊，第374頁。又如，端平三年九月鄭清之罷相制中猶稱：「舊學於甘盤，已致緝熙光明之益；選眾舉伊尹，晉登凝承輔弼之尊。屬當更化之初，首任秉鈞之重，收召耆哲，拔去凶邪，以廉律貪，一洗舊污之染；量能授職，咸欣公道之開。……入而陳善，爲格君心之非；出以告人，曰惟我後之德。期予於治，時乃之休。」《東澗集》卷四《特進左丞相兼樞密使鄭清之特授觀文殿大學士醴泉觀使兼侍讀制》，第102頁。

〔註42〕 《劉克莊集箋校》卷一七〇《丞相忠定鄭公行狀》，第6588頁。

〔註43〕 《劉克莊集箋校》卷一七〇《丞相忠定鄭公行狀》，第6588～6589頁。

　　理宗對鄭清之的眷顧、恩寵不衰，既是對鄭清之潛邸教授之勞、嘉定定策之功、端平輔政之績的感恩與回報，也暗含有藉此繼續掩飾和冰封自己繼位法統問題的希望，或許這是君臣之間的一種不言自明的默契，鄭清之對此當心有所屬。淳祐四年（1244）十二月，鄭清之復觀文殿大學士、醴泉觀使兼侍讀，曾疏奏理宗稱：「二京出師，實臣主議，當陛下之身而失亡祖宗積累府庫，異時國史書之，臣與陛下俱不能無責，願思所以復其舊。」理宗則「撫然有省，內惑其說」〔註44〕。按，鄭清之上疏之時，正是史嵩之因父史彌忠死卻被制「起復」而招致朝野激烈批評、相位空虛之時，鄭氏所謂的「願思所以復其舊」，則暗含有以代君承過的條件來換取再登相位的冀圖，理宗對此亦是自知，故而能夠對鄭氏的疏請有所感懷。君臣之間的這種關係，近乎一種政治利益的妥協，實則為淳祐七年鄭清之得以再次拜相的根源。

　　鄭清之罷相之後，基本退居鄞縣，拿出歷年所受到的賞賜，對因遭受兵災而焚毀、廢棄的槐木舊居加以修葺，並營建新的園圃，題名「安晚」，理宗得知後，御筆書寫了匾額。「安晚」之名，取自「安步當車、晚當食肉」之意，其典故來自《戰國策》的記載，顏斶在辭別齊宣王時說：「夫玉生於山，制則破焉，非弗寶貴矣，然夫璞不完。士生乎鄙野，推選則祿焉，非不得尊遂也，然而形神不全。斶願得歸，晚食以當肉，安步以當車，無罪以當貴，清靜貞正以自虞。制言者王也，盡忠直言者斶也。言要道已備矣，願得賜歸，安行而反臣之邑屋。」〔註45〕鄭清之取「安晚」之名，也是在表達一種罷政歸隱、「晚年倦祿」〔註46〕的心態，這在其為相時或許已經有所想往。晚宋入元人林景熙曾記載，鄭清之執政時，曾在府第堂西側別置一榻，題名「青山」，門客中有人感到疑惑，問道：「前槐後棘，其居潭潭，目未嘗有山也，而曰山，何相國之嗜山也？」鄭氏回答說：「吾身在廊廟而心在山林，顧不能一日忘。且萬一免去，吾願遂矣。」〔註47〕鄭清之當政之時懷有這種「山林」之願的

〔註44〕　《桐江集》卷七《鄭清之所進聖語考一》引鄭清之奏語，第 472 頁。

〔註45〕　（西漢）劉向集錄：《戰國策》卷十一《齊策四・齊宣王見顏斶》，上海：上海古籍出版社 1985 年版，第 413 頁。

〔註46〕　（元）劉壎：《水雲村稿》卷十三《記安晚二字》，影印文津閣《四庫全書》第 399 冊，北京：商務印書館 2005 年版，第 429 頁。

〔註47〕　（宋）林景熙撰，（元）章祖程註，陳增傑補注：《林景熙集補注》卷四《青山記》，杭州：浙江古籍出版社 2012 年版，第 350 頁。

原因，或許在於其面對朝野對端平年間國家在內政、外交方面所存在失誤與禍患的批評而有所懼避，或許是對理宗親政後收縮和壓制相權而導致丞相職能、權力的施展受到限制的無奈，又或許僅僅是他的一時感發，如同大多數身在朝堂心思溪山的士大夫一樣。

　　鄭清之在罷相奉祠、歸隱故居之後，確實對山水園林多有親近。鄭清之有詩自題云：「自愧端平村宰相，今為安晚野堂翁。君恩全付閒身世，山水從容一笑中。」〔註48〕即是對罷相家居後個人心態的一種寫照，表達出一種曠達疏朗的心境。劉克莊記載稱鄭清之所營建的安晚園圃，稱「蒔花移竹，疊石引泉，與朋友嘯詠其中者九年」〔註49〕。今所殘存的鄭清之《安晚堂集》七卷及晚宋江湖派詩人陳起編刊《江湖後集》所收鄭清之的詩作中，也多有描寫鄭清之罷相後的園林生活與意趣的。如《安晚偶成》詩：「五物中間著一翁，園廛隨分可支節。章施彩服花妝露，戛擊鳴球竹嘯風。疏種密栽觀木漸，淺流深濬養泉蒙。眼前丘壑無佳句，自哂詩腸苦未窮。」〔註50〕又如《安晚園戲占》一詩：「橫塘雨過水初平，浪影窺窗一孔明。籬下觸羝五鹿角，林間反舌百禽聲。柳公權可送行客，梅子真能寬渴兵。誰道夏園無所有，蓮花端可傲張卿。」〔註51〕此外，還有《南坡口號十八首》、《安晚軒竹》、《湖上口占》、《家園即事十三首》、《乍晴觀蜂房戲占》、《圃中問訊梅友老幹疏花有足自喜者》、《蔬圃》、《九日即事》〔註52〕等詩作，均是描繪田園農桑生活及吟竹賞梅的意趣。

　　家居的鄭清之，還有一些詩作，屬於與友人及地方官員，如趙以夫、應𥡴、陳塏、鄭昷、林治中等人的唱和酬答之作，其內容涉及勸農、勸學、送別、時節、吟雪賞梅等諸多層面，多多少少表現出罷相居家的鄭清之的生活內容與交際情況。劉克莊又記載稱：「（鄭清之）尤愛山行，輕車小艇，名山古剎，如雪竇如太白如翠山，雖在萬山中亦至焉，率留信宿。」〔註53〕登山游水一向為文人所好，所謂「智者樂水，仁者樂山」，鄭清之罷相家居之後，也不例

〔註48〕　《江湖後集》卷六鄭清之《覺際偶成》，第24頁。
〔註49〕　《劉克莊集箋校》卷一七○《丞相忠定鄭公行狀》，第6588頁。
〔註50〕　《安晚堂集》卷十，第249頁。
〔註51〕　《安晚堂集》卷十二，第251頁。
〔註52〕　《安晚堂集》卷七，第243頁；卷七，第244頁；卷九，第248頁；卷十，第248頁；卷十，第249頁；卷十，第249頁；卷十一，第250頁；卷十二，第251頁。
〔註53〕　《劉克莊集箋校》卷一七○《丞相忠定鄭公行狀》，第6588頁。

外。其《宿翠山》詩中云:「茶新煮鼎作魚沫,僧有可任能塵談。自覺靈山緣境熟,佛禪重問候三三。……閒中適意榮三事,歲晚無年式耦耕。一靜可能銷幻藥,剩開胸次看崢嶸。」〔註54〕則表現出登山問道、談佛說禪之後心靈的暢達與空曠。又如《題雪寶千丈巖》詩,在描寫千丈巖「並海危峰」、「樛松直上睡龍起,怒瀑飛來風虎嘯」的雄渾壯闊的氣勢之後,筆鋒一轉,寫出了詩人面對此番景象時的氣度與胸懷,詩云:「坐向亭空雲作伴,待看身與月爭高。山靈意我酬清賞,爲酌冰泉讀楚騷。」〔註55〕觀此詩句,以雲、月、山靈爲寄意興懷的對象,可以想像鄭清之罷相之後,遊山玩水,深得山水之樂趣,而並非走馬觀花般地浮於表面。

罷相家居的鄭清之並非對朝廷政事無所預聞。嘉熙至淳祐前期,蒙古對南宋四川、京湖、兩淮進行了多次大範圍、大規模的進攻,南宋邊防壓力日增,理宗多次下詔或在談及邊陲未靖時深有責悔之意,鄭清之曾在嘉熙年間密疏奏稱:

> 辛巳(按,即嘉定十四年,1221)金陷蘄黃,寧宗非啓敵之主;
> 辛卯(按,即紹定四年,1231)韃犯襄蜀,彌遠豈開邊之相?不制
> 患於方來,但尤追於既往,則蘄黃襄蜀之擾,開之者誰乎?爲此者,
> 蓋疑閒冷,或簡眷懷,每因事以提撕,蓋迎前而沮抑,以羅織使令、
> 廢錮子侄、貶斥賓友爲未快,必加以誤國之罪,臣非敢以此自辨,
> 恐陛下憂悔太過,以泪清明之躬,累剛大之志爾。〔註56〕

鄭清之此疏,既是對前此已有的朝野對於造成這種邊事孔殷原因的批評及自己所被加的「誤國之罪」予以辯解,又反過來指責發出這些批評言論的官員、士大夫不能專注於爲國家謀劃抗敵備禦之策,而只是一味地進行相互傾軋的內部黨爭,同時也勸導理宗不要因爲對邊事的憂慮與悔過而減弱乃至消磨中興宋室的抱負。這一說法,固然不能有助於贏得邊防戰爭的勝利或形勢的好轉,但表露出罷相家居的鄭清之對國家局勢和朝廷政事的關心,這一政治態度,如果結合鄭清之與理宗之前的機緣淵源,將會透露出更爲豐富的政治寓意。鄭清之的這一說辭,對理宗而言,無疑是合乎聖心的。在再次起用爲觀文殿大學士、醴泉觀使兼侍讀之後,鄭清之曾在淳祐五年(1245)進讀《仁

〔註54〕 《安晚堂集》卷七,第243頁。
〔註55〕 《安晚堂集》卷十,第249頁。
〔註56〕 《劉克莊集箋校》卷一七○《丞相忠定鄭公行狀》,第6588頁。

皇訓典》時，以宋仁宗和宋孝宗二位先朝君王的仁厚與英明來勸諫理宗效法二帝，修明綱紀，涵養士氣，使國家期於強盛〔註 57〕。鄭清之對朝政與國事的關注，固然體現出他作為儒家士大夫和曾任宰輔而具有的對國家、君主的責任意識，因此得到理宗的認可和褒諭。理宗曾御筆書寫給鄭清之稱：「卿去國許時，精神氣宇勝前。奏對詳明，良用忻懌。政賴啓沃，以助緝熙。」〔註 58〕表示出對鄭清之輔政佐治的倚重和借助，這也是理宗後來能夠再次起用鄭清之的原因之一。

第三節　罷相後之政局

　　在鄭清之罷相居家的這一時期（端平三年九月至淳祐七年四月），在朝中，親政後的理宗先後任用喬行簡、李宗勉、史嵩之、范鍾、杜範、游佀等人為相。這些丞相臣僚的任用，表現出三個特點：其一，多任用江浙一帶的士人，上述諸人中，除游佀為順慶府南充（今四川南充）人外，其餘均是出自於江浙一帶。其二，多任用老者為相，如喬行簡端平二年（1235）拜右相時已七十九歲，繼鄭清之為左相，既而進封平章軍國重事時已年逾八旬，嘉熙四年（1240）喬行簡辭位時已經八十五歲；又如范鍾拜相一年即以老病罷歸，杜範在淳祐四年（1244）十二月拜右相時已六十三歲。其三，這一時期的丞相任職時間大多較為短暫，相位更迭頻繁。如以下表二所示，李宗勉嘉熙三年（1239）正月拜左相，未及二年即卒於位，范鍾除左相一年即以老病罷歸，杜範拜右相僅四月即死去，游佀居右相時十次上章「乞歸田里」，故其在相位一年又四月即予祠，任便居住。

〔註 57〕　《劉克莊集箋校》卷一七〇《丞相忠定鄭公行狀》，第 6589 頁。
〔註 58〕　《劉克莊集箋校》卷一七〇《丞相忠定鄭公行狀》，第 6589 頁。

表二：嘉熙淳祐年間丞相表

人物	拜相時間	罷相時間	左／右丞相	居位時間	拜相時年齡	說 明
喬行簡	端平二年（1235）六月	端平三年九月	右丞相	五年又一月（含平章軍國重事。為左丞相時，實則獨相二年又三月）	七十九歲	薨
	端平三年十一月	嘉熙三年（1239）正月	左丞相（實為獨相）			
	嘉熙三年正月	嘉熙四年（1240）九月	平章軍國重事			
崔與之	端平三年九月	嘉熙三年六月	右丞相	——	七十九歲	未至，未視事
李宗勉	嘉熙三年正月	嘉熙四年閏十二月	左丞相	二年	六十餘歲	薨
史嵩之	嘉熙三年正月	淳祐六年（1246）十二月	右丞相	七年又十一月（獨相近四年）	六十一歲	致仕
范鍾	淳祐四年（1244）十二月	淳祐六年二月	左丞相	一年又二月（獨相八月）	未知	予祠
杜範	淳祐四年十二月	淳祐五年（1245）四月	右丞相	四月	六十三歲	致仕，薨
游侶	淳祐五年十二月	淳祐七年（1247）四月	右丞相	一年又四月（實獨相一年又三月）	未知	予祠
鄭清之	淳祐七年四月	淳祐九年（1249）閏二月	右丞相	四年又八月（實為獨相）	七十二歲	薨

人物	拜相時間	罷相時間	左／右丞相	居位時間	拜相時年齡	說　明
鄭清之	淳祐九年閏二月	淳祐十一年（1251）十一月	左丞相			
趙葵	淳祐九年閏二月	淳祐十年（1250）三月	右丞相	——	六十四歲	未視事
謝方叔	淳祐十一年十一月	寶祐三年（1255）七月	左丞相	三年又八月（獨相二年又九月）	未知	奉祠
吳潛	淳祐十一年十一月	淳祐十二年（1252）十一月	右丞相	一年	五十六歲	予宮觀

　　何忠禮先生曾經指出，宋理宗在嘉熙、淳祐（1237～1252）年間，「特別是重視對宰相的任用，糾正了以往長期獨相的局面，重用老臣則是他任相的一個重要特點」〔註59〕。伍純初也認為，「對理宗而言，權相對君權的侵蝕是其切膚之痛，故而親政伊始就實行更化，而更化的主要方面就是消除故相對朝政的影響，強化君權，重塑君主的獨尊地位。在這種背景下，皇帝對臣下尤其丞相的防範難免矯枉過正。有些臣僚也曾希望有所作為，但在皇帝及其他士大夫的防範和猜忌之下，很難對朝政作出決策」〔註60〕。嘉熙、淳祐年間在位的丞相，並非全是平庸愚鈍之輩，如喬行簡「歷練老成，識量弘遠，居官無所不言，好薦士，多至顯達」〔註61〕；范鍾「直清守法，重惜名器」〔註62〕；李宗勉「守法度，抑僥幸，不私親黨，召用老成，尤樂聞讜言」，有「公清之相」的美稱〔註63〕；杜範在拜右丞相後，曾革除親王近戚求取內將恩澤、堂除侵佔吏部員闕等弊政，又針對國家和朝廷形勢，先後提出正治本、肅宮闈、擇人才、惜名器、節財用五事，及條陳公用捨、儲材能、嚴薦舉、懲贓貪、專職任等十二件當今利病與政事可行者。杜範並且還安撫了手握重兵的

〔註59〕　何忠禮：《南宋全史二（政治、軍事和民族關係卷）》下冊，第113頁。
〔註60〕　伍純初：《《宋理宗親政時期的君權與相權關係探析》，第45頁。
〔註61〕　《宋史》卷四一七《喬行簡傳》，第12495頁。
〔註62〕　《宋史》卷四一七《范鍾傳》，第12496頁。
〔註63〕　《宋史》卷四〇五《李宗勉傳》，第12237頁。

邊帥孟珙〔註64〕。即如有權臣之漸、後來因起復問題受到朝野批評與攻擊的史嵩之，在邊防軍政方面也曾多有建樹，《宋史・史嵩之傳》對此也頗多著墨。聯蒙滅金即是一例。但是，這些「能臣」在丞相職任上，幾乎沒有大的作為，對國家日益衰敗困危的形勢無力迴天，其原因固然複雜多樣，如內部黨爭、邊事嚴重等，但理宗對相權的壓縮與控制也束縛了執政丞相在政事治理上材能的施展，導致嘉熙以後更化的成效不如設想中的那樣顯著。在內部更化上，缺乏繼續並深化改革的意識和能力，反而因積弊和黨爭有所後退，治政措施未曾脫離端平更化的範圍；在對外和戰事宜上，鄭清之之後的諸相，並未延承端平年間的主戰立場，只是被動地進行軍事防禦和維持沿邊安定態勢。嘉熙四年還朝的杜範曾長篇大論談及當時國家面臨的積弊叢生、內外困窘的局面，指出「命令朝更而夕變，紀綱蕩廢而不存，無一事之不弊，無一弊之不極」，又批評稱：「內憂外患之交至，天心人心之俱失，陛下能與二三大臣安居於天下之上乎？」理宗雖然因此下詔中外臣庶條陳當今急務及「持危制變之策」，但結果顯然不如人意〔註65〕。至淳祐六年（1246）冬，由於蒙古攻宋，而主政的史嵩之、范鍾、游佀等力主對蒙議和，宋理宗不得不於七年（1247）四月召回主張收復北方失地的鄭清之，以圖激勵士氣，扭轉對蒙作戰形勢，鄭清之由此再次入相。

〔註64〕　《宋史》卷四○七《杜範傳》，第 12287～12288 頁。
〔註65〕　《宋史》卷四○七《杜範傳》，第 12286、12284 頁。

第五章　淳祐再相

　　罷相家居的鄭清之仍然不失理宗的恩寵和眷顧，同時又使他暫時遠離朝廷內部的各種政爭，到了淳祐中期，以史嵩之起復爭議為典型的朝中局勢的變化，給鄭清之創造了第二次入相的機遇。但是二次拜相的鄭清之在朝廷內外政事的治理上，遠遠遜色於其端平初相時「慨然以天下為己任」的表現，抱持「謙遜」，反而益趨收縮、保守和退化，呈現出一種「修補」的色彩，對淳祐後期局勢助力微弱。另一方面，鄭清之本人及其家族、親黨也因種種不法不公和黨爭害政，受到朝野上下的批評和攻擊，鄭清之則援引臺諫和內宦為助，予以反擊和彈壓，引發淳祐後期幾次大的政爭，對朝廷政事和更化革新造成了極大的損害。國家外部，蒙古因內部汗位的爭奪和權力鬥爭，暫時放鬆了對南宋的軍事行動，南宋得以加強對軍事力量和防禦體系的部署，以余玠經營四川為代表，南宋的邊防得到有效的措置和加強。淳祐十一年鄭清之去世，結束了其四登宰席、位極人臣的政治生涯。但此時及以後，南宋的內外形勢也江河日下、狂瀾難挽了。

第一節　鄭清之再相之由

　　淳祐七年（1247）四月辛丑，鄭清之拜太傅、右丞相兼樞密使，封越國公，再度出任宰相。李曾伯在賀鄭拜相的表文中描述當時君臣朝野對鄭清之再相的殷切期望，稱：「若旱作霖，天子形之夢想；如農望歲，國人喜其來歸。自解瑟而更張，久覆甌而有待。不扶其顛危，將焉用彼？今欲其平治，捨我

其誰？」〔註1〕作爲奉獻給新任丞相的賀表，李氏之文固然不無誇張溢美之辭，但是就當時政局與國家形勢來說，這也不爲過份。

淳祐七年時，鄭清之爲何得以再次入相？大致有如下原因：

其一，久居相位的右丞相史嵩之因起復問題引發朝野非議，且失去理宗眷寵，最終去位。

史嵩之本是故相史彌遠之姪，紹定六年（1233），在宋廷關於聯蒙滅金的朝議中，時爲京湖制置使的史嵩之力主聯蒙，最終滅亡殘金，露布世讎，祭祀皇陵，立下了赫赫戰功，理宗對史嵩之的封賞和器重也隨之增加。在收復三京及河南地的和戰攻守事宜的集議中，對蒙主和的史嵩之極言反對出師，「力陳非計，疏爲六條上之」，不惜違旨拒絕爲收復之師提供糧餉，最終辭官奉祠，歸養田里；然而，在入洛之師潰敗之後，理宗「始悔不用嵩之言」，史嵩之因而再次得到起用，先後擔任南宋兩淮及京湖帥臣〔註2〕。由於長期擔任南宋沿邊帥閫，史嵩之對敵情、邊事較爲熟稔，嘉熙三年（1239）正月拜右丞相後，先後督視兩淮四川京湖、兼都督江西湖南、都督江淮京湖四川兵馬，成爲南宋對蒙邊防軍事力量的主要領導者。再者，作爲史彌遠家族成員，史嵩之受到理宗的信任與重用，還與理宗「欲全史氏一門」〔註3〕的意念有關。出於保全史氏以維持自身繼位法統正當性的考慮，理宗對四明史氏十分禮遇，史宅之、史彌堅、史彌忠、史岩之都曾位居宰執，史嵩之的進身，除去其本身所具有的軍事才能外，還與其史氏族子的身份有關，「（理宗）乃德彌遠立己之恩，以邊事相其猶子（嵩之）」〔註4〕。

事實上，在淳祐四年（1244）九月開始的起復事件爭議之前，史嵩之就已經因其身份與政事問題受到諸多臣僚的議論與批評。早在端平入洛失敗之時，吳昌裔就曾批評重用史嵩之可能會造成惡果，並揭露史嵩之在對外交往方面勾結蒙古的奸計邪謀和巨大危害：「嵩之知無所恃，外交黠人，私結和議，用權檜故智，恐脅朝廷，爲守祿固位之計，不臣莫大焉。邊方以積貯爲大命，

〔註1〕（宋）李曾伯：《可齋雜藁》卷五《賀太傅鄭右相》，影印清初鈔本，《宋集珍本叢刊》第84冊，北京：綫裝書局2004年版，第224頁。

〔註2〕《宋史》卷四一四《史嵩之傳》，第12423～12425頁。

〔註3〕《蒙齋集》卷五《論史宅之奏》，第638頁。端平三年，監察御史丁伯桂曾批評理宗以「朕欲保持（史氏），汝毋掎摭」的御札來告誡群臣。見《劉克莊集箋校》卷一四一《丁給事（伯桂）神道碑》，第5614頁。

〔註4〕《左史諫草》附方回撰《左史呂公家傳》，第515頁。

嵩之空京湖之粟以餧犬羊，以博珠玉，兵民苦於轉輸，頗蕩死徙而不恤。韃人本未知中國虛實，嵩之屈體事之，引韃人頭目一二百人出入城府，聽其節制而殊不知恥。往者小使鄒伸之之遣引，至王檝窺覘上都。啓敵人貪婪之心，貽襄蜀蹂踐之禍，皆嵩之實爲之。」〔註5〕又稱：「彌遠濁亂天下一十八年，遺患餘禍，至今不可醫治。今陛下復欲用其猶子，寘之文昌八座之列，臣等恐其巧窺陰伺，呼集非類，以害君子，而紹聖之禍作矣。」〔註6〕史嵩之侄子史璟卿也曾直言書諫史嵩之稱：「（嵩之秉政後）包苴橫行，政出多門，便嬖私昵，狼狽萬狀，祖宗格法，壞於今日也。……伯父謀身自固之計則安，其如天下蒼生何！……異日國史載之，不得齒於趙普開國勳臣之列，而乃廁於蔡京誤國亂臣之後，遺臭萬年，果何面目見我祖於地下乎？」〔註7〕則其對史嵩之的批評，不獨有爲國事，亦有爲家族名譽的考量。作爲族子，史璟卿的批評可謂深切痛砭而不留情面。此外，呂午、黃師雍、劉應起、李韶、杜範、牟子才、高斯得等都對史嵩之有所論奏。杜範在嘉熙四年（1240）時批評史嵩之浮冒軍功，備邊失策，稱：「疆場之臣，肆爲欺蔽，勝則張皇而言功，敗則掩覆而不言，脫使乘上流之無備，爲飲馬長江之謀，其誰與捍之？」〔註8〕又如淳祐元年（1241）十二月，太學博士劉應起進對時，稱：「大有爲之君，常使近幸畏宰相，今宰相畏近幸；使宰相畏臺諫，今臺諫畏宰相。願陛下官府事一以付之中書，而言官勿專用大臣所引，則權一歸於公上矣。」〔註9〕劉應起所論之宰相，即此時獨相的史嵩之，針對現今朝廷存在的內重外輕、綱紀顛倒，劉氏乃勸諫理宗親擢臺諫，收歸君權，以防止史嵩之相權擴大，累及皇權。理宗對此表示認同。太常博士牟子才在奏疏中則稱：「淳祐之黨人，叨陛下之爵祿非不厚也，而私語諸人則曰：『恩我者，權相也。』淳祐之將帥，膺陛下之寵渥非不隆也，而每對人言則曰：『私我者，權相也。』」〔註10〕則直指史嵩之結黨營私，培植個人勢力，操控軍政大權。淳祐四年，新舉進士徐霖上書批評史嵩之挾邊功要君，植黨顓國，以爲：「其先也奪陛下之心，其

〔註 5〕　《宋宰輔編年錄校補附錄續宋宰輔編年錄校補》卷十三，第 1566 頁。
〔註 6〕　《宋宰輔編年錄校補附錄續宋宰輔編年錄校補》卷十三，第 1565～1567 頁。
〔註 7〕　《宋史》卷四一四《史嵩之傳》，第 12426～12427 頁。
〔註 8〕　《宋史》卷四〇七《杜範傳》，第 12284 頁。
〔註 9〕　《宋史全文》卷三十三《宋理宗三》，第 2243 頁。
〔註 10〕　《歷代名臣奏議》卷六十二《治道》錄牟子才《爲太常博士論獨相專柄疏》，第 856 頁。

次奪士大夫之心，而其甚也奪豪傑之心。今日之士大夫，嵩之皆變化其心而收攝之矣。」〔註11〕此外，淳祐元年（1241）十二月，冬雷，高斯得上書請求「擇才並相」〔註12〕；三年（1243），三學生因長至雷，上書攻擊史嵩之；四年（1244），徐霖伏闕上書，疏論史嵩之罪行〔註13〕。當時臣僚對史嵩之的批評和攻擊，或許源於史彌遠專擅朝政的陰影，權相政治使內外官員心存憂慮，並對史家之人存有成見，史嵩之也不例外。再者，史嵩之確實也有漸漸走向權臣政治、專擅朝政的趨勢，引起朝廷內外的高度警惕，《宋史·史嵩之傳》稱史嵩之「爲公論所不容」，其原因正如孫克寬先生論述所稱：「（史嵩之）在外擔當邊防責任的時候，確實是有用之才，可是征伐之際，虛傳捷報，功不稱賞，也足以啓人譏議。到了內任宰相掌理天下大政，卻並無建樹。奪情一案，引起了舉朝攻擊，可能是內眷漸衰而邊功用人，引起同朝側目，因之藉名於清議，逐之還里，遂至一蹶不能再起。」〔註14〕史嵩之最終因起復事件徹底離開政治，賦閒至死。

淳祐四年（1244）九月癸卯，右丞相史嵩之以父病謁告，許之。甲辰，史嵩之父彌忠亡，史嵩之未即奔喪，公論由此沸騰，第三日丙午，理宗降制起復史嵩之右丞相兼樞密使，引起朝野上下更大規模的議論與抨擊〔註15〕。黃濤乞斬嵩之以謝天下，劉應起謂嵩之牢籠既密，將危及國家，徐霖奏嵩之姦深擅權，理宗對此均「不之悟」、「不聽」〔註16〕。右正言鄭寀曾質疑說：「丞相史嵩之以父憂去，遽欲起之，意甚厚也。奈何謗議未息，事關名教，有尼其行。」理宗對此辯解稱：「卿言雖切事理，進退大臣豈易事也！」〔註17〕太

〔註11〕 《宋史》卷四二五《徐霖傳》，第 12678 頁。

〔註12〕 《宋史》卷四○九《高斯得傳》，第 12322 頁。

〔註13〕 《癸辛雜識》別集下《史嵩之始末》，第 288 頁。

〔註14〕 孫克寬：《晚宋政爭中之劉後村——劉後村與晚宋政治之二》，載宋史座談會編：《宋史研究集》第二輯，臺北：「國立」編譯館中華叢書編審委員會 1983 年版，第 383 頁。

〔註15〕 《宋史》卷四十三《理宗三》，第 831 頁。關於史嵩之起復事件所引起的爭議與批評，可參閱楊宇勛：《南宋理宗中、晚期的政爭（A.D.1233～1264）——從史彌遠辛後之相位更替來觀察》，臺南成功大學碩士論文，1991 年，第 46 ～52 頁。該文還列表展示了在起復問題上支持史嵩之的十六人及反對史嵩之的五十九人，見第 51 頁。

〔註16〕 （元）佚名撰，王瑞來箋證：《宋季三朝政要箋證》卷二，北京：中華書局 2010 年版，第 151 頁。

〔註17〕 《宋史》卷四二○《鄭寀傳》，第 12570 頁。

學、武學、京學及宗學生三百三十九人上書論史嵩之，稱：「彼嵩之何人哉？心術回邪，蹤跡詭秘。曩者開督府，以和議墮將士心，以厚貲竊宰相位，羅天下之小人爲之私黨，奪天下之利權歸之私室。蓄謀積慮，險不可測。在朝廷一日，則貽一日之禍。在朝廷一歲，則貽一歲之憂。」又稱：「嵩之本無捍衛封疆之能，徒有劫制朝廷之術。……嵩之貪天之功，以欺陛下。其意以爲三邊雲擾，非我不足以制彼也，殊不知敵情叵測，非嵩之之所能制，嵩之徒欲以制敵之名以制陛下爾。」又極論史嵩之勢力擴張，已危及皇權：「臺諫不敢言。臺諫，嵩之爪牙也。給舍不敢言。給舍，嵩之腹心也。侍從不敢言。侍從，嵩之肘腋也。執政不敢言。執政，嵩之羽翼也。……史氏秉鈞，今三世矣。軍旅將校，惟知有史氏。天下士大夫，惟知有史氏。而陛下之左右前後，亦惟知有史氏。陛下之勢，孤立於上，甚可懼也。」「凡當世傑特之士，皆銷落於史嵩之排擯之餘。……陛下所藉以爲耳目腹心者，皆盡空於嵩之之一網。」在此情況下，理宗如若起復並繼續重用史嵩之，「是陛下欲藝祖三百年之天下，壞於史氏之手而後已」〔註18〕。在太學生等上書後，將作監丞徐元傑在進講時，曾問及起復史嵩之的原因，理宗答以「從權爾」，並解釋說：「（起復史嵩之）出於朕意。朕以國家多事，用祖宗典故起之。」又稱：「（邊事）罕有熟者，史嵩之久在邊間，是以起復。」〔註19〕徐元傑在又一次輪對中，藉天象異變頻繁等向理宗進言，勸諫應以朝廷綱紀爲重，不可沮抑人言公議，使史嵩之終喪，稱如若邊事、軍情緊急，可「遣使就問」史嵩之，使其能夠獻納謀略〔註20〕。徐元傑並且勸諫理宗宜舉執政暫時代理丞相職事，但未得到理宗的應允。但徐的奏疏得到了朝野的傳誦，理宗後來察覺其忠良，頗爲感悟〔註21〕。在此情況下，新任左司諫劉漢弼也曾密奏理宗稱：「自古未有一日無宰相之朝，今虛相位已三月，尚可狐疑而不斷乎？願奮發英斷，拔去陰邪，庶可轉危爲安；否則是非不可兩立，邪正不並進，陛下雖欲收召善類，不可得矣。」建議理宗趁史嵩之六次上疏辭免之際，「聽其終喪，亟選賢臣，早定相位」〔註22〕。王埜亦上疏奏請聽從史嵩之之終喪，又言嵩之「當顯

〔註18〕　《宋季三朝政要箋證》卷二，第 152～154、158、154～155、160 頁。

〔註19〕　（宋）徐元傑：《楳埜集》卷一《甲辰九月十六日進講》，影印清翰林院鈔本，《宋集珍本叢刊》第 83 冊，北京：綫裝書局 2004 年版，第 671～672 頁。

〔註20〕　《楳埜集》卷三《甲辰冬輪對箚子》，《宋集珍本叢刊》第 83 冊，第 705 頁。

〔註21〕　《宋史》卷四二四《徐元傑傳》，第 12621～12622 頁。

〔註22〕　《宋史》卷四〇六《劉漢弼傳》，第 12276 頁。

絕而終斥，益嚴君子小人之限」〔註23〕。在眾多臣僚的諫言下，淳祐四年十二月，理宗最終決斷，罷史嵩之起復之詔，聽其終喪，同時命范鍾、杜範並相，理宗並御書「開誠心，佈公道，集眾思，廣忠益」賜予杜範〔註24〕。這一舉動，受到了朝野的歡迎與支持〔註25〕。史嵩之起復一事最終以史嵩之守制奔喪結束，至淳祐六年（1246）十二月，「詔史嵩之依所乞，守本官職致仕」，七年正月又下詔，「示朕決不復用之意」〔註26〕。史嵩之此後居閑，至寶祐四年（1256）八月卒。

綜合朝廷內外對史嵩之的批評與攻擊，史嵩之最終起復失敗，罷相致仕，其原因大致有四：

第一，史嵩之在邊閫及督府職任上時，「包藏禍心，竊據相位，不以事天事陛下，而視國家為仇」，其所作所為，對國家安全造成危害，為朝野士人所批評。右正言李昴英直斥其為「賣國之賊臣」、「蠹國之盜臣」、「擅國之強臣」、「誤國之姦臣」、「害國之亂臣」〔註27〕，太學生等學生的上書中也斥責史嵩之詐敵挾上、冒領軍功的行為。

第二，史嵩之結黨營私，操縱威權，有成為乃叔史彌遠般權相之跡象，朝臣對此予以極大的關注和警戒。前引在京諸學生的上書中，曾列舉史嵩之排斥人才的事實，稱：

> 凡當世豪特之士，皆銷落於嵩之排擯之餘，如王萬、謝方叔以爭不勝最先去；游侶以大政不使聞而激之去；劉應起以轉對直言去；張蟠以轉對觸諱去；劉漢弼以臺論攻嵩之之黨去；趙與權以才名軋己而喉逐斥去；李韶以侍從數嵩之之專柄去；王伯大以意向不合去；趙汝騰以麻詞無佞語，陰摘其小疵而遣去；徐榮叟、趙葵皆墮其機穽去；別之傑號為長厚，又以每事必問本末，假託而擠之去；杜範尤為簡聖，眷負人望，上前論諍，遇事有分決，則又用李鳴復而速其去。

〔註23〕 《宋史》卷四二○《王埜傳》，第 12576 頁。
〔註24〕 《宋史》卷四二○《杜範傳》，第 12286～12287 頁。
〔註25〕 《宋史》卷四○六《劉漢弼傳》，第 12276 頁。
〔註26〕 《宋史全文》卷三十四《宋理宗四》，第 2274、2275 頁。
〔註27〕 （宋）李昴英撰，楊芷華點校：《文溪存稿》卷八《再論史丞相疏》，廣州：暨南大學出版社 1994 年版，第 90 頁。

諸學生發出強烈的憂慮，稱：「陛下所藉以爲耳目心腹者，蓋盡空於嵩之之一網。陛下雖居九重，身處佚愉，傍無可謀之人，外無入告之益，是以獨善之清躬，游於史氏之黨局，君父至此，天下爲何？」〔註28〕史嵩之的這些作爲，引起了朝野士民的高度警惕。右正言兼侍講鄭寀彈劾史嵩之的罪行，稱：「嵩之妝綴邊功，以把握陛下之利柄；布置姦佞，以沮格陛下之賢才。以小勤細謹，惑陛下之聰明；以淺效微利，蠹陛下之心術。崇私殖貨，不知紀極。秉國如此，固天下之所憤怒而切齒也。」鄭寀並且將史嵩之與本朝有名的姦臣丁謂、秦檜相提並論，稱：「嵩之無謂、檜之才，而有謂、檜之心，謂若不死，檜必再來。」〔註29〕明代張溥對此曾評論說：「起復命下，物議鼎沸，若不能一日容者，何也？彌遠相寧宗十有七年，獨相理宗九年，任小人、逐君子，擅權害政，海內積痛。……嵩之復守其家學，謀柄國政，天下弗堪也。」〔註30〕

　　第三，史嵩之違背禮制，不奔喪守孝，卻希圖起復、眷戀相位，受到批評，從儒家禮法上來說，這是爲朝廷清議和社會輿論所不能寬恕的，這是史嵩之因起復而招致批評的直接原因，也是其罷相致仕的直接誘因。清初大思想家、學問家王夫之曾認爲，如果史嵩之不強求起復，便可避免背上不孝的罪名，也不會因朝野的反對和抨擊而導致其政治生涯的終止。王氏論稱：

> 夫終喪之日短，而仕進之日長，亦何吝此三年之姑退，以需異日之復興。……若夫不仁者，褊妒以妨賢，其積怨者深也；飾姦以周上，其匿情者多也；擅權以遠眾，其欲相代以興者夥也。所恃以箝盈廷之口、捃不軌之情者，唯魁柄在握，日得與宮廷相接納，而欲指謫之者不得其要領耳。非無同惡之淫朋，而兩姦相暱者，必隱而相傾。則一離乎其位，大則禍亟隨之，小亦不能以更進。故史嵩之一退，而徐元傑果大反其所爲。〔註31〕

王夫之的議論固然有「後來者」的眼光與意識，但史嵩之的政治道路顯然未有如此的先知先覺。

〔註28〕　《宋宰輔編年錄校補附錄續宋宰輔編年錄校補》卷十五，第 1599～1600 頁。
〔註29〕　《劉克莊集箋校》卷一六九《樞密鄭公（寀）行狀》，第 6567 頁。
〔註30〕　《宋史紀事本末》卷九十六《史嵩之起復》，第 855 頁。按，中華書局 1977 年版點校本《宋史紀事本末》本卷末無張溥論語。
〔註31〕　《宋論》卷十四《理宗》之五，第 247～248 頁。

　　第四，也即最重要的，理宗對史嵩之心有不滿，恩寵漸衰。「嵩之久擅國柄，帝益患苦之」〔註32〕，這從理宗在並命范鍾、杜範二相後所下的詔書中也可以看出端倪，詔書稱：

> 共治之臣，錮於謀身之習。有官守者，以謀身而失其守；有言責者，以謀身而失其言，各懷患得患失之私，安有立政立事之志？致天工之多曠，宜國步之未夷。……（百官應）毋懷私恩，毋萌私念，毋植私計，毋締私交。〔註33〕

在詔書中用如此苛責的措辭和嚴厲的語氣來表達對百官的誡勉、訓斥，正是針對前此右丞相史嵩之所發。

　　其二，鄭清之與宋理宗之間舊有的因緣際會關係，使理宗對鄭心懷感念；同時，在史嵩之因起復問題最終罷相、致仕之後，理宗需要較具威信與人望的鄭清之予以輔弼，以維持朝廷政局，應對國家形勢。

　　除去鄭清之參與史彌遠扶持、策立理宗的政治運作及其從龍勳臣、潛邸舊學、經筵講讀的帝師身份原因外，在紹定六年（1233）聯蒙滅金和端平元年（1234）收復三京及河南地的廷議中，儘管朝野內部在和戰攻守事宜這一國是問題上眾說紛紜，並一度反戰言論喧囂沸騰，但主政的鄭清之都力主出師，聯蒙滅金，力圖恢復，恰如其分地契合了理宗追求恢復祖宗故土的心思與志向。前則於端平元年正月滅金於蔡，一雪宋自靖康以來的百年國恥世仇，為理宗親政之初所急欲展現的中興宋室的宏偉抱負作了一大明證；後則雖因種種內外原因而失敗，造成兵民物財及疆土的巨大損失，並引發朝臣、邊帥對入洛及收復之舉的巨大批評，但由於鄭清之的主戰立場正投理宗心理之所好，故而深得君心，並未因戰事失敗受到牽連。只是到了端平三年（1236）以後，出於政治局勢、朝野事態的變化，理宗才以天變為由，將鄭清之罷免〔註34〕。但是，由於其與理宗之間的歷史因緣關係及其在理宗心目中存有的良好印象，鄭清之並未因罷相家居而被冷落，這從鄭清之罷相之後理宗對他的恩寵眷渥不絕如縷即可看出。鄭清之在端平年間雖因朝野批評而罷相，但其端平初相期間的施政在理宗心目中並非一無是處，相反，理宗對此是念念不忘的。鄭清之端平初相期間，對內，拔賢黜佞，革除積弊，整頓經濟財政，使

〔註32〕 《宋史》卷四○六《劉漢弼傳》，第 12276 頁。
〔註33〕 《宋史全文》卷三十三《宋理宗三》，第 2262 頁。
〔註34〕 關於鄭清之端平罷相的原因，前文已有所探討，茲不贅述。

理宗親政初期的政局和國勢渙然而新，獲譽良多；對外，力主聯蒙滅金，一雪百年國恥世仇，使理宗中興宋室的心懷和抱負得到了極大呈現。理宗對這位亦師亦輔的從龍之臣的信任自不待言，淳祐七年（1247）四月鄭清之二次拜相後，曾以端平爲相時輔政無狀向理宗謝罪，理宗卻深不以爲可，自指其心對鄭稱：「丞相之功在此。」〔註35〕作爲君主，理宗的這一表態當不爲矯揉之舉，而正說明理宗對鄭的信任與倚仗依然存在。

另一方面，淳祐四年（1244）九月開始的史嵩之起復之爭因朝野臣庶的極力反對，而以聽史嵩之遵制守喪而結束，終喪後的史嵩之仍起復無望，於淳祐六年（1246）十二月致仕。淳祐四年十二月至七年四月間，繼史嵩之爲相的有范鍾、杜範、游似三人。杜範爲相僅四月而死，雖對政事有補，不足舉論。范鍾年老多病，其爲相，「獻替之義少，而容悅之意多；知恥之念輕，而患失之心重。內降所當執奏也，則不待下殿而已行；濫恩所當裁抑也，則不從中覆而遽命。揣上之不嚴於絕惡也，則進其餘黨而嘗試；意上之追仇乎盡言也，則擇其甚者而排詆。嫉正而庇邪，善同而惡異，任術而詭道，樂媮而憚勞」〔註36〕，高斯得的應詔論事，或許有誇大的成分，但作爲丞相卻如此執政，不惟不能獲得朝野內外的支持與讚譽，恐怕也難以得到理宗的歡心與信任，理宗曾論稱：「范鍾年老，廢事亦多。」〔註37〕在外有朝臣抨擊，內則君寵衰替的情況下，范鍾也屢次奏請辭歸，故而淳祐五年（1245）十二月戊寅，因監察御史江萬里之言，詔命趙葵主強兵之計，陳韡主裕財之計；第二日，又以游似爲右丞相兼樞密使，同時，鄭清之以少師、奉國軍節度使兼侍讀復出〔註38〕，這些人事措施表明，理宗有意調整范鍾的位置。不出其然，兩個月後，范鍾即乞歸田里，罷相奉祠〔註39〕。范鍾辭相後，游似以右丞相兼樞密使獨相一年又三月，但理宗對其似乎也不太信任，「時游似以人望用，然有牽制之者」，所謂的「牽制」，未必沒有理宗的默許和暗中支持。時任權禮部尚書兼侍讀李韶爲之辯論，奏稱：「人主職論一相而已，非其人不以輕授。始而授之，如不得已，既乃疑之，反使不得有所爲，是豈專任責成之體哉！

〔註35〕　《竹溪鬳齋十一稿續集》卷十二《安晚先生丞相鄭公文集序》，第478頁。
〔註36〕　《恥堂存稿》卷一《應詔上封事（淳祐六年正月，時爲秘書郎）》，影印文津閣《四庫全書》第395冊，第3頁。
〔註37〕　《文溪存稿》卷七《淳祐丙午侍右郎官赴闕奏札》，第80頁。
〔註38〕　《宋史全文》卷三十四《宋理宗四》，第2270頁。
〔註39〕　《宋史全文》卷三十四《宋理宗四》，第2271頁。

所言之事不必聽，所用之人不必從，疑畏憂沮，而權去之矣。」〔註 40〕李韶
所論，即是揭示理宗在任用游侶爲相一事上的保留與掣制，故而未得到理宗
的積極回應，游侶也因自身的尷尬處境「十上章，乞歸田里」〔註 41〕。最終，
淳祐七年（1247）四月，游侶罷相，鄭清之以太傅、右丞相兼樞密使入掌朝
政。

其三，理宗推行淳祐更化的政治舉措需要鄭清之的輔佐。

理宗親政後的更化，歷經多次變革，固然體現出理宗中興求治的抱負和
志向，但其治國理政卻表現出極大的動搖性，不能將所制定與推行的更化措
施持之以恆下去，以致朝令夕改，反覆無常，不僅對政事、國勢所補稀微，
更造成政局與朝野局勢的動盪與混亂。早在端平更化之初，劉克莊就批評稱：
「自昔人主未嘗不欲治，而卒趨於亂；……立志不果，執德不固；持循於久
者易變，矯揉於暫者難持也。」〔註 42〕但是理宗對此並未有根本的改善，依
舊是立場不穩，態度易變，顯露出理宗並非具備雄才大略、實現南宋中興之
主。嘉熙二年（1238），知樞密院事李鳴復上奏論理宗即位十四年來的政治時，
曾借他人之口比較端平與元祐政事的不同，稱：「端平之不爲元祐，無怪也。
元祐諸君子，斂熙豐之紛更，而務爲安靜。端平諸君子，厭嘉紹之委靡，而
務爲紛更。三京之役，取湟鄯之故智也，元祐爲之乎？稅畝之事，散青苗之
餘習也，元祐爲之乎？舉事有如熙豐，而致平欲爲元祐，無怪乎端平之不爲
元祐也。」〔註 43〕淳祐四年（1244），大臣杜範曾綜合評價端平以來的更化效
果，稱：「且端平嘗改紹定矣，而弊反甚於紹定；嘉熙又改端平矣，而弊益甚
於端平；淳祐又重改嘉熙矣，而弊又加甚焉。」〔註 44〕所謂的「更化」，不僅
未能取得明顯的積極成效，反而使國家弊害日甚一日。綜觀端平至淳祐近二
十年間理宗親政前期的更化，「變」字當爲其第一要義，前引杜範所論端平、
嘉熙、淳祐三「變」即是時人的真切感受。其情形，正如淳祐十一年（1251）
劉克莊所總結的：

> 寶紹壞證極矣，陛下慨然改號，端平一變之功，侔於元祐。不
> 幸金滅韃興，適丁是時，外患之來，勢如風雨。謂宜堅初志，修內

〔註40〕 《宋史》卷四二三《李韶傳》，第 12632 頁。
〔註41〕 《宋史》卷四一七《游侶傳》，第 12498 頁。
〔註42〕 《劉克莊集箋校》卷五十一《備對箚子（端平元年九月）》，第 2533 頁。
〔註43〕 《宋宰輔編年錄校補附錄續宋宰輔編年錄校補》卷十三，第 1568 頁。
〔註44〕 《杜清獻公集》卷十三《相位五事奏札》，第 443 頁。

治以待之。執事者遂咎用賢之無益，於是疑更化之致寇，再變而爲嘉熙，三變而爲淳祐，皆求以愈於端平也。然而卒不能有所愈也，於是四變而爲乙巳（按，淳祐五年，1245），五變而爲丁未（按，淳祐七年，1247）。其間豈無賢揆？率不能久，局面隨之而變。此如沈痼之人，屢汗屢下之餘，難乎其處方矣。夫亟易相而圖任靡終，數更化而規模不立，此所以每變而愈下歟？〔註45〕

劉氏所論，是對二十年更化政治的中肯評論，而「率不能久」一語，點出了更化之所以成效甚微的根本原因。

政事屢變，或許是理宗爲了親攬威權，避免再次出現權相政治而採取的一種策略，其結果，不僅造成「圖任靡終」、「規模不立」，未能使「更化」的績效彰顯，且使國家形勢益趨嚴峻；同時，也使得在任丞相等宰執大臣心懷疑懼，不敢對朝政多有干涉，自然無益於國事、朝政的良性發展。如端平三年（1236）九月乙亥，在鄭清之、喬行簡罷相之時，理宗即詔命「執政與宰相同令鄭性之、李鳴復時暫協力贊治」〔註46〕，賦予其二人執政地位，後雖因倉部郎官蔡節上言「天下之勢，危若累卵，不可一日無相」〔註47〕，喬行簡被留位丞相，但理宗既有鄭、李二人輔治，故而對喬行簡任用不專，喬行簡對此也心所感知，故而拜相後對政事罕有建言。至嘉熙二年（1238）五月癸未，理宗以李鳴復知樞密院事兼參知政事，李宗勉參知政事，余天錫簽書樞密院事，喬行簡對理宗此舉的目的心領神會，第二日甲申，喬行簡即奏：「兵財二端，尤今急務。欲以兵事委之鳴復，財用委之宗勉，楮幣委之天錫。」理宗對此深爲讚賞，當即下詔稱：「丞相有疏，欲以兵、財、楮幣分任二三執政，深得協恭和衷之意，朕爲嘉歎。」〔註48〕理宗對喬行簡深得「君心」的讚許，顯示出其分割相權、皇權獨大的心理。又如在史嵩之之後爲相的范鍾、杜範二人，或年老廢事，或在位短暫，對朝政更是避猶不及，「二相尚遜，機務多壅」，起居郎程公許上奏論稱：「輔臣（按，指范、杜二相）崇執謙遜，避遠形跡，相示以色而不明言，事幾無窮，日月易失。今最急莫若疆場之事，帥才不蓄，一旦欲議易置，茫然莫知所付。」〔註49〕江萬里在進對時也直言：

〔註45〕　《劉克莊集箋校》卷五十二《召對箚子（辛亥五月一日）》，第 2576～2577 頁。
〔註46〕　《宋史全文》卷三十二《宋理宗二》，第 2214～2215 頁。
〔註47〕　《宋史全文》卷三十二《宋理宗二》，第 2215 頁。
〔註48〕　《宋史全文》卷三十三《宋理宗三》，第 2228 頁。
〔註49〕　《宋史》卷四一五《程公許傳》，第 12457 頁。

「二相退遜太過，中外皆無精彩。」理宗雖然也認爲事實如此，但並不願加以糾正。有論者認爲，「范鍾、杜範兩人爲相之所以『退遜太過』，其理有三：一、理宗未充分授權予兩人；二、有鑑於前相史嵩之慘遭『清流派』人士圍剿，深恐動輒得咎，故束手無爲，這點尤其以范鍾最爲明顯；三、范鍾年事頗高，衝力不再」〔註50〕。游侶雖以人望而拜相，但同樣未得到理宗的重用，舉動受到牽制，並未能發揮好宰相的職權。范、杜、游三人在相位而未能施其政，其根本原因即在於理宗對相權的收縮與控制。理宗鑒於史彌遠權相專擅的故轍，親政前期總攬威權，在丞相任命上更是大權在握，獨斷專行，對在任丞相也採取疑忌與牽制措施，固然防範了權相政治的再現，但對內外政事的處理和局勢的發展產生消極影響，致使端平以來的數次更化成效欠佳。

鄭清之罷相後，繼任諸相政績參差，未協君意，其狀況，就如淳祐六年秘書郎高斯得因日食應詔上封事所論：「大臣貴乎以道事君，今乃獻替之義少而容悅之意多，知恥之念輕而患失之心重。內降當執奏，則不待下殿而已行；濫恩當裁抑，則不從中覆而遽命。嫉正而庇邪，喜同而惡異，任術而詭道，樂媮而憚勞。陛下虛心委寄，所責者何事，而其應乃爾。」〔註51〕高斯得的話固然有爲理宗開脫的成分，但也透漏出這一時期的宰相諸人職權發揮的偏差和治政的薄弱。於是，理宗重新召用端平前相鄭清之，無疑是希望在淳祐七年（1247）開始的丁未更化〔註52〕中能得到這位曾創造了「小元祐」局面的亦臣亦師的潛邸故舊的支持，其衷心或正如劉克莊評論所稱：「惟丁未轉局，……以端平之舊相，復修端平之政事，收拾端平之人材，致太平而起頌聲，宜無難者。」〔註53〕另外，理宗既已在端平年間對鄭清之任相、執政的立場與態度有所瞭解，則亦當知二次拜鄭爲相，並不會對自身業已鞏固了的人主法統地位產生懷疑，並造成搖動；再者，親政十餘年之後的理宗對君權的把握已經相當成熟，其強化君權的意識強烈，成效顯著，並且對分割與牽制相權有了一些操控實踐上的經驗。事實上，鄭清之淳祐後期再相期間，一

〔註50〕 楊宇勛：《南宋理宗中、晚期的政爭》，第58頁。

〔註51〕 《宋史》卷四〇九《高斯得傳》，第12322頁。

〔註52〕 按，丁未即淳祐七年。「丁未更化」一稱據牟子才《輪對論君子小人聚散箚子》：「陛下即位幾三十年，君子之類凡三聚而三散矣。端平親政，一聚散也；甲辰改紀，二聚散也；丁未更化，三聚散也。」《歷代名臣奏議》卷一五八《知人》，第2069頁。

〔註53〕 《劉克莊集箋校》卷五十二《召對箚子（辛亥五月一日）》，第2577頁。

方面，「年齒衰暮」〔註54〕、「老不任事」〔註55〕，已無力對擴大相權有所作為；另一方面，嘉熙至淳祐前期居相位之喬行簡、范鍾、杜範等人，在君權強化、相權被分割和牽制的情況下，所面對的執政境遇，當對鄭清之有所觸動，鄭清之自然也不願在年老爲相之時與君權強化的理宗發生衝突。在兩相協和的情況下，淳祐七年（1247）四月，鄭清之進太傅、右丞相兼樞密使，封越國公，游侶罷相。鄭清之以72歲高齡再次入相。

第二節　淳祐再相後的政事

淳祐七年（1247）四月，鄭清之拜右相。九年（1249）閏二月，進左相，成爲首相；同時趙葵拜右相。但直至十年（1250）三月趙葵罷右相，趙葵始終未曾臨朝視事。趙葵罷相後，理宗未再除拜右相，鄭清之以左丞相獨相，直至十一年（1251）十一月病逝。則鄭清之淳祐在相位四年又八月，實爲獨相。

一、再相後面臨的形勢

自紹定六年（1233）十月以來，理宗在其勤勉國事的親政前期推行了多次的政治更化，無不寄託著其除弊革新、力挽頹勢、再造中興的雄偉抱負。然而，端平更化績效非著，未能根本變革朝廷內部的政治體制，也未能完全扭轉史彌遠專政以來南宋內部所具有的頹勢；就外部而言，金朝滅亡後，在端平、嘉熙年間，隨著蒙古對外攻擊的對象轉向南宋，南宋所面臨的生死存亡的形勢加劇，對內部進行的變革和更化造成掣制。此外，嘉熙至淳祐前期爲相的喬、李、史、范、杜、游等人，「喬失之氾，李失之狹，史失之專」〔註56〕，良政非多，杜範在相位短暫，且范鍾、杜範「崇執謙遜，避遠形跡」〔註57〕，致使朝廷機務多有壅塞，游侶雖以人望爲相，但多受懷疑與牽制，未得理宗信任。諸相在變化了的強化與獨尊君權的君臣格局中遭遇眾多掣肘，動輒得咎，對朝政闕失未能多所補益。淳祐再相的鄭清之所面臨的情勢，與紹定六年至端平三年（1233～1236）初次爲相時已經有了明顯的不同：

〔註54〕《宋史》卷四一四《鄭清之傳》，第12423頁。
〔註55〕《宋史》卷四一八《程元鳳傳》，第12521頁。
〔註56〕《宋季三朝政要箋證》卷二，第115頁。
〔註57〕《宋史》卷四一八《程元鳳傳》，第12521頁。

首先，在位丞相的職權已經受到壓縮，對政事的處理受到限制。

理宗在十餘年的親政歷練之後，對於強化君權的把握已經相當熟練，能夠較爲成熟地運用作爲人主的政治謀略與人事措施，利用分割相權、任責專人、控制臺諫等手段，將統治大權收攬於皇權之下，劉克莊在淳祐六年（1256）八月的召對中直言指出：「昔者不擇其人，而任之太專；今也懲前之專，雖擇其人而未嘗盡授以柄。官無緊慢，動煩親擢，有不由中書進擬者矣。事無鉅細，多出聖裁，有不容外庭與聞者矣。」〔註 58〕這從其對待嘉熙和淳祐前期的丞相喬行簡等諸人身上就已經得到了明證，對鄭清之的二次拜相同樣並無例外。淳祐九年（1259）四月己巳，右丞相兼樞密使鄭清之奏時事十難，其第一則即論「重相權」，身爲獨相的鄭清之反過來要求增重相權，由此可見，理宗對相權的壓縮已經到了相當程度。

其次，淳祐年間的人材與人心不比昔日爲盛。

端平改元之初，理宗既親攬庶政，一心除弊更化，再造中興，鄭清之乃迎合理宗的心思，「推忱布公，知無不爲」，輔佐理宗罷黜讒佞，收召正人，眞德秀、魏了翁、洪咨夔、李宗勉、王逐、杜範等人相繼歸朝，「眾芳翕集」，「大者相繼爲宰輔，餘亦爲名公卿」，朝野氣象因之一變爲新，號稱「小元祐」〔註 59〕。然而，淳祐年間朝廷可資倚用的人材已今非昔比，「端平遺老凋謝，十無一二」〔註 60〕，「諸老殄瘁，宿望一空，名臣欲盡，來者誰繼？」〔註 61〕此外，在經歷和戰攻守事宜集議、收復三京及河南地、履畝易楮、史嵩之起復、相位爭奪等朝政、朝議之後，南宋內部各黨派、團體之間的分立與鬥爭已經不暇掩飾〔註 62〕，人心固難以如端平年間般凝聚。劉克莊記載稱：「其（鄭清之）再相也，……新貴各立門庭，分黨與，……然人情固已陰懷向背，無同舟共濟之意矣。」〔註 63〕人心不齊，對於理宗所推行的更化不僅不能提供支持，反會因人事鬥爭而牽制更化措施的施行。

〔註 58〕 《劉克莊集箋校》卷五十二《召對箚子（淳祐六年八月二十三日）》，第 2560 頁。
〔註 59〕 《劉克莊集箋校》卷一七〇《丞相忠定鄭公行狀》，第 6586〜6587 頁。
〔註 60〕 《劉克莊集箋校》卷一七〇《丞相忠定鄭公行狀》，第 6593 頁。
〔註 61〕 《劉克莊集箋校》卷五十二《召對箚子（辛亥五月一日）》，第 2577 頁。
〔註 62〕 關於端平至淳祐前期的南宋黨爭，可參閱沈松勤：《南宋文人與黨爭》，第 140〜150 頁。沈文認爲，積澱在南宋士大夫身上的「尚同知氣」與「淫朋之風」是導致黨爭愈演愈烈、朝政積弊日益沉重的主要病灶，而理宗既無「處方」也無心藥救這一「沉痼」。
〔註 63〕 《劉克莊集箋校》卷一七〇《丞相忠定鄭公行狀》，第 6593 頁。

再次，鄭清之本人也有了一些變化。

鄭清之雖以理宗的信任再次入相，但經歷端平三年（1236）罷相和目睹嘉熙至淳祐前期歷任丞相的遭遇之後，此時的鄭清之對朝政的熱心與態度已經有了些許的變化。劉克莊在所撰鄭清之的《行狀》中記載，淳祐七年（1247）四月鄭清之拜右丞相兼樞密使時，曾有所推辭，稱：「端平初，陛下親政，臣齒未衰，尚堪努力仰贊聖謨，然猶有智慮所不及者，仰費保全。今迫桑榆，久在田里，於人物國事皆不諳悉，若冒昧承命，必誤委寄。」在辭免無告的情況下，「（鄭清之）歎曰：『上眷如此，將何所逃？』」由此才入朝治事〔註64〕。當然，不排除劉克莊在《行狀》中有美化與讚頌鄭清之的成分存在，方回也曾評說鄭清之以言語迷惑理宗而得以再相〔註65〕，其對待相位的真實態度或不如《行狀》中所說的那樣坦蕩無私；然而，鄭清之再相後，對丁未更化中的朝政實則有未盡力建言之處，並且多次辭免職任，如淳祐七年九月甲戌，請以太保追贈高祖，八年（1258）十一月丙午，「乞歸故里」，九年（1249）二月庚子，「再乞歸故里」，閏二月乙卯，「辭免太師，奏凡五上」，四月己巳，「屢疏乞骸」，十年（1250）十一月甲戌，「再乞歸閒」，十二月壬辰，「乞去」〔註66〕，十一年（1251），「十疏乞罷政，皆不可……拜太師，皆力辭」，十一月，「累奏乞罷，不允，奏不已，……疾革乞致仕」〔註67〕。鄭清之的屢請辭歸，固然由於其年老、精力疲憊難以應對複雜多變的內外政事，但也與其相權弱化、輔政之心衰退不無關係。

二、內政治理

鄭清之二次入相時，依舊承載著理宗自紹定六年（1233）親政以來對更化與中興的希冀，鄭氏本人對朝廷政事亦仍抱持較為積極的參與心態，只是未能再次取得同端平時期一樣較為顯著的治政成效。鄭清之在淳祐再相任後，在政事治理方面有如下舉措。

〔註64〕《劉克莊集箋校》卷一七〇《丞相忠定鄭公行狀》，第6590頁。
〔註65〕《桐江集》卷七《鄭清之所進聖語考一》稱：「（鄭清之）再除少保，進封魏國公，至則密奏：『二京出師，實臣主議，當陛下之身而亡祖宗積累府庫，異時國史書之，臣與陛下俱不能無責，願思所以復其舊。』理宗撫然有省，內惑其說。清之遂得因循再相。」第472頁。
〔註66〕《宋史全文》卷三十四《宋理宗四》，第2279、2283、2284、2285、2291、2292頁。
〔註67〕《劉克莊集箋校》卷一七〇《丞相忠定鄭公行狀》，第6592頁。

（一）輔君教化

　　鄭清之因與理宗之間的潛邸舊學、經筵講讀關係，在端平初相時對理宗多有教導、輔化之勞，淳祐七年再入相位，因位居宰輔，對理宗也時有勸勉。淳祐十年（1250），鄭清之進《十龜元吉箴》，所論說之十箴，一持敬，二典學，三崇儉，四力行，五能定，六明善，七謹微，八察言，九惜時，十務實，勸導理宗居尊位而不自任，以收招賢才為己用。其奏箚稱：

> 《詩》曰「敬天之怒」，《書》曰「敬天之休」，臣謂敬天之怒易，敬天之休難。木饑火旱，天之怒也。時和歲豐，天之休也。天怒可憂而以為易，天休可喜而以為難，何哉？蓋憂則懼心生，懼則天之怒可轉而為休，喜則玩心生，玩則天之休或轉而為怒。〔註68〕

鄭清之力言人主憂懼喜玩之心實則關乎天象時運，用「天人感應」這一傳統為君理論來誡勉理宗。鄭清之的苦心教導，得到理宗的認同和賞識，特意賜詔加以獎諭，並將之宣付史館，載入國史。理宗在治理國政的行動中也極力展現接受「敬天」、「恪省」的形象，如淳祐七年（1247）六月丙申，因久旱不雨，理宗下詔「側身修省」，並「朕躬有過及時政闕失，應中外文武臣僚暨於士民，皆得悉意指陳，毋有所諱」；九年三月因日食、十年十一月因多雷，理宗均曾下詔修省〔註69〕。此外，鄭清之還進讀《光寧兩朝寶訓》、《今上日曆》、《會要》、《玉牒》、《淳祐條法事類》等皇家史記與國家法文，希望理宗恪守祖宗家法，明習朝廷法制，提高治國理政的能力。理宗對此深有感悟，他曾宣諭要以祖宗家法申嚴親邸訓迪防範之制，以使「賓接有禁，內外有限」，又曾對鄭清之等輔臣說：「今日內引丞相，朕因及祖宗家法之懿者數條。如敬天愛民、克己節儉、不罪言者，皆漢唐所不及。朕謂不必遠藉前代，只近法祖宗足矣。」〔註70〕

（二）人事選任

　　鄭清之再相之時，朝廷之上可資善用的人才已經相當匱乏，又因門派、黨與之爭，使得在廷之臣不能齊心協力，致力國事。鄭清之為相後，盡力網羅人才，並不因私廢公，力圖打破朝廷人事上的各種障礙。劉克莊在《行狀》中稱「（鄭清之）不立異，不私己，除授進擬，必諮同列，必參公論」，且為

〔註68〕《劉克莊集箋校》卷一七〇《丞相忠定鄭公行狀》，第 6591～6592 頁。
〔註69〕《宋史全文》卷三十四《宋理宗四》，第 2277、2285、2291～2292 頁。
〔註70〕《宋史全文》卷三十四《宋理宗四》，第 2294 頁。

政以得人，並不市恩以收譽，「拔士滿朝，施惠於人無德色。士或先從後畔，亦待之如故」。朝臣中曾經有人對某些官員得到多次升遷的情況感到疑惑，並提出質疑，鄭清之回答說：「某人同列所敬，某人同列所譽，豈欺我哉？吾惟得人，以布周行足矣，何必攬爲己恩？」〔註71〕

鄭清之待人寬厚，從其對待湯巾與徐清叟的態度上可以看出。湯巾，饒州安仁人，嘉定七年（1214）袁甫榜進士，「負敢言之氣，不苟同於流俗」〔註72〕，在當時頗爲有名。湯巾曾經因言事觸犯鄭清之，在鄭清之淳祐再相後，湯巾惶恐不能心安，上言求去，鄭清之說：「己欲作君子，使誰爲小人？」極力打消湯的疑慮不安，勉勵他留任官職，盡力國事〔註73〕。徐清叟在端平年間任殿中侍御史，曾因收復三京及河南地的潰敗，上疏論「三漸」，激烈抨擊力主出師的丞相鄭清之〔註74〕。徐氏上疏後即被罷黜言責，杜範與吳昌裔等多次上書陳情，請求留任徐清叟，均未得到應允，二人並曾因此被同樣罷免言責，由此形成杜、吳等臺諫與鄭清之的對立，在三京之役後極力抨擊鄭清之，迫使鄭最終罷相。淳祐七年（1247）鄭清之再相後，拋棄與徐清叟之間昔日的隔閡與鬥爭，徐氏得以召還赴闕，在鄭清之爲相期間，官至端明殿學士、同知樞密院事，位列執政，參贊國事，此即鄭清之《行狀》中所稱：「引之（徐清叟）共政」〔註75〕。鄭清之在人才選任上的這種寬厚之風，與其對待國家政事的慎重態度是有關係的。在淳祐十年（1250）乞求辭歸的奏疏中，鄭清之奏稱：「召謗納悔，一己之利害輕；梗事敗謀，國家之關係大。昔謝安矯情，姚崇權譎，呂夷簡術，居是職者，可專任拙直哉？」〔註76〕表現出不惜物議、不謀己身而盡心職事的爲相之道。

史嵩之去位以後，理宗有意重用趙葵、陳韡，提領南宋軍隊，加強邊防治理，以應對蒙古對南宋邊境的襲擾。趙葵在端平收復之役失敗後，先後在淮東、湖南、福州等地方爲官。淳祐四年（1244）十二月，史嵩之罷起復後，

〔註71〕　《劉克莊集箋校》卷一七〇《丞相忠定鄭公行狀》，第6590、6593頁。
〔註72〕　《杜清獻公集》卷十二《簽書直前奏箚（壬寅）第二箚》，第441頁。
〔註73〕　《劉克莊集箋校》卷一七〇《丞相忠定鄭公行狀》，第6593頁。
〔註74〕　按，徐清叟論「三漸之疏」佚失，其名在時人奏議中可見，如《歷代名臣奏議》卷一百五十《用人》所錄吳昌裔《乞留徐清叟疏》，吳疏稱：「或謂清叟嘗因造開兵端，論及廊廟，節帖奏疏，專攻宰臣。……臣與清叟同被親擢，同論宰相，三漸之疏，實嘗聞之。」第1968頁。
〔註75〕　《劉克莊集箋校》卷一七〇《丞相忠定鄭公行狀》，第6593頁。
〔註76〕　《劉克莊集箋校》卷一七〇《丞相忠定鄭公行狀》，第6594頁。

理宗收召人才，「更新庶政」，「羣賢率被錄用」〔註77〕。其時，以趙葵同知樞密院事，五年（1245）十一月，陳韡除端明殿學士、同簽書樞密院事，十二月，進趙葵知樞密院事兼參知政事。理宗曾下詔命：「兵財繫乎國命，強兵之事，爾葵主之；裕財之計，爾韡理之。」〔註78〕使其二人專任兵、財治理之責，以期收到切實的成效。六年（1246）六月，除陳韡參知政事兼同知樞密院事。七年（1247）四月，在鄭清之拜右丞相兼樞密使的同時，理宗特授趙葵樞密使兼參知政事，督視江淮、京西、湖北軍馬，既而又兼知建康府、行宮留守、江東安撫使，「應軍行調度並聽便宜行事」，並且「出緡錢千萬、銀十五萬兩、祠牒千、絹萬，並戶部銀五千萬兩，付督視行府趙葵調用」〔註79〕。陳韡知樞密院事、湖南安撫大使兼知潭州〔註80〕，以樞臣身份開府。但趙、陳二人，或因前此執政大臣皆主和議，或因曾受臺諫攻訐〔註81〕，多方謙遜，懇辭除命。陳韡「屢乞罷進」，「雖勉留甚至，而公去意決矣」，「後幄奏事，乞罷政」，「五疏乞去，皆不許。自是深居謝客，罕預朝會。論丞相元樞，亦罕入堂」，「入奏，出浙江亭，連入三疏」〔註82〕。面對這種情況，丞相鄭清之「力主其事」，對趙、陳二人勸勉有加，解答其心中所疑，「科降辟置，答敏於響」，趙、陳二人最終欣然赴任，並取得了較好的政績〔註83〕。如趙葵督師期間，整頓沿邊軍政，出兵解泗州之圍，幾次取得大捷，「忠力具宣，威聲綽著。既成卻敵之效，復宏預備之規」，受到了理宗的嘉獎；又如陳韡在湖南

〔註77〕 《宋史全文》卷三十三《宋理宗三》，第 2261 頁。
〔註78〕 《宋史全文》卷三十四《宋理宗四》，第 2270 頁。
〔註79〕 《宋史》卷四十三《理宗三》，第 837 頁。
〔註80〕 《宋史》卷四一七《趙葵傳》，第 12504 頁；《宋史》卷四一九《陳韡傳》，第 12563～12564 頁；《宋史》卷四十三《理宗三》，第 837 頁；《宋史全文》卷三十四《宋理宗四》，第 2276 頁。
〔註81〕 淳祐六年六月，陳韡除參知政事兼同知樞密院事，辭，不允。八月辛酉，月犯房，因此天變，陳韡奏乞罷政，不允。是日，殿中侍御史章琰、正言李昂英交章論奏，劾陳韡庇史嵩之，搖國本。所論二事觸怒理宗，理宗爲之御筆出二臺臣，與在外差遣，而陳韡待罪六和塔，去意決矣。事載《劉克莊集箋校》卷一四六《忠肅陳觀文神道碑》，第 5774 頁。章琰疏不見，李昂英論陳韡疏見《文溪存稿》卷九《論陳樞密疏》，其稱：「國本始定，神人所同喜，韡獨出語不遜，識者駭愕。奸相（按，指史嵩之）負罪，神人所同怒，韡猶盛稱其孝，識者念之。」第 95 頁。
〔註82〕 《劉克莊集箋校》卷一四六《忠肅陳觀文神道碑》，第 5774 頁。
〔註83〕 《劉克莊集箋校》卷一七〇《丞相忠定鄭公行狀》，第 6590 頁。

帥臣任上，「出鎮南服，備殫忠勤，軍民安平，蠻猺綏輯」〔註84〕，「毀郡縣淫祠，修崇南岳祠、炎帝陵廟、屈大夫、賈太傅祠，由是楚俗一變」〔註85〕。

趙葵以樞密使兼參知政事督師，經歷逾年，前後多次上疏乞求結局，並辭免理宗所給予的進秩、轉官恩賞，理宗欲允其還朝之請，但不知如何安排趙的職事，鄭清之即上奏理宗，請求拜趙葵爲右相，稱：「非使作相不足以酬勞，陛下豈以臣故耶？臣必不因葵來便引退，臣願爲左，使葵居右。」〔註86〕鄭清之的寬容與謙讓，既緣自其與趙葵之間的親密關係，即鄭清之嘉定十年（1217）進士及第後出任峽州教授時，與趙方及其二子趙范、趙葵之間所建立的友好關係，並且端平元年（1234）趙范、趙葵倡議收復三京及河南地的軍事行動中，得到了時爲右丞相兼樞密使的鄭清之的大力支持，在收復之役失敗後，又因鄭清之的庇護，趙氏兄弟並未得到嚴厲的處罰；也源自於作爲武將出身的趙葵與鄭清之在主戰立場上一直以來的協和。在鄭清之看來，自身業已年老，對理宗的丁未更化輔弼有限，如能將主戰且熟悉軍情與邊防的趙葵推向相位，則對理宗持之不忘的中興志向或有裨益。淳祐九年（1249）閏二月甲辰，趙葵授右丞相兼樞密使，制書在總結趙葵督師勳績之後，稱：「太尉相尊等耳，既久居位望之隆；人傑吾能用之，又何愛鈞衡之重。爰立諸右，式遄其歸。北斗神樞，仍本五兵之柄；金章紫綬，峻躋二品之階。……及閑暇而明國政，朕素定於宏摹；建輔弼以成天功，爾尚欽於明命。必和眾乃爲保大，必同心斯可圖安。」〔註87〕則理宗對鄭、趙並相同心和眾的局面寄託希望，其目的仍在於藉助二位主戰丞相，維繫中興的夙志。然而，趙葵雖拜相，卻未能入朝視事，而是多次辭免不赴，如時任禮部郎中兼史官的王太沖在輪對時條陳：「近命二相，葵辭寵，清之避事，獨相並相，謂宜早決。」〔註88〕「言者以宰相須用讀書人」〔註89〕，經過多番辭免，趙葵最終於十年（1250）三月罷相〔註90〕。

〔註84〕 《宋史全文》卷三十四《宋理宗四》，第2281～2282頁。
〔註85〕 《劉克莊集箋校》卷一四六《忠肅陳觀文（韡）神道碑》，第5775頁。
〔註86〕 《劉克莊集箋校》卷一七〇《丞相忠定鄭公行狀》，第6593頁。
〔註87〕 （宋）周應合撰，王曉波等點校：《景定建康志》卷三《拜趙葵右丞相兼樞密使制》，成都：四川大學出版社2007年版，第52頁。
〔註88〕 《劉克莊集箋校》卷一五五《禮部王郎中（太沖）墓誌銘》，第6081頁。
〔註89〕 《宋史》卷四一七《趙葵傳》，第12504頁。
〔註90〕 趙葵辭相始末，可參見《齊東野語》卷十八《趙信國辭相》，第336～339頁。

除人事選任外，還加強對吏治的整頓。一方面，獎勵奉公守法、治政有績的官員，如謝思乂、張懋以平反進秩；彭州通判宇文景訥以守節死，贈官蔭子；荊湖、京湖軍官李得、張謙、高天祐等以討寇、平蠻猺等，進官受賞；對在泗州解圍之戰中立功的將士分別給予補轉官秩；知海陽縣陳純仁以筑堤護田，進官一等；知澧州李寬民以力行惠政，一意裕民，特進一秩。〔註91〕另一方面，加強對各級官吏職權的監察與懲治，如差遣刑部及監司屬官審斷州縣刑獄，嚴禁胥吏犯奸作弊，濫及非辜；命諸路提刑司毋得淹留獄訟，並令臺諫加以覺察；命諸路監司守臣恪守懲治贓吏之法，並令御史加以糾察；嚴禁兩淮統兵官以脊棍處罰士卒。〔註92〕此外，還對貪酷、害民、壞法的官員予以懲治，如貴州守臣陳鑑迫脅考試官，私取士人，壞科舉法，處以鐫秩，勒令致仕；趙希湄監試鬻舉，削一秩；知南豐縣黃端亮因增收苗賜，科罰多私，奪官一等放罷；監都進奏院王疇因括田擾民、交通爲市，先後被削官三等；吉州守臣李義山嗜賄亡恥，奪官二等，並追索所受銀會，解按邊所；高要縣令李元潢貪酷顯著，削官三等勒停；金山水軍統制陳霆貪酷激變，追毀出身文字，拘鎖籍家；知藤州楊瑾椎剝貪刻，虧公營私，奪官三等。〔註93〕

（三）制度整頓

鄭清之淳祐再相之初，有謂在推行更化的情勢下，作爲丞相的第一要義應是推動改元，以契合「更化」的意涵，鄭清之卻回答稱：「改元天子之始事，政化朝廷之大端，漢事已非古，然亦不因易相而爲之。」〔註94〕自紹定六年（1233）親政以來，理宗數次推行更化，極力中興宋室，但更化的成效並不顯著，其原因之一即在於政策措施的多變與短暫，加之朝廷人事上的鬥爭與糾紛，導致良謀善政的推行常常受到阻礙，未能取得設想的效果。淳祐七年十月，臺臣猶且上奏國家目前仍有添差、抽差、攝局、須入、奏辟、改任、薦舉、借補、曠職、匿過等十大弊端。〔註95〕淳祐再相的鄭清之，經過端平至淳祐七年十餘年間的政局跌宕和政事反覆，其二次執政的理念已經有了變

〔註91〕《宋史全文》卷三十四《宋理宗四》，第 2278、2278、2279、2280、2286、2287頁。

〔註92〕《宋史全文》卷三十四《宋理宗四》，第 2284、2288、2290、2291 頁。

〔註93〕《宋史全文》卷三十四《宋理宗四》，第 2276、2277、2282、2283、2286、2287、2287、2289 頁。

〔註94〕《劉克莊集箋校》卷一七〇《丞相忠定鄭公行狀》，第 6590 頁。

〔註95〕《宋史》卷四十三《理宗三》，第 838 頁。

化，認為治政的關鍵並不僅僅在於一味的更化革新，相反，一變再變的更化只會對朝政和人心造成困擾，只有保證政策的持續實施和人才的持久任用，才能取得理想的效果。故而鄭清之淳祐為相，並未就朝廷大政作出根本的調整與革新，而是立足於「修補」闕政，試圖在不觸動和不損傷國家元氣的前提下，使國家形勢獲得休息與好轉。其在人才選任上的寬厚與兼容，即是這一理念的一個體現。

在制度整頓方面，依據記載可知的一些作為，都體現出整頓的輕微與慎重。如對太學學官分別賜給齋金，增加供給虀鹽的楮幣支出；修繕國子監學時，改變舊時由臨安府和轉運司全面負責的做法，而是向朝廷請求撥付修繕所需資金，由臨安府和轉運司共同負責監督工程進度，既保證了工程進度和質量，也促進了資金的有效使用；根據各地駐軍的路程遠近和情況緩急，在駐軍換防與調戍時，盡可能地做到就近就便，遠近適宜，先後有序，既有效地增強了軍隊的駐守力量和提高了調戍效率，也極大地節省了養兵、調兵的費用；整頓軍隊建制，裁減、併省中下級軍官職位與數目，以減少軍隊糧餉和官兵俸給的浪費和流失；〔註96〕調整部分政事、機制，如改尚書省提領鹽事所為提領茶鹽所；增加部分州府的科舉解額；令邊郡建褒忠廟，祠祀歿於王事、忠節顯著之人；令諸州州學先行課試科舉待補人數，取其及格者給據參加補試。〔註97〕這些措施，並未體現出制度上的根本性變革，而只是在原有框架中的某些協適性的調整和補充，因此，雖然在具體層面上有著積極意義，但未能對國家治理與機制運轉產生顯著的促進作用。這一限制，儘管與日益衰微和惡化的國事與局勢有關，但在理宗強化君權、壓縮相權，尤其理宗本身無意深化改革的情勢下，鄭清之等執政大臣力有未逮、革新乏力，也當為不可忽視的因素。

（四）財政治理

晚宋以後，因戰事頻仍、國土日蹙，執政者或牽於政議，法令不繼，或材能平庸，謀謨匱乏，或營私黨爭，攻訐不休，再加上因對蒙戰爭的需要，軍費開支居高不下，沿江及四川邊境受戰爭創傷嚴重，殘破疲怠，匱於供給，朝廷的財政收支狀況不復繁盛。負有中興之志的理宗，在端平、嘉熙、淳祐的近二十年間，在政治、經濟、軍事、文化等領域推行一系列的更化舉措，

〔註96〕《劉克莊集箋校》卷一七〇《丞相忠定鄭公行狀》，第6590～6591頁。
〔註97〕《宋史全文》卷三十四《宋理宗四》，第2279、2285、2286、2291頁。

取得了一定的積極成效。但端平年間困於收復之舉的慘敗，「兵民之物故者以數十萬計，糧食之陷失者以百餘萬計，凡器甲舟車悉委僞境，江淮蕩然，無以爲守禦之備……凡邊民之骸骨相枕，國家之膏血無餘下」〔註 98〕，國家的兵民物財受到極大損耗和喪失，至嘉熙年間，並未從中恢復元氣，嘉熙四年（1240）八月，杜範在奏箚中描述當時的景象時猶自聲稱：「倉廩匱竭，月支不繼，上下凜凜，殆如窮人。……富戶淪落，十室九空，竈罕炊煙，人多菜色。……愁歎之聲相聞，怨怒之氣滿腹，里巷聚語，首問粒食之有無，次議執政之然否，丐於道，投於江，往往有之。」〔註 99〕淳祐前期，經過理宗君臣的苦心治理，財政狀況雖有所好轉，但好景不長，隨著政治情勢趨惡，宋蒙戰事加劇，財政危急的狀況再次出現。淳祐後期出任宰相的鄭清之，業已無力對這一走向惡化與衰落的國家財政作出扶持和挽救的努力，與端平爲相時的積極姿態不同，鄭清之在淳祐財政治理上退縮於保守和審愼，衹是以一種「修補」的態度在細微而具體的事務上作些整頓。

據記載，鄭清之淳祐再相期間治理財政所處理的具體事務表現在：覈查諸路榷鹽虧損的數額，減免其中被錯誤抑配的鹽戶的負擔，並追究在食鹽徵購、輸納過程中作奸犯科之人的責任，從而使很多鹽戶得到救助；停止並最終廢除對長江沿岸漁獵船戶所徵收的沉重算賦；廢止地方諸司巧立名目徵收而數倍於朝廷所入的錢財，如池州雁汉的「大法場」錢，改由朝廷撥付諸司所需費用；任用專任人員接管並負責原本不屬於朝廷管治的地方產業，以增加財政收入，使沿邊將帥科降所需資財在數年間未嘗匱乏，既有利於邊疆局勢的穩定，也減輕了國家的軍費支出負擔；〔註 100〕多次嚴禁諸路州縣增收過量苗米，以防止地方官員隨意科取抑配，致使民戶受害〔註 101〕。

在治理財政中，鄭清之給予較大關注和付諸努力的是對楮幣會子的治理。晚宋財政危機的加深，迫使朝廷大量增發楮幣，以應對國家各項支出的需要，楮幣會子的重要性逐漸加深。吳潛在上奏時曾評論稱：「今日國用殫屈，和糴以楮，餉師以楮，一切用度皆以楮，萬一有水旱、盜賊、師旅之費，又

〔註 98〕《歷代名臣奏議》卷一八五《去邪》錄吳昌裔《論鄭清之誤國疏》，第 2437頁。

〔註 99〕《杜清獻公集》卷十《八月己見箚子》，第 426 頁。

〔註 100〕《劉克莊集箋校》卷一七〇《丞相忠定鄭公行狀》，第 6591 頁；《宋史》卷四一四《鄭清之傳》，第 12421～12422 頁。

〔註 101〕《宋史全文》卷三十四《宋理宗四》，第 2278、2283、2290 頁。

未免以楮，則楮者，誠國家之命脈也。」〔註102〕會子的發行量也隨著國家內外局勢的緊張而增加，至嘉熙、淳祐之際官方發行第十六、十七界會子時，兩界會子總數已達五億貫。淳祐六年（1246）時，第十七界會子爲四億二千萬貫，新發行之第十八界會子爲二億三千萬貫，如若再加上僞幣等，其總數更爲龐大。楮幣超過實際流通所需數目的大量發行，必然導致會價的下跌乃至失控，產生新的經濟問題和壓力。晚宋時期對楮幣有過幾次大規模的整頓，鄭清之端平爲相期間即曾推行過回籠、查僞、稱提、履畝收會等措施，但總的來看，成效不大。淳祐再相的鄭清之，對於楮幣會子的治理，仍然未能脫離端平治政的窠臼，其治理措施亦大同小異。如對主張印製新的第十九界會子的趙汝墍和主張廢除會子、停賣鹽鈔的黃洪予以免官處罰；制定殿最之法，考課地方官員稱提會子的政績；嚴禁軍民銷鎔銅錢、私鑄銅器；查禁銅錢外洩和僞造會子的行爲，令居民互相糾察，允許告發並給予推賞，隱匿不告者處以連坐；用度牒等收召民間十七、十八兩界破會。〔註103〕

　　事實上，面臨著與端平初相時大不相同的政治局勢和人事環境，淳祐再相的鄭清之，對朝廷政事的建言、措置已不如端平更化年間那樣任責和盡力，而是更多地表現爲一種「修補」，失去了前昔的「更化」色彩。即以上述內政治理的舉措而言，實際並未推行較具深度和廣度的、具有除弊出新意義的變革性措施，其理念和效能，並未超越端平治政的窠臼，對淳祐後期朝廷內政形勢的改善效用有限。

三、捲入政爭

　　鄭清之淳祐爲相時，還捲入到幾件大的政治事件之中，對其本人和朝廷產生了一定程度的影響。

（一）「括田」之爭

　　括田之制，淳祐之前即已有之，其目的是將新開田畝納入國家賦稅徵收範圍，以增加土地租賦收入。淳祐七年（1247），有謂殿步司獄蘆蕩〔註104〕可以開墾爲良田，成爲新的稅源，從而有益於國家餉費。其時急於建立奇功

〔註102〕《許國公奏議》卷一《應詔上封事條陳國家大體治道要務凡九事》，第74頁。
〔註103〕《宋史全文》卷三十四《宋理宗四》，第2280、2281、2287、2289、2291頁。
〔註104〕楊宇勛在其碩士論文《南宋理宗中、晚期的政爭》中意謂「蘆蕩」爲人名，並將其視爲「括田法」的主事者之一。第83頁。未知其故。

以塞人望的故相史彌遠之子史宅之，因之創立「括田法」，其法：設田事所，將諸州郡的沙田、圍田、圩田、沒官田等無主和待墾田畝收歸管理，並差遣官員分道前往江浙諸郡，「打量圍築」，目的在於根刷田畝數目及其貧瘠狀況等，從而制定租稅標準，徵收田租。時為右丞相兼樞密使的鄭清之贊行其議，於是命史宅之為田事所提領官，右司趙與懽為參詳官，計院汪之埜為檢閱，趙與訔、謝獻子為主管文字，將括田之議付諸實施。同時還選派朝官前往各郡縣負責括田。據史載，史宅之在浙右一處即括得虛籍田近百萬畝，但其實際情況並非如此，「後按其田，皆諸道舊隸」〔註105〕，並未開闢出相當數量的能夠確實增加田畝租稅的新田，「行之期年，有擾無補」〔註106〕，括田無效的現實逐漸為人普遍所知，朝廷亦知其終不可行，於是除史宅之同知樞密院事，又令趙與懽、陳綺分別提領江浙、江淮田事。史宅之、趙與懽、王疇、盛如杞等人相繼死後，括田法逐漸不行，「其後應於官田，遂併歸安邊所，令都司提領焉」〔註107〕。

　　儘管如此，括田之舉因其在實施過程中貪功急進，對民戶帶來極大困擾，加之部分官員在實施過程中「刻剝太過，刑罰慘酷」，導致「怨嗟滿道，死於非命者甚眾」〔註108〕，招致朝野的批評，劉垣、趙汝騰、黃自然等人皆紛紛上書，力言括田之舉不可施行，監察御史兼崇政殿說書林彬之奏稱：「利之一字，自古為人主心術之蠹。……今世理財，故為急著，然非集眾思不可。乃主一樞臣（按，指史宅之。淳祐九年閏二月，史宅之除同知樞密院事〔註109〕。），彼生長富貴，翼以臺小，臣恐利未興而害先及。」淳祐九年（1249）春，因「雷雪大作，積陰彌月，寒如深冬」，林彬之又上言論括田之舉召民怨而忤天意，稱：「近親權門之田不問，乃括民戶世守之業為官莊，召怨三也。」〔註110〕此外，上疏論奏括田之舉「不可」的劉垣、趙汝騰、黃自然等人，均得罪罷去〔註111〕。

〔註105〕《延祐四明志》卷五《人物考中‧先賢‧史彌遠》附史宅之傳，第 11 頁。
〔註106〕《癸辛雜識》別集下《史宅之》，第 293 頁。
〔註107〕《癸辛雜識》別集下《史宅之》，第 293 頁。
〔註108〕《癸辛雜識》別集下《史宅之》，第 293 頁。
〔註109〕《宋史》卷四十三《理宗紀三》，第 840 頁。
〔註110〕《劉克莊集箋校》卷一四五《圓山林侍郎神道碑》，第 5728 頁。
〔註111〕《癸辛雜識》別集下《史宅之》，第 293 頁。

（二）京學類申事件

所謂「類申」，即是由各路府州軍監將所有應發解參加禮部試（省試）的合格舉人的姓名、試卷等申報禮部，以作存檔，以便在省試之後，由御史臺會同禮部長貳校對試卷字跡，以防科考作弊〔註112〕。因類申名額建立在各地發解參加省試的名額基礎之上，故類申之事關乎舉子切身利益。鄭清之淳祐後期為相期間，朝廷曾謀劃罷除在京遊學士子在京城諸學內的類申名額，而將其重新分配至各路府州軍監所發解名額之內，臨安的應舉士子為此爆發騷亂，產生較大影響。

臨安為南宋都城，人文薈萃，文風鼎盛，士子多遊學聚居於臨安太學等官學，以求有便於科場考試，進身入仕；但眾多的士子會聚一地，也給臨安的治安、社會風氣乃至朝廷政事帶來了諸多問題，至淳祐年間，「遊士多無檢束，羣居率以私喜怒軒輊人，甚者，以植黨撓官府之政，扣闇攬黜陟之權，或受賂醜詆朝紳，或設局騙脅民庶，風俗浸壞」〔註113〕，引起理宗君臣的關注。淳祐七年（1247）二月，因不同意在京遊學士子參加京城諸學省試的請求，理宗曾出封樁庫五萬貫第十八界會子撥付臨安府，作為遣返三邊遊學士子的費用〔註114〕。但此舉所取得的效果並不明顯，至十年（1250）十月，理宗不得不再次下詔，「令諸州於每舉待補人數內分額之半，先就郡庠校以課試，取分數及格者，同待補生給據，赴上庠補試」，鼓勵在京遊學士子返鄉參加課試，以回到端平改革科舉時所希望的「欲四方之士安鄉井，修孝悌以厚風俗」〔註115〕的目的，同時，緩解臨安京學舉子參加省試的壓力，也可避免因士子會聚京城而影響地方教育的發展。

這種「各州自試於學，仍照舊比分數，以待類申」的做法，本計劃以淳祐十一年（1251）七月的引試為契機予以實施〔註116〕，但由於「教官林經德

〔註112〕《宋史》卷一五六《選舉志二》，第3635～3636頁。
〔註113〕《齊東野語》卷六《杭學遊士聚散》，第110頁。
〔註114〕《宋史全文》卷三十四《宋理宗四》，第2275～2276頁。
〔註115〕《宋史全文》卷三十四《宋理宗四》，第2291頁。
〔註116〕罷遊士京學類申的時間，《齊東野語》卷六《杭學遊士聚散》記載為淳祐十一年，然《宋史全文》卷三十四，淳祐十一年七月癸未條載，理宗諭輔臣曰：「去歲罷京學類申，欲令四方之士各歸學校，以課試理校定，稍復鄉舉里選之意。」（第2295頁）則罷京學類申在淳祐十年。按，《宋史·程公許傳》載，鄭清之使陳垓劾程公許後，同知樞密院事徐清叟上書論垓，考徐於十一年三月戊寅除同知樞密院事，則罷類申事在十一年三月之後矣，《宋史全文》十一年七月理宗謂「去歲」或誤。

對士子上請語微失」，引起士子「大閧肆罵」，知臨安府趙與𥶡在派官調停時，為求盡快平息士子騷動，允諾每三百人中一半取土著士子，一半取遊學士子；但這一處理方案未先獲得理宗首肯，理宗並且質問：「近行諸州各試之法，正欲散遊學之士。不知臨安府憑何指揮復放外方之人。」趙氏聞之驚恐，於是下令遊士限日出境，離開臨安。這一強制措施，無濟於士子中間業已存在的緊張形勢，再次激起在京遊學士子的激烈反對，「乃為檄文，相率而去」，至稱：「士亦何負於國，遽罹斥逐之辜。……苟為溫飽，可勝周粟之羞，相與提攜，莫蹈秦坑之禍。」並且作詩諷詠主事的鄭清之、趙與𥶡等人〔註 117〕。事件的結果，趙與𥶡出門待罪，兩教官各降一資。理宗開慶年間（1259），始「許京庠有籍無分人引試一次，於是（士子）漸復雲集矣」〔註 118〕。

京學類申事件發生後，權刑部尚書程公許曾論奏對這一事件的處置非宜、弊大於利，程公許稱：

> 往者立類申之法，重輕得宜，人情便安，近一旦忽以鄉庠教選而更張之，為士亦當自反，未可盡歸咎朝廷也。……今士子擾擾道途，經營朝夕，今既未能盡復舊數，莫若權宜以五百為額，仍用類申之法，使遠方遊學者，得以肄習其間。京邑四方之極，而庠序一空，弦誦寂寥，遂使逢掖皇皇，市廛敢怨而不敢議，非所以作成士氣、尊崇教化也。〔註 119〕

在這場因類申引發的士子事件中，趙與𥶡未得理宗首肯，輕許允諾，處置失宜，導致問題愈加複雜；而作為丞相的鄭清之也負有相當責任，受到士子批評。程公許上奏後，「清之益不樂」，授意殿中侍御史陳垓劾程公許，而吳潛、徐清叟等人奏留程公許並論斥陳垓，引發了一場朝廷中政事和人事爭議〔註 120〕。

（三）鄭氏政爭

鄭清之淳祐為相期間，與廷臣之間，多有紛爭。現擇其要者縷述如下。

〔註 117〕《齊東野語》卷六《杭學遊士聚散》，第 110～111 頁。

〔註 118〕《齊東野語》卷六《杭學遊士聚散》，第 111～112 頁。

〔註 119〕《宋史》卷四一五《程公許傳》，第 12459 頁。

〔註 120〕《宋史》卷四一五《程公許傳》，第 12459 頁。楊宇勛在評論這一事件時認為：「鄭清之京學改革亦有意義，就是可以避免京師之學過盛，妨礙地方教育的發展。……罷京學類申、遣散生徒，本來是個單純的教育改革，不料竟演變為政治衝突，形成鄭清之派與清流份子的鬥爭，失去原來的改革意義，殊為可惜！」見楊宇勛：《南宋理宗中、晚期的政爭》，第 85 頁。

1. 使周坦、陳垓劾程公許

淳祐十一年（1251），因程公許在奏論罷京學類申事件時，語及鄭清之，鄭氏遂授稿於殿中侍御史陳垓，使之彈劾程公許，陳氏彈奏後，雖有參知政事吳潛奏留公許，二府亦奏公許不宜去，同知樞密院事徐清叟及太學生劉黻等百餘人、布衣方和卿等伏闕上書論奏陳垓，程公許最終還是改官寶章閣學士，出知隆興府，並在赴任前去世。

按，程公許與鄭清之舊來已有矛盾。淳祐四年（1244）十二月乙亥，鄭清之授少保，依舊觀文殿大學士、醴泉觀使兼侍讀，仍奉朝請，而此前鄭清之子士昌曾因罪追逮詔獄，詐以死聞，藉此逃脫罪責。鄭清之以少保奉祠、侍講幄中後，曾造闕向理宗泣請赦免鄭士昌，理宗允之，於是盡復鄭士昌舊有官職，並與內祠，許其居住於行在所，以方便侍養鄭清之。命下之時，時任權禮部侍郎的程公許繳奏詞條，並奏稱：「士昌罪重，京都浩穰，奸宄雜糅，恐其積習沉痼，重爲清之累；莫若且與甄復，少慰清之，內祠侍養之命宜與收寢。」理宗秘密將程公許的奏疏出示給鄭清之，鄭氏由此對程公許心懷怨恨，「日夜於經筵短公許」。六年（1246）八月，以周坦爲殿中侍御史，使其劾公許，程公許以寶章閣待制知建寧府，後因諫議大夫鄭寀再劾程氏，遂罷其建寧府除命。淳祐七年（1247）四月，鄭清之再相，程公許不得不在湖州屏居四年〔註121〕。至淳祐十一年（1251），因理宗堅持，程公許授權刑部尚書，然又因在此次京學類申事件中觸怒鄭清之，復被陳垓論罷而卒。

2. 潘凱、吳燧二察官事件

據晚宋入元人周密《癸辛雜識》記載，鄭清之淳祐爲相時，因年老力衰，在處理政事上重用其姪孫鄭太原，招致「公論不與」；加之其所引用的周坦、陳垓、蔡榮等人，身居臺諫之任，「老饕自肆，奸種相仍，以諂諛承風旨，以傾險設機阱，以洮涊盜官爵。……忍於空君子之黨，……勇於倒公議之戈」，與丞相鄭清之相爲表裏，「不獨臺諫爲大臣友黨，內簡相傳，風旨相諭，且甘爲鷹犬而聽其指嗾焉。宰相所不樂者，外若示以優容，而陰實頤指臺諫以去之；臺諫所彈擊者，外若不相爲謀，而陰實奉承宰相以行之」〔註122〕，引起

〔註121〕《宋史》卷四一五《程公許傳》，第 12458 頁。按，《程公許傳》記此事於淳祐五年六月徐元傑暴卒之後（第 12457～12458 頁），又《劉克莊集箋校》卷一七○《丞相忠定鄭公行狀》載，鄭清之淳祐五年七月進少傅，「居無何，哭子士昌」（第 6589 頁）。則程公許繳士昌除命在五年六七月間。

〔註122〕《宋史》卷四○五《劉黻傳》，第 12243～12244 頁。

朝野正士的極大不滿，黃自然曾奏疏論鄭清之，趙崇雋也上疏力陳鄭氏昏繆貪污之過。淳祐十年（1250）十一月冬至，雷變，監察御史吳燧與潘凱並劾鄭清之及其黨與，吳燧奏疏稱：「（鄭清之）比及再相，內降穎出，不聞杜衍之封還；大計未定，不聞韓琦之力請。以陳力不能之時，昧知足不辱之戒。丙申之雷，引咎策免，今茲之雷，不聞辭位，是君臣皆以天變爲不足畏矣。臣謂其咎，過於張禹，臣願自比於朱雲，宜俾奉冊就第，而登庸有德望、宦官宮妾不知名者代之。」〔註123〕彈劾鄭清之在國家大事上的不作爲及固位幸寵，請求理宗趁雷變之異象罷黜鄭清之。疏上，二人皆被奪罷言職。給事中董槐因爲二人爲己所薦，於是封還詞頭，上疏求去。牟子才也上疏攻鄭清之而請求留潘、吳二人，不報〔註124〕。監察御史兼崇政殿說書程元鳳也上疏斥鄭清之之罪。〔註125〕鄭清之故舊劉克莊見鄭清之，乞召還二察官，亦未得允，反與鄭清之心生嫌隙與隔閡〔註126〕。吏部尚書兼侍講趙以夫奏留潘、吳、董三人，鄭清之不樂，愬於理宗曰：「侍從之臣以臣方（蔡）京、（王）黼。」理宗於是爲之改遷趙以夫官職〔註127〕。

在受到廷臣疏奏的情況下，鄭清之曾於淳祐十年（1250）十二月壬辰上書乞去，詔不許〔註128〕。其侄孫鄭太原後於淳祐十二年（1252），因傅端、林彬之奏其「公受賄賂，竊取相權，凡所以誤故相者，皆太原之罪」，於是罷其閣職，勒令其歸守鄭清之墓〔註129〕。

3. 與黃師雍交惡

淳祐六年（1246）八月，殿中侍御史章琰、正言李昴英以天變，彈劾知臨安府趙與懃及參知政事兼同知樞密院事陳韡，觸怒理宗，章、李二人被罷言職，與在外差遣〔註130〕。二人去國後，左諫議大夫鄭寀引周坦、葉大有入御史臺，劾權刑部尚書程公許、侍御史江萬里，周坦又攻參知政事吳潛，七年

〔註123〕《劉克莊集箋校》卷一四七《警齋吳侍郎神道碑》，第5796頁。
〔註124〕《癸辛雜識》卷別集下《鄭清之》，第293頁。
〔註125〕《宋史》卷四一八《程元鳳傳》，第12521頁。
〔註126〕《劉克莊集箋校》卷一九四《宋修史侍讀尚書龍圖閣學士正議大夫致仕莆田縣開國伯食邑九百戶贈銀青光祿大夫後村先生劉公行狀》，第7556～7557頁。
〔註127〕《劉克莊集箋校》卷一四二《虛齋資政趙公神道碑》，第5664頁。
〔註128〕《宋史全文》卷三十四《宋理宗四》，第2292頁。
〔註129〕《癸辛雜識》別集下《鄭清之》，第293頁。
〔註130〕《劉克莊集箋校》卷一四六《忠肅陳觀文神道碑》載章、李二人論陳韡事，第5774頁；《宋史》卷四二四《黃師雍傳》又稱所論有趙與，第12659頁。

（1247）七月，吳潛罷參政，出知福州〔註 131〕。鄭寀等三人與趙與𥲅及監察御史陳垓「合爲一」，唯獨監察御史黃師雍不附其人，且獨自彈劾葉閶爲趙與𥲅的心腹之人。黃師雍的不合作態度，招致鄭寀等人的厭惡與排斥，共謀斥去黃師雍。「會大旱求言，應詔者多指寀、坦等爲起災之由，牟子才、李伯玉、盧鉞語尤峻。坦等僞撰匿名書，誣三士」，黃師雍爲三人辯解，稱：「匿名書條令所禁，非公論也，不知何爲至前。」並揭發周坦等人僞撰匿名書的行跡，理宗乃擢黃師雍左司諫〔註 132〕。

七年（1247）八月，因謝方叔、趙汝騰疏其姦邪，鄭寀罷同簽書樞密院事，依舊職與宮觀〔註 133〕。鄭寀罷後，監察御史周坦遂交結右丞相鄭清之，而攻黃師雍，因黃師雍曾論劾鄭清之親故劉用行、魏峴等人，即便黃師雍與鄭清之爲昔日太學同舍，但身爲右丞相的鄭清之依然對此心懷不滿，周坦在鄭清之面前誣譖黃師雍之所以論罷劉、魏二人，「乃去丞相之漸也」。鄭清之由此愈加不滿，理宗本欲將黃師雍改爲侍御史，鄭清之則以辭免丞相爲言以作要挾，理宗乃改遷黃師雍起居舍人兼侍講，黃氏遂力求辭免，最終因周坦劾奏而罷。此後，黃師雍曾以直寶文閣奉祠，監察御史陳垓又唆使同列論奏，寢此除命。直到鄭清之淳祐十一年卒後，黃師雍才得以再次起用〔註 134〕。

4. 高斯得劾趙善瀚等七人

據《宋史·高斯得傳》，高斯得爲浙東提刑日，劾知處州趙善瀚、知台州沈塈等七人「倚勢虐民」，疏上，不報，反改高斯得江西轉運判官。高斯得遂上疏辭免，且辯稱：「臣劾奏趙善瀚等七人，未聞報可，固疑必有黨與營救，惑誤聖聽，今奉恩除，乃知中臣所料。善瀚者，侍御史周坦之婦翁也，贓吏之魁，錮於聖世，鄭清之與之有舊，復與州符。沈塈者，同簽書樞密院事史宅之妻黨也。祖宗以來，未有監司按吏一不施行者，壞法亂紀，未有甚此。臣身爲使者，劾吏不行，反叨易節，若貪榮冒拜，則與世之頑頓無恥者何異？乞併臣鐫罷，以戒奉使無狀者。」高斯得的論奏，儼然揭開了一張巨大而複雜的官僚羣體關係網，以及這張官僚關係網對朝廷綱紀

〔註 131〕《宋史全文》卷三十四《宋理宗四》，第 2278 頁。
〔註 132〕《宋史》卷四二四《黃師雍傳》，第 12659 頁。
〔註 133〕《宋史》卷四二四《黃師雍傳》，第 12659 頁；「與宮觀」據《劉克莊集箋校》卷一六九《樞密鄭公行狀》，第 6566 頁。又，《宋史》卷四二〇《鄭寀傳》稱鄭寀爲監察御史陳求魯論罷，第 12571 頁。
〔註 134〕《宋史》卷四二四《黃師雍傳》，第 12660 頁。

和法制的破壞。此事牽連侍御史周坦與丞相鄭清之、執政史宅之，周坦以自身任職臺諫，反爲地方監司官員所論，自以爲恥，遍求同列共論高斯得未果，乃獨自上章劾斯得運判之任。未幾，周坦罷言職，趙善瀚等七人也罷去〔註135〕。

按，鄭清之淳祐再相時，已不再具有端平初相時的那種聲望與號召，其本人因「年齒衰暮，政歸妻子，而閒廢之人或因緣以賄進」〔註136〕，而招來諸多批評；再加上爲了專寵固位，結交小人，據元人方回所撰左午《家傳》記載：「大閹董宋臣用事，臺諫多出其門，自鄭清之再相，則與周坦、陳求魯、陳垓、蔡榮相表裏，以媚宋臣，以罔理廟。」〔註137〕在朝在野的清流份子，不齒鄭清之勾結宦官與臺諫之行徑，對鄭氏及其親近臺諫直言斥責，羣起攻訐其醜跡惡行，引發了淳祐後期的幾次大的政爭〔註138〕。在政爭中，清流派遭到較多的貶斥，其情形正如牟子才所追憶的：「臣往歲嘗以狂瞽之言告於陛下，同時諸臣亦皆自靖自獻，罔有回隱，凡皆蹙不恤緯，拳拳愛君，初無他腸也。而當時言者周坦、陳垓諸人，從而媒孽排擯之，所不在網中者，惟臣與徐霖、劉夢炎三人而已。」〔註139〕朝廷人才陷於政爭，彼此攻訐不斷，分散和消磨了其治國理政、除弊革新的心志和能力，使理宗自淳祐七年（1247）開始的「丁未更化」百病纏身，振舉乏力，浪費了收攬人心、革新除弊、改善形勢、振舉國勢的寶貴時期，失去了最後的自救機會。至寶祐（1253～1258）以後，理宗本人開始逐漸懈怠政事，更化與中興的銳氣日減，沉溺於聲色等享樂之中，理宗後期的丞相謝方叔、吳潛、董槐、程元鳳等人，已經無力振作以救時弊；而在外，南宋淳祐十一年（1251），蒙哥登蒙古汗位，協調並統一部署了對南宋的全面征伐，南宋邊防壓力趨於嚴峻，內憂外患之下，南宋國勢遂愈益不可爲之了。

〔註135〕《宋史》卷四〇九《高斯得傳》，第12324～12325頁。按，據（宋）鄭瑤等：《景定嚴州續志》卷二《知州題名》載，高斯得淳祐八年六月除浙東提刑，七月十九日去任。《宋元方志叢刊》影印清光緒《浙西村舍匯刊》本，北京：中華書局1989年版，第4361頁。則高斯得論趙善瀚事當在淳祐八年六七月間。

〔註136〕《宋史》卷四一四《鄭清之傳》，第12423頁。

〔註137〕《左史諫草》附錄《左史呂公家傳》，第515頁。

〔註138〕楊宇勛在研究中曾列簡表，展示鄭清之再相時，「鄭清之派」16人，「反鄭派」23人。見楊宇勛：《南宋理宗中、晚期的政爭》，第90頁。

〔註139〕《歷代名臣奏議》卷六十二《治道》錄牟子才奏疏，第860頁。

四、邊防措置：以四川爲中心的考察

　　淳祐中後期，南宋所面臨的邊防軍事壓力有所舒緩，這主要有兩個方面的原因：在外部，蒙古因內部汗位爭奪，牽制了對南宋的大規模征伐，只是在個別地方有零星的衝突；在南宋內部，因端平、嘉熙年間（1234～1240）蒙古軍隊大規模南征的影響，南宋加強了在四川、京湖、兩淮地區的防務，在抗禦蒙軍方面有所進步。

　　蒙古方面，南宋淳祐元年（1241）十一月，蒙古窩闊台汗死，皇后脫列哥那（乃馬眞氏）臨朝稱制，狡黠善權術，親信女巫，籠絡宗親、大臣，專擅國政達五年之久，「自壬寅（1242）以來，法度不一，內外離心，而太宗之政衰矣」〔註140〕。成吉思汗幼弟斡赤斤曾謀奪取汗位，率大軍進逼汗庭，因窩闊台子貴由返回也密立而退兵。南宋淳祐六年（1246）九月，蒙古諸王、大臣召開忽里臺大會，推舉貴由爲大汗，結束了長達五年的汗位懸空局面。但貴由汗在位不足二年，於南宋淳祐八年（1248）三月突然死去，貴由妻斡兀立海迷失攝政，蒙古汗位問題再次凸顯，至南宋淳祐十一年（1251）六月，始共舉蒙哥爲大汗，蒙古內部因汗位而起的爭奪才告一段落〔註141〕。蒙哥即位後，開始部署並實施對南宋的全面征伐。因此，相較於窩闊台汗時期（南宋紹定二年至淳祐元年，1229～1241）和蒙哥汗時期（南宋淳祐十一年至開慶元年，1251～1259）蒙古對南宋的大規模軍事征伐，淳祐年間的宋蒙戰事相對較少，規模不大，雙方總體處於相持局面，南宋得以有效部署在四川、京湖、兩淮地區的防務。

　　得益於蒙古內部的權力爭奪及由此帶來的對宋軍事行動的減弱，南宋在淳祐年間得以加強邊防措置，取得了積極成效。本節以余玠治理四川爲中心，予以考察。

　　鄭清之端平三年（1236）罷相後，至淳祐七年（1247）再相前，四川局勢發生了重大變化。早在寶慶、紹定年間（1225～1233），宋蒙之間在四川就曾有過軍事衝突，蒙古並對南宋四川有過如「丁亥（南宋寶慶三年，1227）之變」、「辛卯（南宋紹定四年，1231）之變」的嚴重襲擾和破壞，

〔註140〕（明）宋濂等：《元史》卷二《太宗紀》，北京：中華書局點校本1976年版，第40頁。

〔註141〕關於蒙古前期的汗位爭奪，可參閱韓儒林主編：《元朝史》，人民出版社2008年版，第177～183頁；周良霄、顧菊英著：《元史》，上海：上海人民出版社2003年版，第217～227頁。

表明尚處於對金作戰中的蒙古對四川乃至整個南宋所抱有的企圖與野心，南宋因此對蒙古滋生防範、怯懼與防範〔註142〕。端平元年（1234），南宋收復三京及河南地的軍事行動失敗以後，在整個端平、嘉熙年間（1234～1240），蒙古對南宋進行了持續的、全面的攻伐，南宋在四川、京湖、兩淮三大戰場處處受敵、殊力抵抗的同時，也積累了與蒙軍作戰與進行防禦的經驗。因此，藉助淳祐時期宋蒙之間戰事較少的便利機遇，南宋加強了對三大戰區的防禦措置，取得了一些積極效果。就四川地區的防務而言，因南宋朝廷先後重用孟珙、余玠這兩位傑出的軍事人才治理四川，而尤著績效。孟珙雖早在淳祐三年（1243）以解夔路制置大使事而離川，但其在蜀經營期間，強化四川邊防力量，穩定內外局勢，改革軍政積弊，注意涵養人才，扭轉了四川地區在宋蒙戰爭初期的頹勢和不利局面，為後來余玠守蜀奠定了基礎〔註143〕。

淳祐二年（1242）六月，鑒於此前多數四川帥臣「或老或暫，或庸或貪，或慘或繆，或遙領而不至，或開隙而各謀」，以致出現「東、西川無復統律，遺民咸不聊生，監司、戎帥各專號令，擅闢守宰，蕩無紀綱，蜀日益壞」〔註144〕的局面，南宋調曾在淮東戰場屢建戰功的淮東制置副使余玠為四川宣諭使，「事干機速，許同制臣共議措置，先行後奏，仍給金字符、黃榜各十，以備招撫」〔註145〕。理宗諭稱：「當為四蜀經久之謀，勿為一時支吾之計。」余玠亦表示「當手挈全蜀還本朝，其功日月可冀」。十二月，又改余玠為四川安撫制置使、兼知重慶府、兼四川總領、兼夔路轉運使，「任責全蜀，應軍行調度，權許便宜施行」，賦予其相當的處置權力〔註146〕。

自淳祐二年（1242）受命入蜀，至寶祐元年（1253）七月受讒而死，余玠經營四川達十二年之久，「大革敝政，遴選守宰」〔註147〕，「務以撥亂反正、安內禦外為己任」，「爰方振旅以起積懦，轉戰逆擊以去積畏，戢饕屏黷以洗

〔註142〕張金嶺：《宋理宗研究》，第86頁。

〔註143〕關於孟珙經營四川、抗禦蒙古的研究頗多，如黃寬重：《孟珙年譜》，收入氏著：《南宋史研究集》，第31～88頁；黃寬重：《孟珙與四川》，收入氏著：《南宋軍政與文獻探索》，臺北：新文豐出版公司1990年版，第163～182頁。

〔註144〕《宋史》卷四一六《余玠傳》，第12469頁。

〔註145〕《宋史》卷四十二《理宗二》，第823～824頁。

〔註146〕《宋史》卷四一六《余玠傳》，第12469頁；《宋史全文》卷三十三《宋理宗三》，第2246～2247、2248頁。

〔註147〕《宋史》卷四一六《余玠傳》，第12469頁。

積貪，鋤強剪兇以除積橫，安流定離以弭積驚，登鴻用碩以變積浮」〔註148〕，使四川的氣象和面貌爲之一新。更重要的是，在播州人冉璡、冉璞兄弟的建議下，余玠利用四川的天然地理環境，在山水險要之地築城建寨，「因山爲壘，棋布星分，爲諸郡治所；屯兵積糧，爲必守計」，又挪移金州、沔州、興元、利州都統司治所，使其各自負責一地防務，既相互獨立，又相互應援。經過數年努力，構建起由青居、大獲、釣魚、雲頂等二十座山城〔註149〕組成的易守難攻、嚴密結合、彼此聲援的戰略防禦體系，「如臂使指，氣勢聯絡」，大大加強了整體的防禦能力〔註150〕。此外，余玠還大力發展屯田，保障軍餉等各種支出；減輕賦稅勞役，使民力得到休息和恢復；減輕商稅，促進商業發展，「蜀以富實」〔註151〕。經過多年治理，四川的形勢得到穩定和發展，「軍得守而戰，民安業而耕，士有處而學」〔註152〕，出現了幾十年間少有的大好局面。

四川內部形勢的好轉，也促進了對蒙戰爭局面的改善，淳祐四年（1244）正月，樞密院上言稱：「四川帥臣余玠，大小三十六戰，多有勞效。」〔註153〕此後，得益於業已建立的山城防禦體系，打退了淳祐六年蒙軍的四道進攻；在淳祐十年（1250）十月，余玠還率師北伐，發起過對蒙軍的主動攻擊，圍困蒙軍入蜀的重要基地興元府，雖然未能收復興元，卻極大地振奮了巴蜀軍民對蒙作戰的士氣〔註154〕。

余玠在四川的治理，得到了理宗及帶有主戰色彩的丞相鄭清之的支持，理宗對余玠的支持自不待言，作爲丞相的鄭清之亦曾積極鼓勵余玠出師北

〔註148〕（宋）陽枋：《字溪集》卷八《余大使祠堂記》，影印文津閣《四庫全書》第395冊，北京：商務印書館2005年版，第362頁。

〔註149〕陳世松等著：《宋元戰爭史》，成都：四川省社會科學院出版社1988年版，第74～75頁。

〔註150〕《宋史》卷四一六《余玠傳》，第12470～12471頁。張金嶺分析了這種山城防禦體系的特點和優點，認爲其在宋蒙（元）戰爭中發揮了很大的作用，「無疑是中國古代戰爭史的奇蹟」。見氏著：《宋理宗研究》，第141～142頁。

〔註151〕（明）李賢等撰：《明一統志》卷六十九《重慶府‧名宦‧余玠》，影印文津閣《四庫全書》第161冊，北京：商務印書館2005年版，第590頁。《宋史》卷四一六《余玠傳》，第12471頁。

〔註152〕《字溪集》卷八《余大使祠堂記》，第362頁。

〔註153〕《宋史》卷四十三《理宗三》，第829頁。

〔註154〕參考裴一璞：《南宋余玠出師興元府之役考論》，載《宜賓學院學報》2009年第5期，第50～53頁。

伐，收復川陝失地，在給余玠的書信中猶稱：「老夫只候此著，爲退身計。」
〔註155〕觀鄭清之此意，似是希望藉助余玠在四川建立軍功，完成收復志願，
以作爲自身辭免職事之端由；或純是鼓勵余玠在四川建立功勳，以爲慰懷之
語。無論究屬何種情況，其對余氏在四川的措置與治理均稱得上推力。淳祐
十年（1250）十一月的詔書中稱：「（余玠）任四蜀安危之寄，著八年經理之
功，敵不近邊，歲則大稔。既浸還於舊觀，將益楙於遠圖。」〔註156〕即是對
余玠任責邊閫、苦心治蜀忠心與成效的肯定。元人修《宋史》時，也承認余
玠對四川的治理「自寶慶以來，蜀閫未有能及之者」〔註157〕。

　　淳祐十一年（1251）十一月，在南宋朝堂中支持余玠經營四川的左丞相
兼樞密使鄭清之去世，余玠失去了在朝中的最大奧援；又因在統制姚世安舉
任都統制一事上與姚氏產生矛盾，後者遂交結朝中謝方叔之子姪，祈求此時
已經繼鄭清之爲相的謝氏爲助力，以抗衡余玠。左丞相謝方叔或因與鄭清之
在朝廷政事上的舊有矛盾，欲借余玠之過失反對乃至否定鄭清之的淳祐相
業，故而在理宗面前進言奏論余玠，謂：「玠失利戎之心，非我調停，且旦夕
有變。」又唆使姚世安等人不斷向理宗捏造和誇大余玠的缺點〔註158〕。此外，
有記載稱，余玠治蜀日久，事得專制，「浸以驕恣」，「每交結權要及中外用事
者，奏牘詞氣悖慢，示敢專制之狀」，「久假便宜之權，不顧嫌疑，昧於勇退，
遂來讒賊之口；而又置機捕官，雖足以廉得事情，然寄耳目於臺小，虛實相
半，故人多懷疑懼」〔註159〕。這些無疑引起了理宗和在朝臣僚的疑慮。在支
持余玠的鄭清之逝後，廷臣中能夠爲余玠辯護的力量和聲音漸漸式微，理宗
對余氏的態度逐漸發生變化，參知政事徐清叟因而上奏稱：「余玠不知事君之
禮，陛下何不出其不意而召之？」理宗未答，徐氏又奏稱：「陛下豈以玠握大
權，召之或不至耶？臣度玠素失士心，必不敢。」理宗由此下定決心召還余
玠〔註160〕。寶祐元年（1253）五月，召余玠赴闕，余氏聞之不自安，一夕暴
卒，「蜀之人莫不悲慕如失父母」〔註161〕。余玠之後，主理蜀政的余晦，「素

〔註155〕　《錢塘遺事》卷三《余樵隱》，第 68 頁。
〔註156〕　《宋史全文》卷三十四《宋理宗四》，第 2291 頁。
〔註157〕　《宋史》卷四一六《余玠傳》，第 12473 頁。
〔註158〕　《宋史》卷四一六《余玠傳》，第 12472 頁。
〔註159〕　《宋史》卷四一六《余玠傳》，第 12473 頁。
〔註160〕　《錢塘遺事》卷三《余樵隱》，第 69 頁；《宋史》卷四一六《余玠傳》，第 12473
　　　　　頁；《宋季三朝政要箋證》卷二，第 190、201 頁。
〔註161〕　《宋史》卷四一六《余玠傳》，第 12472 頁。

無行檢，輕儇浮薄，不敢任重」〔註162〕，「才望既薄，局面又生，蜀士軍民皆不安之」，隆慶、閬州、沔州或叛或降〔註163〕，四川的局勢很快又變得嚴峻起來。

　　淳祐中後期，由於蒙古內部汗位問題的糾葛與紛爭，蒙古諸部的注意力被極大地牽引至內部勢力與權益的衡量與劃分，對南宋的軍事行動相對較少，在四川、京湖、兩淮三大戰區只有零星的小規模的衝突。南宋內部，經過了端平、嘉熙親政實踐的宋理宗，其治政理念進一步明晰，治政能力得到了鍛鍊和提高，在淳祐年間繼續推行並深化內外的變革，在處理對蒙關係時，一改喬行簡、史嵩之等人的主和立場，起用主戰的鄭清之、趙葵等人入朝輔治，在邊疆防務上，藉助蒙古軍事征伐減弱的有利時機，任用趙葵、孟珙、余玠、李曾伯、杜杲、呂文德等一批均有較高軍事和地方治理能力的帥臣，加強軍事整頓和邊防治理，修軍飭武，積聚戰備，強化了對蒙防禦作戰的能力，在此後的宋蒙戰爭中起到了積極作用和影響。

五、淳祐再相評議

　　淳祐再相的鄭清之，與端平初相時「慨然以天下為己任，推忱布公，知無不為」的積極姿態不同，而是多次辭免職任，抱持一種「謙遜」的立場和態度，以致在政事處理上難有發明，體現出一種「修補」的色彩，滿足於對所發現的個性意義上的時弊與缺陷進行處理與補救，而難以在機制、制度層面加以完全意義上的根本性變革。內政方面，鄭清之在佐君、人事、吏治、財政方面的整頓和治理，雖然有所成就，但整體上還顯得較為審慎和保守，並未脫離端平治政的窠臼，相比端平時期的更化、治理措施與理念，反而有所收縮與退化；而族子干政、引用姦邪、交結臺諫與內侍等行為與現象的出現，導致朝野清議份子對鄭清之及其親信展開了持久的批評與攻擊，鄭清之利用所舉引的臺諫對清議份子進行指訴和論劾，由此引發淳祐晚期幾次範圍較大和影響消極的政爭，不僅加劇了作為丞相的鄭清之與朝中其他政治集團的隔閡與鬥爭，而且使理宗召用鄭清之再相以圖更化的努力黯然失色。外事方面，得益於這一時期蒙古內部的兩次汗位爭奪及由此帶來的蒙古各部對勢力與利益的競爭與博弈，從而減弱了對南宋軍事行動的規模和力度，南宋得

〔註162〕《錢塘遺事》卷三《余晦》，第69～70頁。
〔註163〕《癸辛雜識》別集卷下《余玠》，第296頁。

以籌劃並部署在四川、京湖、兩淮三大戰區的軍事防禦力量，持有主戰立場的丞相鄭清之、趙葵等人，先後選拔和任用趙葵、孟珙、余玠、李曾伯、杜杲、呂文德等一批均有較高軍事指揮能力和地方治理能力的帥臣負責戰區與戰略要地的防務，強化防禦力量，取得了較爲明顯的成就，爲寶祐以後南宋抗蒙戰爭的維持與進行打下了基礎。

淳祐七年再相的鄭清之，已經年暮力衰，對國事的建言和處理不能再如端平年間那樣能謀善斷，並且因端平元年（1234）力主出師收復三京及河南地這一軍事冒險的潰敗，及由此招致蒙古對南宋的大規模軍事行動，而飽受非議與批評，在其再相之時，就有人痛罵其「端平敗相，何堪再壞天下？」〔註164〕其人望與聲譽大受損害；此時，業已親政十餘年的理宗，素來抱有中興宋室的宏偉願望，其治政理念逐漸走向成熟，對國家內外軍政事務的治理也較爲熱心，並因前此權相史彌遠專擅威權的歷史之鑒，注意在制度和人事上壓縮與分割相權，親擢臺諫以牽制宰執尤其是丞相的權力運行，以強化並獨尊君權，由此造成嘉熙、淳祐年間爲相的喬行簡、李宗勉、范鍾、杜範、游似等人既昧於治事，又有力不從心之歎，未能繼續鄭清之端平爲相時的改革、更化勢頭，對已經取得的改革成果未能維持。淳祐七年（1247）再相的鄭清之，雖有理宗從龍勳臣、潛邸舊學、經筵講讀的身份，並因支持並參與史彌遠扶持、策立理宗的政治運作，而與理宗之間所具有的親密關係，以及端平初相時對理宗的盡心輔佐和堅定支持，儘管依舊享有理宗的眷寵和恩渥，但仍不能對親政十餘年之後的理宗「赫然獨斷」的君權產生任何引致抑或控制的作用，儘管在事實上居於獨相的地位，其實際政治作爲的空間和權限已大不如前；另一方面，淳祐中後期的人材匱乏和人心不齊也給欲望繼續推行更化、有所作爲的宋理宗、鄭清之君臣帶來相當的阻礙，而在朝之人，因在國是、人事、學術等問題上的異議與衝突，始終不能擺脫出於門派私計的黨爭，彼此紛爭交訟，相互攻訐，既牽制和弱化了執事羣體智慧與才能的發揮，也使朝廷內外政務壅塞遲誤、拖延跌宕，大大降低了行政效率和應對能力，使得更化革新的成效並不如預期中的那樣顯著，反而使積弊日甚，終至不可挽回。

〔註164〕 （清）吳之振：《宋詩鈔》卷九十八《鄭震清雋集鈔》鄭震語，影印文津閣《四庫全書》第 489 冊，北京：商務印書館 2005 年版，第 323 頁。

第三節　鄭清之之死

　　淳祐十一年（1251）十一月丁酉（十二日），七十六歲的左丞相兼樞密使鄭清之在上朝奏事後，「退感寒疾」，因此屢屢上疏乞求辭免，理宗不得已允之，拜太傅、保寧軍節度使，充醴泉觀使，進封齊國公，仍奉朝請。數日後，鄭清之寒疾加劇，力請致仕，乃拜太師、保寧昭慶軍節度使，依前齊國公致仕，是月甲辰（十九日），鄭清之薨。

　　鄭清之死後，理宗為之輟朝三日，御筆贈其尚書令，追封魏郡王，並賜謚「忠定」。兩年後，寶祐元年（1253）九月戊子，詔：「鄭清之舊學云亡，朕切念之。遠日有期，可令慶元府裏葬，從其厚。」〔註165〕十一月，其孫大有等人將其歸葬於鄞縣豐樂鄉東山原〔註166〕。又十年後，景定四年（1263），劉克莊受鄭清之遺孀謝夫人所託，為鄭清之作《丞相忠定鄭公行狀》〔註167〕。

　　鄭清之死時，理宗親政已近二十年，其間幾度推行更化，力圖紓解統治危機，再造中興局面，表現出積極進取的統治意志。兩度入相的鄭清之，積極協助理宗推行更化，在朝廷人事、政制、經濟、財政、軍事、科舉等政務上作出積極努力，然而更化的實效未如人意，更未能根本挽回自權相史彌遠長期專擅以來所持續表現出來的頹勢，使南宋內部形勢有所緩和；對外堅決主戰，倡言恢復，聯合北方新興的政治勢力蒙古，滅亡金國，一雪百年國恥，但終因端平三年收復三京及河南地的潰敗和由此招啓的蒙古對南宋的大規模軍事征伐而受到朝野上下的非議與批評，乃至一度去位；此後雖因其與理宗之間的因緣際會淵源和南宋內部形勢發展的需要而再次入相，但淳祐年間的朝廷政治局勢與人事環境已然發生變化，鄭清之的再相，並未能產生如昔的除弊革新、振舉朝政與振奮人心的作用，其對內外政事的治理，難有發明，未能擺脫端平治政的舊有框架和窠臼，反而有所收縮與退化，而表現出一種明顯的「修補」色彩。

　　鄭清之死後，給事中趙汝騰在淳祐十二年（1252）六月的內引召對中評論理宗親政以來的治政，稱：「端平甲午（按，端平元年，1234），乃陛下明德新民第一機也，不幸清之復以恩舊相，不學無術，無以上佐陛下之末光，

〔註165〕《宋史全文》卷三十四《宋理宗四》，第2308頁。標點有改動。
〔註166〕胡昭曦曾考訂了關於鄭清之死後身葬之地的四種說法，認為其歸葬鄞縣的說法「是清楚而確實的」。見胡昭曦：《晚宋名相鄭清之考論》，第558～560頁。
〔註167〕《劉克莊集箋校》卷一七〇《丞相忠定鄭公行狀》，第6592、6595頁。

而更用彌遠故智，進邪說以蠱陛下。方陛下銳於與士夫更始，彼乃蠱以藏疾匿瑕之說；陛下思保金甌，彼乃蠱以耀武開邊之說；陛下爲天下守藏，彼乃蠱以損下益上之說。……迨其翔集河洛之師，一舉而大敗矣，……使陛下不收端平更化之功者，清之誤陛下也。」又稱：「清之再相，庸轉而謬，其徒又皆寡廉鮮恥，識慮不遠，更羽翼其惡，至謂之空諸賢、空士類，當是時，凶德參會，賄道盛行，奐班華列，率以錢神，秉節持麾，預議價直。突未及黔，相府遣蒼頭奴索逋矣。使清之更無惡，一貪相扇中外放效，黎元何辜，宗社事可知矣。」並稱鄭清之之死，「是又天錫陛下以明德新民第三機矣」〔註168〕。趙汝騰的批評或許過於偏隘和苛刻地否定鄭清之，但也由此可知在鄭清之死後，朝廷中對鄭清之的批評依然嚴厲，將其視爲誤國罪臣。

事實上，鄭清之死後，繼任丞相謝方叔與吳潛不相協和，「纖芥之隙不杜，佩劍之風浸成，讒人交亂其間，將之不可復合」，「大臣每事蓄縮逆畏」〔註169〕，吳潛不久即被排擠罷相，才能平平、庸碌無爲的謝方叔獨相，困於權臣閹宦，對朝廷政事無所補益，最後也因權宦的攻擊和排擠而去位。端平至淳祐之間近二十年的更化與革新的舉措於是變得後繼乏力。更重要的是，寶祐以後，理宗逐漸怠政荒政，親任姦佞，疏遠賢士，趙汝騰所論稱的鄭清之死後理宗所遭遇的「明德新民第三機」，同樣未受重視、未得實效，並未能抓住機遇革新除弊，國家的內外局勢反而急劇惡化。

鄭清之去世時，南宋所面臨的內外局勢正在發生變化。就內部而言，一大批賢臣正士漸漸物故，朝廷可資任用的文武人材漸漸凋零；親政已久的宋理宗漸漸怠政，不再如親政前期那樣勤勉國事，貪圖享受，驕奢淫逸，親信讒佞，再加上寶祐以後，朝廷姦佞當道，弄權擅政，「公道晦蝕，私意橫流，仁賢空虛，名節喪敗，忠嘉絕響，諛佞成風」〔註170〕，朝廷政局日趨於昏亂，而不可收拾〔註171〕。就外部而言，南宋淳祐十一年（1251），蒙古蒙哥繼汗位以後，蒙古內部各勢力的汗位爭奪告一段落，蒙哥汗遂重新部署對南宋的軍

〔註168〕《庸齋集》卷四《內引第一箚（壬子六月三日，以春官夕郎召對）》，影印文津閣《四庫全書》第394冊，第663頁。

〔註169〕《恥堂存稿》卷一《直前奏事（淳祐十二年七月，時以秘書少監兼侍立官）》，影印文津閣《四庫全書》第395冊，第4頁。

〔註170〕《宋史》卷四一八《吳潛傳》，第12519頁。

〔註171〕張金嶺詳細考論了寶祐以後理宗昏庸怠政、嗜欲享樂以及姦佞弄權擅政的表現，並探究了這一變化歷史和現實原因。參見氏著：《宋理宗研究》，第154～174頁。

事攻略行動，由忽必烈繞道西南，遠征大理，實現圖謀已久的「斡腹之謀」；此外，蒙古在京湖戰場向南宋採取積極攻勢，又在西起四川、東至兩淮之間的邊境修築城池寨堡，部署重兵，實施屯田，積極準備對南宋的軍事行動〔註172〕。南宋所面臨的外部形勢逐漸嚴峻，生存壓力逐漸加重。內外形勢對比之下，南宋國勢日漸堪憂。

〔註172〕《宋理宗研究》，第174～179頁。

第六章　鄭清之的親族與交遊

　　本節考察鄭清之個人的親族關係和交遊情況，限於存世史料的闕乏，尤其鄭清之文集的亡佚，浮萍點水，淺嘗輒止，僅僅能作一初步的描述性的研究。在交遊情況的考察中，幸有所親近士人如劉克莊等，其文集保存較好，提供了較為豐富的文字記載，故而可以以個案的形式，對鄭清之作一側面考察。可以窺探的有限的鄭清之的交遊記載，大多屬於一般文人雅士意義上的往來，但也受到鄭清之政治地位及朝野局勢變化的影響，鄭清之為相期間的一些不公不法、闕政害國和政爭行為，也招致包括親友故交在內的眾多批評和攻擊，損害乃至終止其與士人的良好交遊關係。

第一節　家庭與親族

一、家庭

　　鄭清之妻謝氏，因鄭清之故，封魏衛國夫人〔註1〕，其家世不詳，故鄭清之與其妻族的關係無考。淳祐十一年（1251）十一月，鄭清之去世。清之子士昌先於清之六年而卒，其妻族無考；鄭清之孫輩中，鄭大有曾授軍器少監，鄭大節曾以直寶章閣添差沿海制置司參議官〔註2〕，其婚姻關係無考。有一

〔註1〕《劉克莊集箋校》卷一七○《丞相忠定鄭公行狀》，第 6592 頁。
〔註2〕《劉克莊集箋校》卷七十《鄭大有除軍器少監制》、《鄭大節升直寶章閣添差沿海制置司參議官制》，第 3252～3253 頁。

女，適四明史氏家族中的史望之。按，史望之爲史彌忞之子，理宗紹定二年（1229）黃樸榜進士〔註3〕，曾官朝散郎，淳祐七年（1247）通判嚴州，八年十一月除宗正寺簿〔註4〕，歷官大理少卿〔註5〕。劉克莊在所撰鄭清之《行狀》中又稱：「（鄭清之）莫親於婿，而史倩生前止倅貳，需次徽守，公不欲使倩領郡，改奉祠釐。」則鄭清之尚另有一女適史倩。按，史倩無考，未知其情實如何。

鄭清之與史氏的機緣、關係，或許由鄭清之之女與史氏子弟的婚配而得以展開，事實上，這樣的聯姻在四明各家族間亦屬常事，其目的是藉由婚姻、人際關係等的展開，奠定並積累堅實的人脈關係和豐富的社會資源，使單個或多個家族步入穩定、持續發展的軌道〔註6〕。但鄭清之婿輩史望之、史倩二人，在史氏一族中並非顯赫有望之人，自然對鄭清之及鄭氏一族的發展助力有限。鄭清之與史氏家族的交往，更多的是源於其參與並支持了史彌遠扶持、策立理宗的政治運作，因此得到史彌遠的信任與賞識，在史彌遠後繼位爲相，故而對史氏一族當有所親近。紹定六年（1233）十月，史彌遠薨，理宗親政後，在「保全史氏」這一問題上，鄭清之與理宗之間保持了默契與一致，故而其與史氏家族大多數人保持較爲良好的關係。惜鄭氏所留文墨稀少，未能詳細窺見其情事。

二、親族

鄭清之有兄名沖之，後贈中大夫。沖之娶四明人邊友益之女爲妻，後被封爲碩人〔註7〕。邊氏另有一女，適四明袁氏之袁燮，故鄭氏與袁氏有遠親。袁燮曾爲清之取字「德源」，寄託並勉勵鄭清之篤志於「純粹不雜，天之所與

〔註3〕 《寶慶四明志》卷十《郡志十・敍人下・進士》，第 5121 頁。
〔註4〕 《景定嚴州續志》卷二《通判題名・史望之》，第 4362 頁。
〔註5〕 《劉克莊集箋校》卷一七〇《丞相忠定鄭公行狀》稱：「（鄭清之）女一人，特封碩人，適故朝散郎大理少卿史望之。」第 6592 頁。
〔註6〕 宋史學者對家族史的研究成果豐富，就四明家族而言，涉及家族間婚姻關係的，如黃寬重對樓氏婚姻圈的考察，見氏著：《宋代的家族與社會》，臺北：東大圖書出版公司 2006 年版，第 103～136 頁。
〔註7〕 （元）虞集：《道園類稿》卷四九《鄭夫人墓誌銘》，影印明初覆刊元撫州路學刊本，《元人文集珍本叢刊》第六冊，臺北：新文豐出版公司 1985 年版，第 430 頁。

也。萬善皆由是出，故謂之源」的人格與道德追求〔註8〕。嘉定十年鄭清之參加科舉，袁燮爲知舉，鄭清之因私親緣故而試別頭〔註9〕。

　　鄭氏科舉中第，旋即除峽州教授而出外，雖自嘉定十四年（1221）十二月後即仕於臨安，但官卑位微，至嘉定十六年才因緣發跡。惜袁燮卒於嘉定十七年（1224），此時鄭清之已附麗史彌遠。袁燮與史彌遠之間因對金和戰問題產生對立，袁氏乃對史彌遠及其黨羽的主和立場予以痛斥，乃至因不滿史氏黨附、工部尚書胡榘主和所言，而欲以笏當廷擊打胡氏〔註10〕。四明袁氏與史氏因政見歧異而衍生對立，彼此攻擊不斷〔註11〕，鄭清之與袁燮乃至四明袁氏之間的交往或因此受限，難有深交。

第二節　交遊士人

一、與士人之交遊

　　本節考察鄭清之與士人的交遊情況，設立以下三個條件：其一，以詩文唱和、仕宦薦引、贈物、贈言、贈別、一時興發等類型的活動爲載體和媒介的一般交往，列入此表；其二，與鄭清之在朝廷政治、軍事事務上有過交集，而在前此正文中有所關涉和說明的人物，如史彌遠、眞德秀、魏了翁、趙葵、趙范、程公許等，以及因朝廷政事對鄭清之有所論奏之言官，前此正文中已有述及者，如吳昌裔、杜範、潘凱、吳燧等，不予列表說明；其三，與鄭清之交往密切，或前後關係有所變化的，如應繇、劉克莊、趙以夫等人，不入此表，而以專文在後論述。又，限於所見史料，表中所列交遊人物不無疏漏，故言「部分」。

〔註8〕　（宋）袁燮：《絜齋集》卷七《鄭德源字說》，《叢書集成初編》第 2028 冊，北京：中華書局 1985 年版，第 103 頁。
〔註9〕　《齊東野語》卷八《鄭安晚前識》，第 144 頁。
〔註10〕　（清）厲鶚輯撰：《宋詩紀事》卷九十六《送袁侍郎》詩引《白獺髓》，上海：上海古籍出版社標點本 1983 年版，第 2294 頁。
〔註11〕　參考黃寬重：《政策・對策：宋代政治史探索》，臺北：中央研究院、聯經出版公司 2012 年版，第 144～149 頁。

表三：鄭清之與士人交遊表（部分）

序數	人物	內容	引證	史料來源（附卷數／頁碼〔註12〕）	備註
1	陳總屬	贈言	自是君平忠孝在，其如曼倩滑稽多。	《贈談命陳總屬》（34622）	未知其人。
2	黃制屬	偕遊；勸勉	素喜堂中無偃月，竭來寺裏作穿雲。／鹽虎玉龍莊語在，願光遠業瑞昌時。	《辛丑仲春同黃制屬自延壽雨過禪寂》（34628）、《和德夫治中林宗論雪詩簡黃制卿》（34630）	辛丑為淳祐元年。黃制屬當爲沿海制置司屬官。疑爲黃載。按，黃載嘉熙二年因趙以夫授知慶元府兼沿海制置副使，來鄞爲闊屬，即沿海制置司屬官。
3	姚提幹	送別	修潔以博習，秀美而有文。……觀子所植立，眞能張吾軍。	《送姚提幹行》（34629）	未知其人。
4	鄭制幹／鄭德言	借居；詩文唱和；佛像題贊；	孟嘗幸舍非吾事，徒愧荀林爲送孥。／頗容滑稽叟，來簏堂上燭。猶能辨絲簧，	《和鄭制幹遷居》、《和鄭制幹謝借居且惠朋樽醉螯詩》（34649）、《鄭德言暫館於別墅》（34648）、《鄭德言親睹洛伽觀音相遂以所見繪畫朝夕嚴奉	據劉克莊《鄭德言墓誌銘》，鄭俁（1196～1251），初名酒甫，字德言，號村邊，端平二年進士，闊沿江制置司主管機宜文

〔註12〕 表中詩文，除明確注釋外，均引自《全宋詩》卷二八九八至卷二九○六《鄭清之》，所附數字即爲該書之頁碼。

序數	人物	內　容	引　證	史料來源 （附卷數／頁碼） 〔註12〕	備　註
			漸近不如竹。／花珠自慚非獨樂，杼機聊喜聽鄰牆。／稽首圓通尊，茲念無起滅。	且求贊語敬體其旁》（34655）	字，除戶部架閣，數月，以風聞去〔註13〕。
5	趙大監	吟梅唱和	亭亭玉梅端煙曉，愛日香浮綵衣色。自然雅韻出天姿，芝蘭那肯羨玄石。	《和趙大監知宗韻》（34634）	即趙以夫〔註14〕。
6	趙靜樂	吟梅唱和；勸學唱和	靜樂先生大雅韻，	《和趙靜樂梅韻》、《再和靜樂》、	即趙善湘〔註15〕。

〔註13〕　《劉克莊集箋校》卷一五四《鄭德言墓誌銘》，第 6074～6076 頁。該銘文又稱：「（鄭德言）未第時，安晚鄭公一見器重，遂客光範。及官甬東，鄭公方幅巾歸第，門下客皆散去，惟德言過從益密。論文聯句，宮動商應。鄭公每曰：『從我於寂寞者，惟德言一人耳！』」第 6076 頁。又，是書卷一二九《與鄭丞相書》之六稱：「近鄭幹德言歸，居相鄰，日相過，能言大丞相先生（按，指鄭清之）心甚安，體甚康，趣味益深，願力益弘。」（第 5234 頁）則鄭德言與清之交遊密切，亦可知矣。

〔註14〕　按，《寶慶四明志》卷一《郡志一·郡守·國朝·趙以夫》載：「嘉熙二年三月二十五日，以朝奉大夫、守宗正少卿兼樞密副都承旨除右文殿修撰、樞密都承旨兼知慶元府、主管沿海制置司公事，四月十九日朝辭，除集英殿修撰、知慶元府兼沿海制置副使。閏四月初二日到任。……四年……十月十七日，準省劄，交割與通判張公亮，日下前來供職。二十二日，交割離任。」第 5007 頁。

〔註15〕　按，（宋）俞文豹：《吹劍錄全編》載：「紹定間，趙靜樂善湘留守建康。」（張宗祥校訂，上海：古典文學出版社 1958 年版，第 114 頁）則「靜樂」或為善湘之字號。考《景定建康志》卷一《行宮留守·趙善湘》載：「寶慶三年二月，

序數	人 物	內 容	引 證	史料來源（附卷數／頁碼〔註12〕）	備 註
			始信清名不虛得。／仕學優於服田力，公儀之家廢葵織。詩書爲府道德林，樂在藏修泊游息。	《靜樂用元韻爲勸學之什再和》、《再和梅韻》、《再和勸學韻》（34634～34636）	
7	黃載〔註16〕	因病感慨；共飲唱和；贈別；送別誡勉	一病一衰秋後雨，孰言之武老能爲。事業鏤冰	《病後和黃玉泉韻》、《再和前韻》（34628～34629）、《謝玉泉君黃伯厚和韻》（34639）	鄭清之曾自敘與黃載的結識與交遊：紹定閩寇平，上功省府，黃伯厚

以中奉大夫、安撫使兼行宮留守司公事。」（第 13 頁）又，《宋史》卷四一三《趙善湘傳》稱：「進寶章閣待制、沿海制置使兼知建康府、江東安撫使兼主管行宮留守司公事。……紹定元年，……進龍圖閣待制，仍任，兼江東轉運副使。三年，進煥章閣直學士，仍任。」（第 12401 頁）則善湘在寶慶、紹定確曾留守建康。又，《寶慶四明志》卷一《郡志一·郡守·國朝·趙善湘》載：「以資政殿大學士、銀青光祿大夫、提舉臨安府洞霄宮除四川宣撫使、兼知成都府，……辭免，間於嘉熙二年三月十三日，准入內內侍省遞到御前金字碑，奉御筆，依舊資政殿大學士、除沿海制置使，時暫兼知慶元府，於三月十八日交割。當月二十五日，準省箚，三省同奉御筆，依元降指揮，疾速前來奏事。在任，準三月二十五日聖旨指揮，依舊資政殿大學士、銀青光祿大夫、知紹興府、浙東安撫，已於當年閏四月初二日交割。」（第 5007 頁）則善湘在紹定六年至嘉熙二年，以宮觀與暫兼知慶元府在明州，故而能與鄭清之有所唱和。

〔註16〕按，《安晚堂集》卷十有詩《紹定閩寇平上功省府……贈以君莫愁之歌》，詩題中有「黃伯厚」，自註曰「載」。（第 248 頁）又據（元）劉壎：《隱居通議》卷九《蠟社歌餘》：「《蠟社歌餘》者，吾鄉詩人黃伯厚載詩集也。伯厚自號玉泉，爲京西提刑寶章朱公夢吉之壻，以詩得名於嘉熙淳祐間，受知於丞相鄭忠獻（按，當作定）公清之，仕至廣東兵鈐以卒。」（《叢書集成初編》第 213冊，北京：中華書局 1985 年版，第 104 頁）按，劉壎（1240～1319），字起潛，江西南豐人。有《水雲村稿》十五卷、《隱居通議》三十一卷。則黃伯厚爲南豐人矣。黃集中有《陪侍丞相安晚先生宿覺際寺夜遇大風可畏遂賦大篇》。

序數	人物	內　容	引　證	史料來源 （附卷數／頁碼 〔註12〕）	備　註
			何所有，之乎者也矣焉哉。／居然得良朋，清辭瀉壺玉。飲興非有期，衣曬寧免俗。／荻花江月正佳耳，青衫浪泣琵琶舟。得時失據自甘苦，姑置是事天夢夢。／一洗萬古貪，涌雪歸東溟。夫君素潔己，贈以貪泉銘。	、《再和戲黃玉泉》（34641）、《紹定閩寇平上功省府黃伯厚（載）與焉……赴調行在所，贈以君莫愁之歌〔註17〕》（34645）、《送黃伯厚入廣》（34662）	（載）與焉。余時在政事堂，趙用甫（按，即趙以夫）掾西曹，力言此文墨士，請官以左遷。既而賞戾法，迄授武階。去歲戊戌（按，嘉熙二年），用甫帥鄞，乃來為闌屬。余浪跡湖山歲餘，始一見，稍稔，接觴詠，疊疊迫人。間及前事，有見晚恨。余與之酒曰：「一文資直恩子，然以人廢法，雖相知，如今日亦弗敢。」則笑而不怨。赴調行在所，贈以君莫愁之歌。
8	趙從道	生活唱和	戲學挑根和露煮，	《和趙從道賦菜畦春富貴》（34657）	即趙隆孫。〔註18〕

〔註17〕　此詩稱「去歲戊戌」，按，戊戌為嘉熙二年。又稱：「荻花江月正佳耳，青衫浪泣琵琶舟。」又稱：「秋來桂菊黃金叢，千機錦繡開芙蓉。西風也解作富貴，豈必桃李專秋風。」則詩作於嘉熙三年秋，明矣。
〔註18〕　按，《蒙齋集》卷十一《送趙從道赴福倅序》，在「趙從道」下自註「名隆孫」。（第661頁）又，《延祐四明志》卷十五《祠祀考‧在城神廟‧張帝廟》載：「宋淳祐六年，制帥顏頤仲創於院之南。火後，僧復建，鄉人趙隆孫為之記。」（第6353頁）則趙從道為四明人，與鄭清之為同鄉。

序數	人物	內　容	引　證	史料來源 （附卷數／頁碼〔註12〕）	備　註
			正堪摘稻配香蒸。		
9	陳塏	贈別；懷念；讚揚	君時靄廉譽，一再等除書。但惜君去我，有唱誰和余。／別來半歲意鬱紆，賴有一客能從余。／治水宜講行，時哉及閑暇，願言均此施，利澤侔造化。	《詩別可齋陳制置移鎮吳門〔註19〕》（34646）、《懷可齋簡林、鄭二從事》（34647）、《可齋陳大卿政成之暇覓討河渠為鄉國長久慮開萬世利〔註20〕非君侯其誰屬因效一得以廣盛心焉》、《再用韻》（34681）	陳可齋。
10	林治中	贈言；贈物；	我亦愛客至，陶巾	《林治中鄭廣文以詩來遣魯酒報	即林元晉。曾為從事郎、沿

〔註19〕按，《至元嘉禾志》卷十三《人物・崇德縣・宋陳塏》載：「宋陳塏，字子爽，號可齋，本三山人，古靈裔也，寓居是邑。以清節稱，官至資政殿大學士，賜謐清毅。」上海：上海古籍出版社 2010 年版，第 126 頁。又，《寶慶四明志》卷一《郡志一・郡守・國朝・陳塏》載，塏以中大夫、秘閣修撰、知慶元府兼沿海制置副使，於淳祐元年十二月二十七日交印，三年正月初五日除大理卿，十二日除右文殿修撰、知平江府兼兩淮浙西發運副使。第 5007 頁。又，（宋）范成大撰，陸振岳校點：《吳郡志》卷十一《郡守陳塏》載，塏淳祐三年二月十九日到知平江府任。南京：江蘇古籍出版社 1999 年版，第 157 頁。又，鄭清之贈別詩中有「軍將忽打門，君書來自吳」，則鄭詩作於淳祐三年二月陳塏到任知平江府後。

〔註20〕按，《寶慶四明志》卷十二《鄞縣志卷一・敘水・渠堰碶閘》下「江東碶」、「保豐碶」、「大石橋碶」諸條均記載陳塏為郡守時興修水利事。第 5154～5155、5155、5155～5156 頁。

序數	人物	內　容	引　證	史料來源（附卷數／頁碼）〔註12〕	備　註
		興懷；行事囑咐；因雪唱和；訪問答謝	時一灑。／黃口禽鳴應乳臭，白花梔坼似衙香。／聊遣朋壺供一笑，平分風月晚涼天。／人才百年能幾見，俗子一揖已累人。／渡河應避馮河勇，搏獸終歸舞獸仁。／老盡青山真是幻，從渠白戰更無詩。／步武來尋僧捨舊，話言應想夜窗閒。	聘拙語輔行》（34639）、《戲續前韻簡幕掾林治中》、《煮白酒送林治中》、《偶成呈林、鄭二友兩絕》（34644）、《林治中近有捕虎之役調以拙詩》（34650）、《和林治中雪詩五首》、《因會來詩再賡元韻》（34651～34652）、《謝林治中訪別覺際庵》（34658）、《和德夫治中林宗論雪詩簡黃制卿》（34630）	海制置司幹辦公事，淳祐二年輔助時任知慶元府兼沿海制置副使陳塏修治水利，撰《迴沙閘記》〔註21〕。
11	鄭廣文	因梅唱和；因詩贈酒	高標底須雪後見，清芬每向閒中得。	《謝鄭廣文和韻》、《廣文出新意得梅之全花實根葉譜入秀句輒效反	《謝鄭廣文和韻》有兩首，前者為多節賞梅之和；後者

〔註21〕　（宋）魏峴：《四明它山水利備覽》卷下錄林元晉《迴沙閘記》，影印明崇禎陳朝輔刻本，《四庫提要著錄叢書》史部第 59 冊，北京：北京出版社 2011 年版，第 41～42 頁。《寶慶四明志》卷十二《鄞縣志卷一・敘水・東錢湖》又載：「淳祐壬寅冬，制守陳塏因歲稔，農隙，命制幹林元晉、僉判石孝廣行買葑之策。」第 5152～5153 頁。

序數	人物	內　容	引　證	史料來源（附卷數／頁碼〔註12〕）	備　註
			／虛枝生白獨也正，夜氣歸根吹以息。／雪中素隱非行怪，自是花間看不得。／交情如酎醇，秀句喜心沃。／時於清夜分，酌以翠勺綠。	騷一章》、《再和》（34633）、《林治中鄭廣文以詩來遣魯酒報聘拙語輔行》（34639）、《謝鄭廣文和韻》（34642）	爲遣魯酒報聘之再和。
12	林倅	因雨唱和	爲霖膡作西成計，書歲誰云大有稀。	《和林倅賦郡守隨車雨》（34654）	未知其人。當爲慶元府副貳之官。
13	董寺丞	說禪；贈語	不教管領千雲衲，打徹頭關更問誰。／世故波瀾同起滅，姓名千古要清寒。	《雪窗董寺丞將指平讞安晚來訪因舉似偃溪爲下一則語》（34655）、《簡雪窗董寺丞》（34656）	
14	孟童子	因訪贈詩	願子志遠人，勤學	《孟童子中異科而還來訪余於行	即孟子縉〔註22〕。

〔註22〕按，據劉克莊撰鄭清之《行狀》載，淳祐四年，拜鄭清之少保、觀文殿大學士、醴泉觀使兼侍讀，鄭赴闕後，奏乞憩傳法寺，時已得旨賜第，乃由中使押入賜第。則淳祐四年鄭清之在行都已有賜第。第 6588～6589 頁。又，（宋）佚名：《南宋館閣續錄》卷九「秘書省讀書」下有孟之縉，註稱：「字

序數	人　物	內　容	引　證	史料來源 （附卷數／頁碼 〔註12〕）	備　註
			蹠前軌。	都賜第輒贈以詩》 （34660）	
15	陳童子	贈別勉勵	歸去莫誇童子技，好尋芳躅到蟾宮。	《贈陳童子》 （34670）	未知其人。
16	劉菊坡	賞梅唱和；贈蘭酬答；贈物寄言	菊坡爲索孤山詩，好句新從座中得。／卜蘭居兮南坡，拂余龜兮食墨。／酷愛孤芳支歲寒，草木雖多孀求識。／子蛤遣汝到眉案，努力去爲酒中虎。	《冬節忤寒約客默坐爇品字柴作五禽戲體中差小佳園丁以矮梅至如見東郭順子使人之意也消欣然呵軾手凍筆占數語呈劉菊坡博一笑》（34632）、《菊坡疊遣梅什忽惠蘭芽此變風也敢借前韻效楚詞一章以謝來辱》（34634）、《再韻簡菊坡》（34635）、《適得滷蛤頗佳遣餉菊坡因記曾作蛤子詩有文身吳太伯緘口魯銅人之句戲綴前語代簡》（34637）	未知其人。

仲圭，隨陽人。（按，淳祐）四年三月以童科賜童子出身。」（張富祥點校，北京：中華書局1998年版，第356頁）又，《劉克莊集箋校》卷一四三《孟少保神道碑》載孟珙有二子，「之縉，以童子課試賜童子出身」（第5687頁），則孟之縉爲孟珙幼子矣。又，鄭清之在該詩中稱：「君門靄世勳，夐軼西平李。……家尊我相知，作詩贈歸騎。」則所謂孟童子，即孟珙子之縉明矣。

序數	人物	內　容	引　證	史料來源 （附卷數／頁碼 〔註12〕）	備　註
17	徐德夫	因雪唱和； 追憶寄懷； 因和酬答	雲欲商量驚先路，雨方收卷避催詩。／我昔日聞君名，恍如讀青史。端平濫持衡，薦賢職當爾。／皋謨勉勉歌元首，說誨言言沃朕心。	《和德夫治中林宗諭雪詩簡黃制卿》、《古風一篇簡徐德夫提刑》（34630）、《謝徐德夫右司〔註23〕和御製賜詩》（34651）	即徐鹿卿〔註24〕，字德夫，隆興豐城人。
18	林宗諭	因雪唱和	冰花肯斅梅妝額，風絮嫌隨柳獻眉。	《和德夫治中林宗諭雪詩簡黃制卿》（34630）	未知其人。
19	沈平	因文結交； 薦官不赴	雅好文，鄭清之、吳潛皆與之遊。薦於朝，欲官之，皆以疾辭不赴。	《吳興備志》卷十二《沈平傳》	字東皋，烏程人。有《東皋遺藁》、《烏青記》四卷。

〔註23〕 按，《宋史》卷四二四《徐鹿卿傳》載：「淳祐三年，以右司召，猶辭。丞相杜範遺書曰：『直道不容，使人擊節。君不出，豈以馮惟說故耶？惟說行將有命矣。』鹿卿乃出。擢太府少卿兼右司。」第 12651 頁。

〔註24〕 按，《宋史》卷四二四《徐鹿卿傳》載：「（別）之傑密請移鹿卿浙東提點刑獄，加直秘閣兼提舉常平。」（第 12650 頁）又，據（宋）張淏：《會稽續志》卷二《提刑題名》下載：「徐鹿卿，淳祐元年七月五日以江東運判、知太平州除，九月十日，除直秘閣，依舊提刑，仍暫兼提舉，於十月二十日到任。」（影印明正德石存禮刻本，《四庫提要著錄叢書》史部第 36 冊，北京：北京出版社 2011 年版，第 403 頁）

序數	人物	內容	引證	史料來源（附卷數／頁碼）〔註12〕	備註
20	林興宗	贈詩勉勵	宋嘉定、寶祐（按，當作「寶慶」。）間，叛將李全駐兵山東之山陽，驕悍難制。戕許國、逐姚𢶒、殺命士苟夢玉、杜耒，士大夫視山陽不啻如蛇鄉虎落。時莆人林興宗景復授法曹以往，時論壯之。安晚鄭公在瑣闥，餞行有詩云：「淮海轅門立奇士，要看左祖爲劉時。」蓋勉其盡節也。	《宋詩紀事》卷六十五《林興宗》引《梅磵詩話》	林興宗，字景復，莆田人。李全死後，被俘往蒙古，「羈囚山東凡十年，挺節無所污。安晚餞詩可無負矣」。後返宋，官至曲江守。
21	李丑父	提拔；幕僚	安晚鄭丞相與語喜甚，曰：「某於莆得潛夫、	《竹溪鬳齋十一稿續集》卷二十四《湖南提舉宮講太史禮部李公行	李丑父（1194～1267），初名綱，字汝礪，改今名，字艮翁，莆田人。

序數	人物	內 容	引 證	史料來源 （附卷數／頁碼 〔註12〕）	備 註
			實之、德潤，今又得兄，可謂緣熟。」除刑工架閣。……安晚意鄉公，爲門下諸客所忌，公又時以所聞忠告，相雖喜，而諸客不樂，以臺疏罷。	狀》	又，《劉克莊集箋校》卷一六四有《李艮翁禮部墓誌銘》。
22	陳夢庚	提拔	安晚鄭公當國矣，遂得幹辦浙西運司兼會子局。校藝省闈，房中所得多佳士。俄以考舉如格，注廬陵縣。鄭公日：「非所以重科目也。」創員提舉會子庫比內職以處之。	《竹溪鬳齋十一稿續集》卷二十二《崇禧陳吏部墓誌銘》	鄭免相，除奏院。公（按，陳夢庚）以未試邑辭，改太社令。甫兩站，臺評去，以公安晚所敬，疑其爲黨，添差通判泉州。

序數	人物	內　容	引　證	史料來源（附卷數／頁碼〔註12〕）	備　註
23	何炳	仕途交集；庇護	（鄭清之為峽州教授，助何炳平息軍士喧譁，獻策招募茶商軍。前文已述。）／端平二年，杜範奏九江守何炳年老不足備風寒，事不行。範又言臺諫之言不行事大。丞相鄭清之怒，上疏乞去，且謂範順承風旨粉飾擠陷，範遂自劾，且劾鄭。	《劉克莊集箋校》卷一七〇《丞相忠定鄭公行狀》；《宋史》卷四〇七《杜範傳》	
24	方岳	書啓賀表	天啓經帷，有皇舊弼，帝王之學，造化同功。／眾正進而小人消，君臣胥慶；羣陰退而吾道長，天地開除。	《秋崖集》卷二十《回鄭少傅》、《賀丞相》、《回鄭丞相》；《翰苑新書續集》卷一《賀鄭丞相除少師》、《賀鄭丞相除少傅》	按，鄭清之淳祐五年七月庚戌，拜少傅，進封越國公。十二月己卯，拜少師、奉國軍節度使。

序數	人物	內容	引證	史料來源（附卷數／頁碼〔註12〕）	備註
25	鄭雪巖	賀表	中興所屬，僉望方深。同寅協恭，和衷直追，盛世賡歌之美，開載布公廣益，豈使前人獨美之專。／方更張於新化，爰圖任於舊人。	《翰苑新書續集》卷一《賀鄭太傅再入相》、《賀鄭少師》、《賀鄭丞相加少保》、《賀端平相正元臺》	按，鄭清之淳祐四年十二月乙亥授少保，進封衛國公；七年七月辛丑拜太傅、右丞相兼樞密使、越國公。
26	李梅亭	賀表	天下無如召公，久當相成王之左；生民未有夫子，今乃得伊尹之時。	《翰苑新書續集》卷一《賀鄭丞相兼樞使進光祿》	按，鄭清之紹定六年十月丙戌進光祿大夫、右丞相兼樞密使。
27	洪咨夔	賀表	蚤勸初潛之學，蔚為大任之儲。肆增隆於上眷，亟入贊於中樞。播一朝希闊之麻，開幾年壅塞之路。	《平齋集》卷二十八《賀鄭丞相》	洪咨夔紹定六年召回，拜監察御史，擢殿中侍御史、給事中，言事尤切。《宋史》卷四〇六有傳。

序數	人物	內　容	引　證	史料來源（附卷數／頁碼〔註12〕）	備　註
28	王邁	賀表書啓	親授編書而爲帝師，素孚眾望；不出都門而登相位，復振家聲。／先皇帝用之而未盡，新天子學焉而後臣。惟公憂國之忠，實位本兵之地。	《翰苑新書續集》卷一《賀鄭丞相》〔註25〕，卷三《賀鄭樞密》、《上鄭簽書》	鄭清之紹定元年十二月辛亥授端明殿學士、簽書樞密院事，六年十月，拜右丞相兼樞密使。
29	劉宰	除官謝札	大丞相……顧於三接之餘，親灑五雲之翰，以光於蓽門圭竇衰疾無能之人。／某病乃棄官，夫豈潔身而去？少而不學，亦非應變之長。	《漫塘集》卷七《謝除太常丞》、卷十四《除直寶謨閣宮觀尋除常丞謝鄭丞相》	《宋史》卷四〇一《劉宰傳》：劉宰，字平國，鎮江金壇人。端平元年升直寶謨閣，祠如故，未幾，遷太常丞，至吳門，拜疏徑歸。

〔註25〕王邁在此賀文中又稱：「凡端平大政之施設，有慶曆諸老之典刑。朝絕壬人，蠻夷率服，邊無債帥，淮蔡底平。時賢方動色以相誇，不肖尚私憂而過計。」又稱：「緝續美意，常如正觀初治之年；恢拓舊疆，斯濟建武中天之業。」則此文作於端平初年，聯蒙滅金之後、收復之役之前。

序數	人物	內　容	引　證	史料來源（附卷數／頁碼〔註12〕）	備　註
30	陳籌憑	賀表	由列院累遷而至此，未越五年；自公朝更化迨今，已逾十載。	《翰苑新書續集》卷二《賀鄭參政》	按，清之自寶慶元年九月兼國史院編修官、實錄院檢討官，至紹定三年十二月除參政兼簽樞，約五年。
31	林克齋	賀表	宜膺錫命之三，庸陟本兵之貳。	《翰苑新書續集》卷三《賀鄭簽書兼參政》	
32	李曾伯	賀表	立傳惟其人，用聿昭於舊德；作相置諸右，俾兼總於中樞。／天其開治平之期，時則賴扶持之力。／撫御時機，運掌中之造化；圖回區宇，起心上之經綸。／一編而爲帝師，舊學賴格心之益；十年而至相位，眞儒高秉國之勳。	《可齋雜稿》卷五《賀太傅鄭右相》、《賀鄭左相除太師魏國公》、《賀鄭丞相克復襄樊》，卷七《上鄭丞相》	按，淳祐七年四月，鄭清之拜太傅、右丞相兼樞密使。九年閏二月，拜太師、左丞相兼樞密使，進封魏國公。

序數	人物	內　容	引　證	史料來源 （附卷數／頁碼 〔註12〕）	備　註
33	陳起	賀壽； 贈物酬答	端平政化弦，眞儒手洪鈞。一丸濟世德，陽報期千壽。／見說老人星，交曜光九州。擬辦八千歲，從今歲歲投。／公衮殊相年，奇書寄布衣。此心才動處，萬善要同歸。／陳子一畎宮，居來七十年。	《江湖小集》卷二十八《以仁者壽爲韻壽侍讀節使鄭少師(丙午)》、《壽大丞相安晚先生(己酉)》、《安晚先生送自贊〈太上感應篇〉帙首御題諸惡莫作眾善奉行八字輔以祐聖像一軸兩詩見意云》、《安晚先生既以丹劑四種古調謝之》	陳起，字宗之，錢塘人。丙午爲淳祐六年，按，五年十二月己卯，鄭清之爲少師、奉國軍節度使，依前醴泉觀使兼侍讀。己酉爲淳祐九年，按，淳祐七年四月辛丑，鄭清之爲太傅、右丞相兼樞密使，封越國公。又，陳起以編《江湖集》而致詩案作，賴鄭清之白史彌遠，陳僅坐流配。

　　上表所載，僅係據目前所知的史料考索所得，共計三十三人。考察交遊活動的內容及人物身份可知，所交遊士人包括在任官宦、應舉士子、鄉人及名士。其與鄭清之之間所具有的交遊活動發生期間，居官任者最多；所居官任，與鄭清之所居四明有地緣關係者十人，其中包括監司帥臣及其屬官、地方主官、低級官僚等；因鄭清之官職除拜而進表進賀者九人；受到鄭清之勸勉、舉薦、提攜、庇護等的官任者七人；明確顯示非居官任者五人。本書按，今所據之史料記載，多集中在鄭清之中歲之後，尤其兩居相位之時，所考察交遊之部分士人，多爲官場中人，亦屬情有可原。

　　再就交遊的內容和形式而言，鄭清之與上表中之士人的交遊，以詩文唱和、贈物贈言、贈別勸勉、品題賞鑑、生活感發、寫景寫意、仕宦交集等傳統文人、士大夫之間的交遊形式與內容爲主，其活動頻次較高，內容豐富多

彩。有的透露出鄭清之與友人之間在個人志趣、地方事務、日常生活等方面的平淡、友好和親密的關係；有的則以一時的興發感懷作爲彼此情緒與情感的宣洩和慰藉；而因於鄭清之官職除拜所出現的賀表、賀啓等文字，雖數量較多，可資觀察，但比較具有單向性，無法判斷其是否存在回覆與酬答，也無法考察由此生發的人物關係及相互交遊的情況。故而本書僅將其列表以示，無法展開詳細的考察和探究。

二、與士人交遊之個案考察

除上表中所列三十三人外，有如下四人，可以作爲個案，進行較爲詳細的分析與考察。

（一）應繇

應繇（？～1255），字之道，號蕢芷，慶元府昌國（今浙江定海）人。嘉定十六年（1223）進士。官至參知政事，卒贈魏國公，謚文敏。《宋史》卷四二〇有傳，事蹟又見《延祐四明志》卷五、《宋元學案》卷七十三《麗澤諸儒學案》。

鄭清之與應繇有同鄉、同學關係，二者均曾師從於樓昉，並成爲樓氏門下較爲知名的弟子〔註26〕。紹定年間，應繇爲臨安府教授，鄭清之爲參知政事，因其文而對其有所關注，並敘爲同舍生。紹定六年（1233）十月，鄭清之拜右丞相兼樞密使，時爲秘書郎的應繇爲之作拜相草麻。此後，因鄭清之的薦舉，應氏以著作郎兼權直學士。端平元年（1234），鄭清之力主趙葵、趙范兄弟等人收復三京及河南地的倡議，應繇則是鄭氏在朝中的支持者之一。入洛失敗後，應繇因此受到言者彈劾而罷官。端平三年（1236），鄭清之罷相後，居於鄞縣東湖，與應繇編撰了一部以歷代文史中的制誥文字爲主的《建章集》。淳祐七年（1247），鄭清之再相後，應繇復用，歷兼權吏部侍郎兼直學士院，進翰林學士兼中書舍人。八年，授同知樞密院事兼參知政事。九年，拜參知政事，乞歸，以資政殿學士知平江府，提舉洞霄宮〔註27〕。

除在朝廷政事上的共同主張和立場外，端平三年罷後，家居期間，鄭、應二人多有詩文唱和。依今存鄭清之《安晚堂集》所見，因賞雪、賞蘭、贈

〔註26〕 《宋元學案》卷七十三《麗澤諸儒學案》，第 2455～2456 頁。
〔註27〕 《宋史》卷四二〇《應繇傳》，第 12571～12572 頁；《延祐四明志》卷五《應繇》，第 6213 頁。

物和眾友唱和等而起的詩作，如鄭清之《和茸芷雪韻》、《和茸芷應直院送秋蘭韻》、《和茸芷筍韻》、《糟鼇蚶送茸芷》、《東湖送藕與茸芷》、《送新薑與茸芷》、《謝茸芷和韻》等詩，均是日常生活中的寫照，此中表達出一種閒居安適的心懷，如《和茸芷雪韻》中描繪雪景：「冰山鑿碎五丁力，散作席花誰捆織。……能令赤鳳冒白羽，夜半翾翻天際識。白雲鄉中助劇戲，從以萬妃紛玉色。……乍離還合分總總，已定復飄如得得。」又如《和茸芷筍詩》中所透露出來的「安貧」生活意趣：「我貧每笑齊之膽，晚食雖甘未忘肉。……書腸膏腥士之辱，得魚不敢餉羊續。要知榮味勝山谷，步趨強顏發曲局。盤有美茹無不足，陋矣王鬵箋衛奧。」再如《送新薑與茸芷》中對生活、飲食中薑的用途的描述：「我疑謚之神農書，增壯胃腑良有力。……欲搗芳辛入薑臼，為憐膚理傲金狄。僕命薺荼浣詩雅，肩差梅桂班內則。笑加束縛代書鯉，持助饔庖膾銀鯽。」而在應繇贈送秋蘭後的和詩中，鄭清之表達了對蘭所映照的士人品格與節操的讚賞，並對二人的交遊予以比附，其《和茸芷應直院送秋蘭韻》詩稱：「擇交得素節，彼哉懷春誘。夫君全德馨，內美本吾有。姑置芝與椿，秋蘭歲相壽。」鄭清之還曾就個人在讀書和治學中遇到的問題向應繇請益，以解答困惑。如《山間錄拙作求教茸芷俚語將命笑擲幸甚》一詩中自謂：「老我愧不學，無以袪六蔽。短綆赴修汲，深淺忘屬揭。每逢撲凸篇，如對葛答謎。」〔註28〕

（二）趙以夫

趙以夫（1189～1256），字用父，一作用甫〔註29〕，號虛齋，宗室子，嘉定十年（1217）吳潛榜進士，與鄭清之為同年。官至資政殿學士、禮部尚書兼侍讀。劉克莊撰有《虛齋資政趙公神道碑》，稱其「持論欲尊主庇民，損上益下，不喜尖新鎪薄之流。為政務愛人利物，奉法循理，不求擊斷操切之名。綜理微密，計慮精審。人方躁擾，公愈靜定。量敵籌事，瞭若蓍察。數履為難，卒成勳業。所至威愛相濟，軍民懷之。」〔註30〕如若不過份否定古人撰寫行狀、墓誌銘、神道碑文字中普遍存在的隱惡溢善、為尊親諱的做法，趙以夫的治政允為良吏。

〔註28〕　《安晚堂集》卷八，第245～246頁；卷十一，第250頁；卷十二，第252頁；
　　　　　卷七，第343頁；卷十二，第252～253頁。
〔註29〕　《宋詩紀事》卷六十二《趙以夫》下作「用甫」，第1555頁。
〔註30〕　《劉克莊集箋校》卷一四二《虛齋資政趙公神道碑》，第5666頁。

　　嘉熙二年（1238）三月，趙以夫以朝奉大夫、守宗正少卿除右文殿修撰、樞密都承旨，兼知慶元府、主管沿海制置司公事，四月改集英殿修撰，升沿海制置副使，至四年（1240）十月離任。趙以夫在知慶元府任上，曾以職事修舉而受到轉官獎賞〔註31〕。明州爲南宋重要的對外貿易港口，商貿較爲發達，居民經商風氣較盛，對農業生產這一「根本」有所妨礙；趙以夫到任後，曾倡行勸農，受到其時家居的鄭清之的讚賞。鄭清之在《和盧齋勸農十詩》中極力稱頌趙以夫躬勸農桑的仁政與仁行：「文章太守非遊衍，爲省春耕特地來。……聞訊桑麻眞郡政，按行松菊似家山。挽回和氣歸田里，只費齋鈴半日閒。……鄒谷雖寒應解黍，朱車面面是春風。」又稱：「恰好農時踏翠煙，睡龍驚起雨公田。官程便作乘閒看，不用扁舟學計然。」鄭清之並曾因天降甘霖而歸功於趙以夫，稱讚他爲「愛民太守」，詩云：「一雨果從方寸來，此念端誠本天與。……一日三雨誰力歟，更唱迭和忘欹歔。歸之太守不肯有，欸乃聊代誌喜書。」鄭清之還對趙以夫倡議並且主持修建水渠、惠澤生民的行爲予以褒獎，稱：「我州瀦野同淮徐，公方有意六輔渠。上天下澤鍾惠施，千里波及皆君餘。」〔註32〕鄭清之對趙氏的稱讚，乃是對地方官員能夠積極踐行惠政、爲政愛民的肯定與褒揚，也體現出作爲本籍仕宦的鄭清之對地方事務的關注與熱心。

　　鄭清之再相後，希冀趙以夫有所助力，然而趙以夫在幾件朝事上並未遵從鄭氏的意旨，因而引起鄭清之的不滿，二人逐漸交惡。如淳祐七年（1247），在史宅之發起並得到右丞相兼樞密使鄭清之贊行的括田一事中，趙以夫「方昌言建督括田之非，又進《離節二卦疏義》，攻聚斂之臣」。又如，趙以夫曾舉論徽宗政和、宣和年間的積弊，實因爲當時執政大臣一意奉承上旨，而不顧惜積弊的危害，並未對此作出救治的措施，其意暗指鄭清之有宋徽宗時期政、宣故臣的形跡，鄭清之因之訴於理宗，稱：「侍從之臣以臣方（蔡）京、（王）黼。」再如，淳祐十年（1250）十一月，監察御史吳燧、潘凱因彈劾鄭清之及其黨與而被奪言職，趙以夫曾上言請求留吳、潘二人及因薦舉二察官而引罪求去的給事中董槐，在鄭清之的不滿下，理宗爲之改遷趙以夫官職。此後，鄭清之尚欲任用趙以夫，「以雅故，欲開其殊渥」，淳祐十一年（1251）

〔註31〕　《寶慶四明志》卷一《郡守‧國朝‧趙以夫》，第5007頁。
〔註32〕　《安晚堂集》卷七《和盧齋勸農十詩》，第243頁；卷九《客有誦袁蒙齋得雨酬倡之什輒賡元韻誌喜也呈盧齋使君》，第247頁。

五月，乃除趙以夫史館修撰，後改提舉，使其修《四朝國史》的志、傳部分。
然而，趙以夫任史事，遭到時任給事中趙汝騰的反對，彈劾趙以夫「人品庸
凡，寡廉鮮恥，心術回邪，爲鬼爲蜮，凡善類空於陳垓之手者，皆半與焉」，
又稱其「心事回譎，天下號爲奸魁，又素無文學，何至敢擅秉史筆乎？」〔註
33〕趙以夫於是求去，以端明殿學士出知隆興府〔註34〕。此後至本年十一月鄭
清之去世，趙氏未得歸朝。

（三）林希逸

林希逸（1193～？），字肅翁，號竹溪，又號鬳齋，福州福清人。端平二
年（1235）甲科進士〔註35〕，初爲平海軍節度推官，淳祐六年（1246）二月，
以國子錄召試，除秘書省正字，十月除校書郎，七年五月，兼莊文府教授，
七月除樞密院編修官。歷翰林權直學士，兼崇政殿說書，以直秘閣知興化軍，
景定中官司農少卿，終中書舍人〔註36〕。

林希逸是閩南理學傳人〔註37〕，與同爲理學家出身的鄭清之應有相同
的旨意，又因詩稱賞獲譽於鄭清之，並由鄭清之的薦舉，獲得理宗親睞，
遂致大用。宋度宗朝丞相馬廷鸞在追憶林、鄭二人交往故事時稱：「先友林
竹溪《詠史》百篇，應茸芷先生袖達安晚丞相，丞相大稱賞，即以上聞，
遂簡帝心。早典內制，晚位九卿，聲華赫然。」〔註38〕鄭、林既以詩文結
識並深交，林又並經鄭的薦舉而獲茲任用，故而自謂「安晚門人」，對鄭清
之心懷感念。鄭清之去世多年後，景定三年（1262），林希逸有詩懷念，云：

〔註33〕《庸齋集》卷四《繳趙以夫不當爲史館修撰事奏》，第664頁。

〔註34〕《劉克莊集箋校》卷一四二《虛齋資政趙公神道碑》，第5664頁。

〔註35〕按，《淳熙三山志》卷三十二《人物類七科名》、《江湖後集》卷十《林希逸》、
　　　《癸辛雜識》後集《私取林竹溪》、《南宋館閣續錄》卷九《正字》均稱林希逸
　　　爲端平二年乙未吳叔告榜進士，又，《兩宋名賢小集》卷三百二《竹溪十一稿
　　　詩選》、《武林梵志》卷八《林希逸》謂林氏爲紹定間進士。本書取端平二年說。

〔註36〕《江湖後集》卷十《林希逸》，第39頁；《南宋館閣錄續錄》卷九《正字》、
　　　卷八《校書郎》，第351、333頁；（清）李清馥撰，徐公喜、管正平、周明華
　　　點校：《閩中理學淵源考》卷八《中書林竹溪先生希逸》，南京：鳳凰出版社
　　　2011年版，第137～138頁。

〔註37〕據《宋元學案》卷四十七《艾軒學案》，林希逸爲林光朝艾軒門人，林光朝一
　　　傳爲綱山林亦之，再傳爲樂軒陳藻，三傳爲林希逸。第1469頁。

〔註38〕（元）馬廷鸞：《碧梧玩芳集》卷十三《題汪心齋讀史雜詠後》，影印清乾隆
　　　翰林院抄本，《宋集珍本叢刊》第87冊，北京：綫裝書局2004年版，第199
　　　頁。

「前朝舊事怕追尋，攲枕更長忽上心。七貴五侯俱夢斷，一翁六士謾愁吟。雪歌黃竹遊何邈，雲叫蒼梧恨更深。再割鉛刀尤可歡，白頭贏得淚沾襟。」〔註39〕詩中所稱「一翁」，即鄭清之，則對往日與眾友在鄭氏門下之情景不能忘懷。淳祐五年（1245）十二月，鄭清之拜少師、建節，理宗賜第於杭州西湖魚莊。此後，林希逸時常過往，「以文字時奉燕笑」〔註40〕，與鄭清之多有唱和與文字往來，其對鄭清之的認知和理解較爲深刻。度宗咸淳四年（1268），在鄭清之卒後十七年，鄭之諸孫彙集其文詞遺墨，求序於林希逸，林氏猶自盛讚鄭清之「學窮古今，出入經史，胸中所有浩如也」，又稱鄭清之立言、立功並舉，不獨對理宗在尊兩宮、誅李全、操政柄、謹邊備、遵祖訓等方面「發揮帝夢，又宗社之大計」，「功言共立，不既偉乎？」而且，端平更化之舉媲美元祐，嘉熙、淳祐年間尚賴其召賢黜佞、講明輔導之遺力，「大人格君之業，公（按，鄭清之）實有之，天下有所不知」〔註41〕。鄭清之與林希逸的交往，多表現爲師生之間的文字之交，且有對林氏予以提攜與援引的情事。林氏對鄭清之的頌揚，不獨由於其對鄭氏的事業、文章的欽佩與肯定，亦是源自其與鄭清之在交遊往來中對鄭氏個人的認知與瞭解，還伴有對鄭清之提攜、引致後學的感恩與懷念。

（四）劉克莊

劉克莊（1187～1269），字潛夫，號後村，初名灼，嘉定二年（1209）以郊恩奏補將仕郎，改名克莊。福建莆田人。生平事蹟可參見林希逸所撰《後村先生劉公行狀》、洪天錫所撰《後村墓誌銘》〔註42〕。

寶慶三年（1227）〔註43〕，因監察御史李知孝、梁成大等誣奏書商陳起所刊刻的《江湖集》中有詩句涉嫌謗訕濟王被廢及湖州之變等朝事，「哀濟邸而誚彌遠」，權相史彌遠本來就因策立理宗和濟王之死而對士人輿論心有疑

〔註39〕 《竹溪鬳齋十一稿續集》卷三《偶懷丙午丁未同朝諸公悵然有感壬戌再預經幄先帝猶記小臣爲安晚門人》，第397～398頁。

〔註40〕 《竹溪鬳齋十一稿續集》卷十三《跋蔡伯英四友集》，第492頁。

〔註41〕 《竹溪鬳齋十一稿續集》卷十二《安晚先生丞相鄭公文集序》，第478頁。

〔註42〕 《劉克莊集箋校》卷一九四《後村先生劉公行狀》，第7547～7564頁；卷一九五《後村墓誌銘》，第7567～7579頁。

〔註43〕 「江湖詩案」的發生時間，諸家記載不一，本書取「寶慶三年」說。見本書第二章第二節有關「江湖詩案」的注釋，第49頁。

忌，遂借機對江湖詩人予以打擊，並實施詩禁。因有《南嶽稿》收入《江湖集》，時以宣教郎知建陽縣的劉克莊也受到牽連，史彌遠本欲將其逮繫大理寺治罪，賴時爲給事中的鄭清之爲之開解，得以幸免〔註44〕。紹定六年（1233）十月鄭清之拜相後，劉克莊在給鄭清之的書信中感恩地追述稱：「憶昨試邑建陽，適爲要路所嫉，組織言語，橫肆中傷，幾逮對御史府矣。時大丞相（按，指鄭清之）方在鎖闥，深惟國體，力解當權，謂文字不可以罪人，謂明時不可殺士。某之所以獲全要領，我公之賜也。」〔註45〕鄭清之對仕宦初期劉克莊的援助和拯救，對劉氏來說，意義非同一般。因之「江湖詩案」一事中的機緣，劉、鄭二人的交遊往來有了較爲堅實的情感基礎，此後雖因朝政事務的影響及個人旨趣的變遷，導致二人忤逆、交惡，但後村對鄭清之的感恩與懷念，至鄭氏卒後仍不減，淳祐十一年（1251）閏十月，因監察御史鄭發論奏，理宗以御筆，劉克莊除職予郡，後村在赴任途中，「道聞安晚薨，旅哭甚哀，曰：『吾不敢忘知己之舊。』」〔註46〕景定四年（1263），鄭清之葬後十年，劉克莊在受鄭清之遺孀謝夫人囑託撰寫鄭之《行狀》時，猶自追憶稱：「克莊宰建陽，烏臺方吹洗詩案，懼不免禍，公（按，指鄭清之）在瑣闥，獨於史丞相爲解紛，克莊獲爲聖世全人，公之賜也。」〔註47〕感念之情，發於言辭，書於文字，實爲終生難以釋懷。

紹定六年鄭清之第一次爲相後，尤其端平時期鄭清之贊襄理宗推行更化時期，基於劉克莊本人的文名與在建陽爲治時表現出的吏治材能〔註48〕，或許源於二人在江湖詩人羣體中的同屬關係〔註49〕，或許也出於鄭清之在端平

〔註44〕　《瀛奎律髓彙評》卷二十《梅花類》劉潛夫《落梅》註，第 843～844 頁。
〔註45〕　《劉克莊集箋校》卷一二九《與鄭丞相書之一》，第 5228 頁。
〔註46〕　《劉克莊集箋校》卷一九四《後村先生劉公行狀》，第 7558 頁。
〔註47〕　《劉克莊集箋校》卷一七〇《丞相忠定鄭公行狀》，第 6595 頁。
〔註48〕　《劉克莊集箋校》卷一九四《後村先生劉公行狀》稱：「新考亭之祠，祀朱、范、劉、魏四君子於學宮。庭無留訟，邑因有餘。增糶糴倉二千斛……西山眞公記之。更創西齋，北山陳公篆其扁，爲賦《於薦於》之什。」第 7549 頁；卷一九五《後村先生墓誌銘》稱：「宰建陽，……崇風教，表儒先，如古循吏。補眹糴倉五千斛，眞公記之。陳公膚仲爲之賦《於薦於》。及去之四十年，父老迎送如一日。」第 7568 頁。
〔註49〕　張宏生將鄭清之列爲「不屬江湖詩派之人員」，認爲其官至丞相，社會地位不合江湖詩人的標準，見氏著：《江湖詩派研究》附錄《江湖詩派成員考》，第 317 頁。對此觀點，本書不予採納，原因如下：其一，《江湖集》及《江湖後集》均收載有鄭詩；其二，鄭清之爲相時已踰六旬，宰相之位不能說明他青

初年輔佐理宗、力行更化的政治考慮，劉克莊結束了自紹定二年（1229）以來的主管仙都觀的閒退生活，起爲吉州通判。端平元年（1234）正月，召赴都堂審察，未行，入眞德秀福建帥幕，至九月始至臨安，除宗正簿，二年六月，除樞密院編修官、兼權侍右郎官，七月，劉克莊以次輪對，向理宗奏進二劄，論「鎮天下莫若重，今也失之輕」，以致大臣「憂讒畏議，有狼跋之嗟；厭事避權，動魚羹之興」〔註50〕，其意或因該年六月之並命二相所發。三年正月，丞相鄭清之、喬行簡欲以禮部郎官授劉克莊，朝堂遂有「錫第表郎」之傳，中書舍人吳泳懷疑此舉意在控遏自己，使其弟監察御史吳昌裔疏罷劉克莊，彈奏稱「（後村）刺探時事以聞大臣，傳誦風旨以諭臺諫，心術巇險，人皆畏之」〔註51〕，後村遂罷爲主管玉局觀。鄭清之此時有書信予以慰藉，劉克莊記稱：「丙申（按，端平三年，1236）之升，流落稍久。書來慰藉，期我無垢。」〔註52〕後村尋改除知漳州，未赴，以參知政事兼同知樞密院事鄭性之言，嘉熙元年（1237）春，改知袁州。

劉克莊端平三年離京，至淳祐六年（1246）召赴行在奏事，十年間一直在地方任職，調動頻繁；而鄭清之在端平三年九月罷相後，歸居鄞縣鄉里，至淳祐四年（1244）十二月拜少保、觀文殿大學士、醴泉觀使兼侍讀，才得以以經筵入京。二人之間多以書信往來爲主，關係尚屬融洽。如淳祐三年（1243），曾除後村侍右郎官，因濮斗南疏罷，仍主管崇禧觀，鄭清之寄書信予以撫慰，後村在回信中感激地稱：「癸卯（按，淳祐三年，1243）仲冬，寔之僕婦返，辱大丞相先生親灑翰墨，拊存危縱，嘉獎微尚，父之愛子，師於高弟，殆不能過。」又稱：「以此四年之內，姓名不至鈞門。然兩得祠，因謝時相父子書，明言『某申公（按，即鄭清之，鄭氏於嘉熙二年封申國公。）客也，不敢畔去』。又與其門下賓客之尤親密者書云：『某除擢皆出申公，實事不可諱。』又每語子弟曰：『我廢棄於時矣，汝曹世世不可忘申公。』亦每每發之詩文。循跡觀之，書問疏於寔之（按，即王邁，字寔之。），心懷朝宗，則有甚焉。」〔註53〕則後村對鄭清之的知遇之恩時時感念，其情愫眞切明矣。

年及中年時沒有身列江湖詩人，且鄭清之爲相後，與江湖詩人劉克莊等素有往來，晚年的拜相不能否定其可以具有的江湖詩人身份。

〔註50〕《劉克莊集箋校》卷五十一《輪對劄子（端平二年七月十一日）》，第2542、2543頁。

〔註51〕《歷代名臣奏議》卷一八五《去邪》錄吳昌裔《論四都司疏》，第2438頁。

〔註52〕《劉克莊集箋校》卷一三八《鄭丞相祭文》，第5544～5545頁。

〔註53〕《劉克莊集箋校》卷一二九《與鄭丞相書之六》，第5233、5234頁。

　　淳祐六年（1246）四月，後村自江東提刑召赴行在奏事，道中除太府少卿，八月二十三日面對，後村奏論三策，首言委任之失，次言收招善類，三言江東使事。理宗遂賜後村同進士出身，除秘書少監兼國史院編修官、實錄院檢討官，任史事，又兼崇政殿說書，十月又暫兼中書舍人。然而，入京不久的劉克莊，因十月間的史嵩之致仕詞頭事件〔註54〕，在是月二十四日遭殿中侍御史章琰劾奏，章琰疏後村「畏禍揣摩，先傳奏牘以賣直，證言削稿以欺君」，猶以奏審爲罪〔註55〕。後村遂罷歸，時已賜第臨安西湖魚莊的鄭清之「時在湖（按，即西湖）濱，冒雪祖餞，以鄒道鄉事相勉」〔註56〕。按，鄒道鄉即鄒浩，字志完，學者稱道鄉先生，常州晉陵人，北宋哲宗時屢言章惇不忠，遭削官，羈管新州。鄭清之以鄒浩事勉勵後村，即是一方面對後村的敢言奏事表示讚賞，同時也希望後村能效法先賢，不因言事受挫而沮喪，仍希望其有所振作。

　　淳祐六年十月後村的罷歸並未持續較長時間，至淳祐七年（1247）四月，鄭清之拜太傅、右丞相兼樞密使，起劉克莊直龍圖閣，主管明道宮，八年（1248）元日，又除宗正少卿，後村以母年高力辭，五月，依舊職除知漳州，改秘閣修撰、福建提刑，後村苦辭不允。十月，因母親林氏卒，後村丁憂去職，至十一年（1251）春，後村服滿，有旨趣行，四月到闕，以秘閣修撰兼太常少卿、兼直學士院，五月兼崇政殿說書，十月除起居舍人，兼職依舊。服闋再起的劉克莊，雖然受到時爲左丞相兼樞密使的鄭清之的賞識與信用；然而，後村在若干朝政及言論上屢與鄭清之相逆，且此時鄭清之亦年老力衰，政從親出，導致公論不與，又援引周垣、陳垎等小人，結交內侍，招致了朝野清議的批評，後村對此亦時有言論，引起鄭清之的反感與厭惡，二人逐漸交惡。十一年五月一日，後村召對，首言：「端平變局，侔於元祐。今……而人謂端平之政改矣，端平之心亦改矣。」又言：「朝廷之士議君上者，或以披庭，或以戚畹，或以聚斂。議大臣者，或

〔註54〕史嵩之致仕詞頭事件的經過，見《劉克莊集箋校》卷一九四《後村先生劉公行狀》，第7554～7555頁；卷八十《掖苑日記‧跋語》，第3576～3580頁。
〔註55〕章琰劾語，見《劉克莊集箋校》卷八十《掖垣日記‧跋語》，第3578頁；「以奏審爲罪」，見卷一九四《後村先生劉公行狀》，第7555頁。
〔註56〕《劉克莊集箋校》卷一九四《後村先生劉公行狀》，第7555～7556頁。又，卷一三八《鄭丞相祭文》中稱：「丙午之升，冒雪祖道。自方田畫，期我鄒浩。」第5545頁。

指除授，或指賓客，或指子弟。道路之傳皆曰：『君相厭之。』」後村雖爲採集朝野議論所指以諫君，但所言之事關涉丞相，不能不引起作爲左丞相的鄭清之的疑忌。又因後村在謁見鄭清之時乞召回上疏彈劾鄭氏而遭罷的監察御史吳燧、潘凱〔註57〕，而使鄭清之大爲不滿，「大咈相意，（鄭氏）語諸客曰：『千辛萬苦喚得來，又向那邊去。』」〔註58〕認爲後村此時已經轉變了政治立場和人事態度，由此對後村心懷隔閡，二人的交遊往來遂亦滋生裂痕。六月九日，後村進講故事，因論及朝廷中存在的內降事，其言稱：「今中外除授，間有不由大臣啓擬者。求者予者奉行者，習以爲常，但曰依應，臣竊爲陛下君臣惜之。」又稱：「（杜）衍之所以能卻內降者，當國僅三數月而已。蓋小臣能以去就爲輕，雖大事可論；大臣能以去就爲輕，則內降可執，橫恩可寢。」其言中之意，「頗諷當國（按，指鄭清之），於是愈落落矣」〔註59〕，鄭清之曾語同列云：「且請他空這裡坐，做杜祁公（按，即杜衍）與某看。」〔註60〕其時，致仕中的前丞相史嵩之「經營復出，事有萌芽」〔註61〕，十月十一日，後村直前奏論其事，疏列史嵩之故罪，至援引高宗時權相秦檜爲殷鑑，極諫史嵩之不可復用〔註62〕。此事本末原本十分清楚，但由於「外間聞其直前而不知其論何事，某（按，後村自謂）又不納副封」，遂使「安晚始疑其（按，指劉克莊）貳於己」〔註63〕。後村與鄭清之愈益不和，又因旋暈之疾未解〔註64〕，遂決意賦歸，「凡六上祠請，

〔註57〕 潘、吳二察官論鄭清之事，本書前此已述，見本書第五章第二節下《內政治理》所論《鄭氏政爭》之2《潘凱、吳燧二察官事件》，第139～140頁。

〔註58〕 《劉克莊集箋校》卷一九四《後村先生劉公行狀》，第7556～7557頁。後村此次召對劄子，見《劉克莊集箋校》卷五十二《召對劄子（辛亥五月一日）》，第2576～2582頁。

〔註59〕 《劉克莊集箋校》卷一九四《後村先生劉公行狀》，第7557頁。又，劉克莊此論，見卷八十六《進故事（辛亥六月九日）》，第3705～3707頁。

〔註60〕 《劉克莊集箋校》卷一三一《答翁仲山書》，第5297頁。

〔註61〕 《劉克莊集箋校》卷一九四《後村先生劉公行狀》，第7558頁。

〔註62〕 劉克莊論史嵩之不可復用劄子，見《劉克莊集箋校》卷五十二《直前（十月十一日疏留中，閏十月論罷）》，第2583～2584頁。又，卷一三一《答翁仲山書》稱：「直前十月十三日也。」第5297頁。本書取「十一日」說。

〔註63〕 《劉克莊集箋校》卷一三一《答翁仲山書》，第5297頁。

〔註64〕 《劉克莊集箋校》卷七十八《乞祠申省狀》載其言備受疾病之苦，稱：「自四月末，此證復作。……雖服藥調理，痛自勉強。……病根隨身，連日困憊。」第2503頁。

再乞掛冠，皆不許」。至是年閏十月十九日，監察御史鄭發因對後村「苦不相樂」，乃上疏論後村，疏入不下，理宗乃御筆後村除職予郡，至十一月，後村遂去國。而鄭清之亦在同月去世，後村道聞其訃，深爲哀痛。其後，雖與鄭清之的誤解與隔閡終不得解，但後村對鄭清之「追思痛悼，時見吟篇。……每語人曰：『安晚實知我。』」〔註65〕後村對鄭清之的感念，並未由此稍減。景定四年（1263），劉克莊在受託撰寫鄭清之《行狀》時猶感慨頗深，言辭之間，念念不忘：

> 克莊銜恤三年。白首再召，覺國論愈矛盾，鼎味殊酸鹹。……自知其論闊於事情，然區區之心，上欲將順明主之尊師重傅，下欲解周召之不說，勉夔龍之相遜而已。而或者怪其不能隨聲接響，訶佛罵祖，羣起而攻曰：「是黨相者。」克莊謂惟去可以自湔，六乞祠，兩納祿，皆不報。公（按，指鄭清之）由是不復敢相親，猶摯維不使去。不數月而斥，斥未幾而公薨。然天下謂知我者，必曰安晚。公與人書疏，亦以鐵漢見擬。嗟夫，宰相必拔士，士必不畔知己，情意之常也。若一旦去子宣而戀元度之恩波，迎子厚而詆微仲之相業，豈情義之常哉？〔註66〕

對於淳祐十一年（1251）與鄭清之的交惡，寶祐五年（1257），後村在給翁甫的書信中，猶對因論史嵩之而與鄭清之交惡一事心含不平，後村不無委曲地辯解，稱：

> 本以片文隻字受知，非有他繆巧結納也。只識元老，未嘗交其子弟也。某人自小司成遷左螭，某自大蓬遷右螭，安晚之待某如此，時賢之責某乃如彼，豈平心之論乎？某每見諸人，未嘗發一言，出則妄云曾論某事，以熱瞞流俗而釣取虛譽，心甚鄙之，山相（按，指史嵩之）之事是也。……某宦情世法已置膜外，是身衰病，會當變滅，毀譽安在？恩怨奚有？但使此一種人持論，以一時之愛憎爲毀譽，而不考察其人之平素，則實有耿耿未能平者。〔註67〕

〔註65〕《劉克莊集箋校》卷一九四《後村先生劉公行狀》，第7557～7558、7563頁。
〔註66〕《劉克莊集箋校》卷一七〇《丞相忠定鄭公行狀》，第6595～6596頁。
〔註67〕《劉克莊集箋校》卷一三一《答翁仲山書》，第5297～5298頁。

言辭之間，表達淳祐後期後村立身在朝所處的尷尬境地，以及與鄭清之之間產生嫌隙、隔閡乃至最後疏遠的緣由，並爲自己作一辯解。劉克莊去世後，其門人洪天錫在所撰《後村墓誌銘》中爲乃師辯解稱：

> 鄭相最憐才，竟不合而去。退之（按，唐代韓愈）所謂謗與名隨，公（按，指劉克莊）殆似之。初，鄭相在端平，號能收拾善類。淳祐再相，有患失心，遂厭人言。公去國久，猶以端平望之，不知者曰：「君子亦黨乎？」二豸相之仇也，宗尹相之私也，祁公居位三月，相所諱聞也。公陰諷顯規，連拄盛怒，豈阿其所好哉？「無人細考後尊堯」，此公自詠，皆實語也。彼才名相軋者，方攬一世虛譽，公獨恃九重爲知己。炫才者忌之，媒名者爭之，的其不理於口也固宜。水心有言：「結知流俗者多得譽，結知人主者易見毀。」何獨公哉？蓋棺事定，毀與譽俱泯矣。〔註68〕

後村在宦海沉浮中每每得到鄭清之的提攜與勉誡，淳祐十一年（1251），後村復出，雖因二人志趣、政見、意旨等存在分離與隔閡，終至交惡，但後村並未因之對鄭清之心生埋怨和憤恨，在鄭清之死後十年，受託所撰鄭清之《行狀》中對鄭清之多所迴護，在詩文書啓中每現感恩、追念之情，亦可見後村的襟懷坦蕩、人品磊落。

第三節　僧道情結及與僧道之交遊

一、鄭清之的佛道情結

鄭清之雖以儒學登科進身，但其對佛、道二教的關涉也較爲深切。事實上，有宋一代，儒、佛、道的「三教合一」趨勢十分明顯，這不僅有統治集團內部的政治因素，也與三教本身的宗教、學術等因素有關〔註69〕。宋代理學在其形成與發展過程中，也產生了對佛、道二教思想的取攝與融合。在此

〔註68〕《劉克莊集箋校》卷一九五《後村墓誌銘》，第7573～7574頁。

〔註69〕關於宋代的「三教合一」思潮，論著較豐。可參張培鋒：《宋代士大夫佛學與文學》第三章第三節《士大夫佛學與宋代三教合一思潮》，北京：宗教文化出版社2007年版，第107～136頁；姚瀛艇主編：《宋代文化史》第五章《佛道的流行與儒佛道思想的融合》，開封：河南大學出版社1992年版，第111～130頁。

趨勢下，宋代的文人士大夫對佛、道二教的認知、體會，較之前人更爲熟習和深刻，其與僧道人物的接觸，較之前人也更爲普遍。作爲士大夫和理學家的鄭清之，也不例外。從今存鄭清之詩文中，尚可以看到鄭清之對佛、道經旨教義的理解與感悟。

今存鄭清之的詩文中，較多內容是關於鄭清之個人生活的內容與旨趣的，其中包括爲數較多的與僧人交遊的記載，而鄭氏本人的一些以此爲主題的作品，表現出了一種近乎居士般的佛學修爲與生活意旨，形之篇詠，處處可見。如鄭清之在給雲岑禪師的六言詩中稱：「魯侯不遇天也，伯僚其如命何。世事如棋新局，人生落葉辭柯。」〔註70〕又如其在另外一首詩中稱：「殺活禪機本自由，順行逆用總先籌。」〔註71〕則既有對宿命論的空無與人生無奈的感慨，又強調人力謀劃在行事中的積極作用。鄭清之在《贈己訥二老軒（青山惠安寺）》詩中曾對佛教傳入中國後複雜紛紜的流變有所概述，詩云：

> 夫何佛法衰，涉晉唐五代。祖師分南北，鼻孔爭譎怪。
>
> 傳流各衣缽，紛綸辨宗派。爾來三百年，塗轍日以隘。
>
> 教律復異門，禪機亦殊解。訌以大小乘，森若立矛介。
>
> 虎豹自猙獰，蛇龍相噬嗋。……之人良可悲，賢愚固難概。〔註72〕

詩作敘述了唐宋以來中土佛教在演化進程中出現的各宗派之間的紛繁與彼此爭鳴，此又反映出鄭清之對中土佛教演進過程與不同教派旨義的熟悉。鄭清之曾撰有《勸修淨業文》，稱：「不由禪教律而得戒定慧，無踰淨土一門」〔註73〕。此外，在與高僧大德的詩文唱和中，鄭清之也表現出了自身對佛教各宗派經旨教義的理解與感悟（可參看本節《與僧道交遊表》中所舉）。

就道教而言，鄭清之同樣表現出了自身的關注和理解。紹定六年（1233）四月，時爲參知政事兼同知樞密院事的鄭清之在所撰《太上感應篇至言詳解序》中稱：「經史之外，雖百家雜說，有片善可觀者，靡不採訪。一日，

〔註70〕　《安晚堂集》卷六《感風悶坐戲成六言一首示雲岑》，第 241 頁。
〔註71〕　《安晚堂集》卷六《香山老惠兩貓》，第 241 頁。
〔註72〕　《江湖後集》卷五鄭清之《贈己訥二老軒（青山惠安寺）》，第 20 頁。
〔註73〕　（明）吳之鯨撰，魏得良標點：《武林梵志》卷八《宰執護持‧鄭清之》，杭州：杭州出版社 2006 年版，第 191 頁。

語及善惡之報，因謂李昌齡所註《感應篇》該貫殫洽，信而有證，亦可助
教化者。」又盛讚稱「是書所主，不過致嚴於善惡、君子小人之間，與大
《易》同指。傳則隨事以稽驗，讚則援理以推廣，又將以善誘習俗，使皆
為遷善遠罪之歸。其有徼福而為善，懼禍而不為惡，利行勉行，皆足以助
賞罰之所不及，亦神道設教之意云」〔註74〕。《太上感應篇》一書僅一千二
百多字，主要宣揚天人感應和因果報應的思想，勸導信眾諸惡莫作，眾善
奉行，積善則天必降福，行惡則天必降禍。《太上感應篇》的這種融熔思想，
既包含了道教、佛教的宗教信仰和教旨要義，也融合了儒家傳統的倫理規
範和道德要求，體現出融道、佛、儒三教思想於一爐的特點。鄭清之對《太
上感應篇》的理解及其對善惡、福禍、賞罰等的認知與態度，融合了治理、
教化的心願，體現出他對「神道設教」的認識。

　　鑒於「神道設教」意義的存在，鄭清之不僅從政治教化上對佛、道二
教的內涵和功能有所涉及和明習，在個人旨趣方面，還通過自身與佛、道
人士的交遊，來解釋和回答所遇到的問題與困惑，並增加生活的內容和意
趣。

二、與僧道之交遊

　　依據今存鄭清之詩文等有限資料，將鄭清之有所交遊的僧道人士敘述如
下。表中徵引之詩，除明確注釋外，均引自《全宋詩》卷二八九八至卷二九
○六《鄭清之詩》，所註數字即為該書中之頁碼。

〔註74〕曾棗莊、劉琳主編：《全宋文》第三○八冊，卷七○三六鄭清之《太上感應篇
　　　　至言詳解序》，上海：上海辭書出版社2006年版，第247〜248頁。

表四：鄭清之與僧道交遊表

序數	僧道人士	交遊情況	詩文摘錄	史料來源
1	頓上人／頓老	詩文唱和；生活書寫	竺乾心法拈花笑，洙泗家風鼓瑟希。／矮窗猶有蒲團滑，也勝床前衰雪毵。	頓上人持瑩蘿月五詩見示因走筆和韻聊禦睡魔（34677）；聞覺際被風寄頓老（34621）
2	靈隱寺慧上人	品評詩僧；感悟	弄翰戲墨雖佛事，炊沙作糗成飢嗔；茫茫前後際，生滅在空色。	靈隱慧上人惠詩爲古風以贈（34654）；正月晦夕夢中作偈覺但記其首兩句遂於枕上足之錄呈慧上人（34658）
3	頓雲岑／雲岑／頓上人	感悟；生活書寫；詩文唱和	好從休處求安逸，莫向閒中覓主持。／蒲團睡足書遮眼，貝葉叢間會孔耼。／詩囊未倒眞成債，道眼相看總是禪。／句法當頭飛棒喝，就渠言下辨三乘。	調雲岑（34672、34675）；余識頓雲岑已三十年晚居覺際又八載矣近因山行疑接談塵偈語奉贈（34672）；頓上人索春間詩軸以臂疼未能錄去故以偈語展限（34677）；還雲岑魯直詩（34681）
4	天童寺／阿育王寺僧	贈物酬答；品茗，茶道；問禪；參悟	山中不把一枝到，世外那聞千佛香。／頗疑緇俗果異撰，良苦輒爲居所移。／因果若還終不昧，政須防作野狐鳴。／懵懂維摩不二門，畧無遺囑付兒孫。	謝天童老秋蘭（34623）；育王老禪屢惠佳茗比又攜日鑄爲餉因言久則味失師授以焙藏之法必有以專之笑謂非力所及謾成拙語解嘲錄以爲謝（34623～34624）；天育二老禪惠示經佛偈答以十詩（34654）
5	敬禪師	因茶參禪，詩文唱和	飯罷茶來手接時，箇中日日是眞機。不須吸盡西江水，一滴曹溪味便知。	和敬禪師茶偈（34653）
6	白雪禪師	唱和	三更出日眞光景，大好欽身正笠包。	和白雪老禪二偈（34654）

序數	僧道人士	交遊情況	詩文摘錄	史料來源
7	偃谿（溪）上人〔註75〕	感悟；參禪；賞鑑題詩	偃溪爛嚼雪窗紙，換卻舌頭別參起。／不教管領千雲衲，打徹頭關更問誰。／寄語偃溪崖淡墨，圖中添我一柴車。	拙偈調偃谿上人（34655）；雪窗董寺丞將指平讞安晚來訪因舉似偃溪爲下一則語（34655）；題偃溪聞長老堯民擊壤圖（34658）
8	岫庵	寫景唱和	參尋幽路滑，空想石頭禪。境勝堪鋤月，詩香可釀泉。	和復岫庵賡續之什（34656）
9	雷峰寺雲上人	書法題鑑	老來逸氣未全平，筆底鋒鋩猶獨掃。恨余不習草書訣，九轉枯腸祇自攪。	書西湖雷峰云講主草書（寶慶丁亥閏夏）（34662）
10	郭繼一	贈別	脫冠掛神武，有士歸東州。君歸訪司馬，坐忘春與秋。	送繼一郭處士（34663）
11	惠安寺己訥二禪師	論禪贈言	教律復異門，禪機亦殊解。二老容於軒，須彌納一芥。	贈己訥二老軒（青山惠安寺）（34666）
12	金峨山住持	寫景贈言	居山活計今成趣，造物工夫總待人。自喜愛閒逢勝絕，杖藜端不負殘春。	余自東山往金峨住山戒師迎於中途到上方泉石幽勝有心匠助天巧者因成數語以贈（34673）
13	淨明院禪師	齋宿描寫	對語老禪眞法器，譯經新諦出僧檠。	淨明院（34679）
14	雲洲禪師	避暑品茗	老師宴坐圓覺場，一笑對客雙胡牀。雀牙新試蠏眼湯，未到舌先生涼。	贈雲洲老師（34680）

〔註75〕按，偃溪即佛智廣聞禪師（1189～1263），侯官人。有《偃溪廣聞禪師語錄》二卷。林希逸《竹溪鬳齋十一稿續集》卷二十一有《徑山偃溪佛智禪師塔銘》，稱：「師與余爲鄉人，初得其名於鄭丞相所爲《偃溪序》。」又稱：「紹定戊子，四明制閫胡公以小淨慈致之。郡有貴公，謀竄寺後。時安晚當國，師以詩馳白即行，相苦留之，事遂止。……相還里，又移城之萬壽。……爲師作序此時也。」第559～560頁。

序數	僧道人士	交遊情況	詩文摘錄	史料來源
15	某僧	寫景贈別	溪邊風景遠且平，頗似江鄉雙眼明。	別僧（34677）
16	許石田	贈言	汝狂方醒眾所譏，我獨見之為三歎。辨詰孔釋語可刪，白雲深處輸君閒。	贈許石田為僧（34653）
17	妙峰善禪師〔註76〕	舉薦；撰寫塔銘	會天童虛席，時鄭清之秉鈞軸，謂非師莫宜居，因勉師行。師答曰：「老僧年逾耄矣，尚夜行不休乎？」鄭公高之。／我識妙峰再見之，語真貌古無他奇。野鶴同往雲與歸，昭琴雖鼓何成虧。	《武林梵志》卷八《妙峰善禪師》；《武林梵志》卷八《鄭清之》所引《妙峰善公塔銘》
18	淨慈寺僧法薰〔註77〕	僧開雙井，鄭為之作記、寫詩	紹定四年，僧法薰以錫杖扣殿前地，出泉二派，瓷為雙井，……丞相鄭清之為記。鄭清之《雙井詩》：「我方饒舌為井記，了不相干勞刻畫。寄詩更欲結茶緣，付與宗風自錘拍。」	《西湖遊覽志》卷三《淨慈寺》
19	護國仁王寺慧開禪師〔註78〕	禱雨	慧開禪師休糧……所至禱雨輒應。……（淳祐）八年，鄭丞相清之躬禱而雨，賜護國龍祠額。	《咸淳臨安志》卷八十《護國仁王禪寺》

〔註76〕按，妙峰善禪師，即之善（1152～1235），字妙峰，俗姓劉，住錫妙高峰下，面壁十年，一時學者尊稱之為妙峰禪師。事見（明）郭子章撰，（清）釋畹荃續撰：《明州阿育王山志》卷九《育王光禪師法嗣》下所錄「杭州靈隱妙峰善禪師」，影印清乾隆正續合刊本，臺北：明文書局1980年版，第491～494頁。

〔註77〕按，法薰（1171～1245），號石田，眉山蘇氏子。寶慶元年奉勅主南山淨慈寺，端平二年遷北山靈隱寺。淳祐五年趺坐而終。有《石田法薰禪師語錄》四卷，卷末有《行狀》。

〔註78〕按，慧開（1183～1260），字無門，杭州梁渚人，俗姓梁。淳祐六年奉旨開山護國仁皇寺。有《禪宗無門關》一卷、《無門慧開禪師語錄》三卷。《語錄》卷末有小傳，《禪宗無門關》附錄中有鄭清之淳祐六年六月所撰經解及頌語。

序數	僧道人士	交遊情況	詩文摘錄	史料來源
20	釋道璨〔註79〕	唱和	詞林丈夫安晚氏，筆端有口吞餘子。／安晚歸來臥舊山，功名雖好不如閒。	《柳塘外集》卷一宋釋道璨《和鄭半溪》、《上安晚鄭丞相三首》
21	香山寺僧	贈物	伽梨親抱狸奴宋，管是南泉是趙州。	香山老惠兩貓（34620）
22	笑翁妙堪〔註80〕	戲言	問訊瞿曇老比丘，靈山何似雪山頭。	贈育王堪笑翁（34653）

　　由上表可知，鄭清之與僧道人士的交遊，並不脫離傳統文人與宗教人士之間的唱和酬答、贈別贈言、生活書寫等範疇，而其中較為引人注目的是鄭清之本人因與佛道人士的交遊而生發的對禪、道的參悟和感懷。如果說，在前引鄭清之紹定六年四月所撰《太上感應篇至言詳解序》中，鄭清之對「神道設教」的理解是基於國家統治、社會治理和人心育化等的社會功能，則其在與僧道交遊中的感悟則更多地表現為自身對禪法、道理的體會與理解。

　　鄭清之在跋《清靜經》中論稱：「能徇清靜之名，體清靜之實，企足無己，不患不優入聖賢田地矣。雖然，吾亦不能強自深淺也。」〔註81〕表現出對「優入聖賢田地」這一傳統士人追求的另一種解讀和選擇，儘管鄭清之在實際仕途中並未踐行這種「清靜」的風格。鄭清之在其與僧人、禪師遊山樂水、唱和酬答的交遊之中，對山水美景和閒適生活的喜愛和留戀之情，時常溢出文字，足見怡然之樂。其山水之作，如「笑斸野泉畦露菊，巧尋煖地圉霜柑。蒲團睡足書遮眼，貝葉叢間會孔聃」〔註82〕，又如「好從休處求安逸，莫向

〔註79〕按，道璨（1213～1271），一作道燦，號無文，俗姓陶。從阿育王寺笑翁妙堪得法，遊歷頗廣，著有《無文印》二十卷、《柳塘外集》四卷、《無文道燦禪師語錄》一卷。

〔註80〕按，妙堪（1177～1248），字笑翁，四明慈谿人，俗姓毛。歷主金山、報恩、虎丘、雪峰、靈隱、淨慈、阿育王等寺。《明州阿育王山志》卷十一有《笑翁禪師行狀》，第661～665頁。

〔註81〕（清）張照等輯：《秘殿珠林》卷十六《宋張即之書〈清靜經〉一卷（上等宙一）》錄鄭清之跋，影印清乾隆內府抄本，《四庫提要著錄叢書》子部第26冊，北京：北京出版社2011年版，第602頁。

〔註82〕《江湖後集》卷六鄭清之《余識頎雲岑已三十年晚居覺際又八載矣近因山行疑接談塵偈語奉贈》，第24頁。

閒中覓主持。覺際湖山最佳趣，藕花洲渚菊東籬」〔註83〕，再如「居山活計
今成趣，造物工夫總待人。自喜愛閒逢勝絕，杖藜端不負殘春」〔註84〕。其
酬答之作，如「心宗一了萬法具，辯才飛轉陶家輪。君不見阿難多聞及辯慧，
呪語要敵摩伽神」〔註85〕，又如「餘塵明極強分離，菩薩如來是阿誰。既道
本來無一物，將何芥子納須彌」，〔註86〕，再如「蘿月禪機莫強猜，如來無去
亦無來。霜凝寒綠歸松鬢，春染輕紅入杏腮」〔註87〕。其感悟之作，如「西
方心法難思維，真淨妙明無一絲。廣長舌語包須彌，誰知認指為月非。九年
面壁老古錐，傳付不在鉢與衣。非佛非法非事為，透地透天生光輝」〔註88〕。
在樂山樂水、生活寫意、文字酬答之中，鄭清之有意無意渲染或表達其對佛
教禪思的理解和感悟，這無疑是其與僧人，尤其具有一定文才、學識的禪僧
相互交遊的影響。

第四節　交遊之評述

　　本章初步考察鄭清之與親族、士大夫及僧道等人物羣體的交遊情況，以
窺探鄭清之個人的社會人際關係，考察交遊活動和人際關係對鄭清之與朝廷
政事的關係和影響。限於目前對相關史料記載的接觸情況，本書所考論之交
遊人物容有闕漏，或不能一一盡至。

　　從前文所述可知，在南宋時期，四明鄭氏並非累世顯赫家族，其繁盛之
由，即出於鄭清之在理宗端平至淳祐年間的兩度拜相。鄭清之出身普通士人
家庭，中年以前寂默無聞，所見與其相互交往的士人與僧道等，當屬一般文
人雅士意義上的師友關係，這一性質的關係至其兩度為相和罷相退居後猶有
存在。理宗親政以後，鄭氏名位通顯，因其治政中的某些善政及力行「更化」
的表現，更吸引眾多朝野士人與其往來酬和，其交遊活動仍未脫離詩文唱和、

〔註83〕　《江湖後集》卷六鄭清之《調雲岑》，第 24 頁。
〔註84〕　《江湖後集》卷六鄭清之《余自東山往金峩住山戒師應於中途到上方泉石幽
　　　　勝有心匠助天巧者因成數語以贈》，第 24 頁。
〔註85〕　《安晚堂集》卷十一《靈隱慧上人惠詩為古風以贈》，第 250 頁。
〔註86〕　《安晚堂集》卷十一《天育二老禪惠示經佛偈答以十詩》，第 250～251 頁。
〔註87〕　《江湖後集》卷六鄭清之《頓上人持瑩蘿月五詩見示因走筆和韻聊禦睡魔》，
　　　　第 26 頁。
〔註88〕　《武林梵志》卷八《宰執護持·鄭清之》引鄭清之《妙峰善公塔銘》，第 191
　　　　頁。

贈物贈言、寫景寫意及感懷感發等傳統意義上的活動範疇；而基於鄭氏職官權位的、具有單向性意義的表奏書啓等活動，傳達出士人對鄭清之的讚譽與景仰，對鄭清之而言，或可有輿論、聲勢的意義存在，當然對鄭清之的官聲、名望有所助益。

　　另一方面，寧宗嘉定末年以後，因攀附權相史彌遠及其在扶持、策立理宗政治運作中的「貢獻」，鄭清之本人在理宗朝不斷獲得提拔，進身迅速，直至拜相。因其政治身份與地位的變化，鄭清之不可避免地捲入朝廷政事與政爭之中，個人交遊與人際關係也受此影響而發生變化，如其與趙以夫、劉克莊等人的交遊，逐漸由偕好、友善乃至互為知己的關係，演變為隔閡、疏遠乃至敵對，終至無可挽回。對鄭清之本人而言，人際關係的惡化顯然成為鄭清之立朝治政中的「不和諧」因素。如鄭清之與趙以夫交惡後，趙氏對朝廷政事的論奏，則暗含對位居宰輔的鄭清之的非議和批評，反過來又惡化了二人之間的關係；劉克莊在若干政事上較為獨立和公正的言論，有的關涉身為宰輔的鄭清之，引發本就品行有虧的鄭清之的反感與厭惡，二人長期以來的師友關係惡化，至鄭清之去世而不得解。在諸如此類的事情中，顯然，鄭清之的待人態度和處理方式存在偏激和狹隘的闕失，對鄭氏本人的官聲與名望多有損害。人際關係的變化，其中固然有朝廷政事紛繁、人事糾葛與政見歧途等原因，但鄭氏本人為相後，在朝廷政事治理過程中產生的較為顯著的闕失弊害，及其本人所具有的援引姦邪、操控言路、打壓公議、庇護史氏等行為，也使其不斷遭到朝野內外包括親友故交在內的眾多非議與批評，導致雙方關係惡化，乃至破裂，此又為當時士論分立之表象。

結　語

一

　　鄭清之出身並非顯赫，個人才能亦非傑出，中年之前仕途平淡，官卑人微，然而，其能夠在理宗朝迅速升擢，四登宰席，位極人臣，對朝廷政局、政事發揮重要影響，究其根源，即在於鄭清之參與和幫助了史彌遠扶持、策立理宗這一政治運作。嘉定十六年的淨慈寺之謀，鄭清之開始參與權相史彌遠扶持、策立理宗的政治運作之中，並因其本人的投靠和效忠，從而獲得史彌遠及宋理宗的接受、信任和看重，在寶慶、紹定年間仕途暢達，更於紹定六年史彌遠病重將死之際拜相，成為朝廷中舉足輕重的人物。在理宗親政後，因其與理宗之間的從龍勳臣、潛邸舊學、經筵講讀的親密關係，更由於二人在理宗即位問題上的默契，鄭清之獲得理宗的極大賞識與重用，得以以丞相身份參與理宗親攬威權的「更化」事業之中。

　　結束了史彌遠權相政治下「淵默十年無為」局面而親政的宋理宗，面對積弊日久、內外交困的危急形勢，在不徹底否定史彌遠的歷史問題及不危及理宗本人的繼位法統這一絕對前提下，積極主動地進行內治外交方面的調整與變革，在人才、吏治、財政、制度及邦交關係方面進行了行之有效的更化與反正措施，以圖在後史彌遠時代能夠平衡朝野內外各股政治勢力，聚集人心，除弊革新，增強國力，以紓解內外統治危機，緩和並挽回政局走勢，打造「更化」、「中興」的賢明形象。繼史彌遠為相的鄭清之，自知其受寵、進身之緣由與根基，故在其為相後，一方面，在庇護與優渥史彌遠身後及其家族問題上與理宗保持默契和一致，另一方面，則支持並輔佐理宗推行一些有

別於史彌遠時代的、帶有更化與反正色彩的政策和措施。對內，在拔賢黜佞、更化政事、革新制度、嚴肅吏治、整頓財政等政務上作出積極努力，使內部形勢、輿論壓力有所緩和；對外，迎合理宗中興宋室的抱負和願望，力主聯蒙滅金，洗雪南宋百年來的世仇國恥，並贊行邊臣所倡議的收復三京及河南地的軍事行動，雖因收復之舉的失敗及蒙古南下攻宋而勞而無功、損失巨大，並因此招致朝野的極大批評，然而卻得到了理宗的賞識，擢拜左丞相，最終攀至官僚體系的頂峰。

二

端平初相的鄭清之，雖慨然以天下為己任，積極輔弼理宗推行更化，但由於某些政策措施存在實際操作中的困難和利益糾葛而遭到反對，加之各種故習弊政積重難返，輿論人心紛紜不安，朝廷人事上的糾紛與鬥爭也使國事、朝政的處理極易受到牽制，陷入拖延不決的窘境，收召而來的賢才並未得到有效的任用與發揮；在外，在後史彌遠時代之初，無論是親政的宋理宗，還是主政的鄭清之，面對宋、金、蒙之間複雜變幻的國際形勢與南宋內部在和戰攻守事宜上紛紜不定的爭議局面，均未能迅速而全面地謀劃與制定出一套完整而有效的、平衡和戰攻守利弊得失、兼顧朝廷邊閫考量的對外政策體系，在對外方面搖擺於和戰兩端，因端平元年的收復之舉而引發的蒙古對南宋的軍事行動，不僅打擊和破壞了南宋的邊防力量體系，也使其內部正在進行的更化革新受到外力的衝擊和掣制，加劇了南宋內部因在和戰攻守事宜上的分歧而存在的黨爭，對南宋內外局勢產生了消極影響。朝野人士逐漸對端平以來國家內政外交的困局展開議論和批評，而鄭清之本人及其親黨也因政事關失與毀公害法而受到批評和攻擊；此外，親政的宋理宗鑒於史彌遠權相政治的殷鑑，注意加強對相權的收縮與掌控，在端平二年六月並命二相，造成鄭清之與喬行簡之間因朝廷國是與人事上的爭議而存在隔閡與不協，並日益凸顯，加劇了朝臣的疑慮及朋黨之間的毀謗與紛爭。鄭清之最終於端平三年九月以「天變」被罷相。

罷相後的鄭清之並未因離位而失寵，相反，理宗對鄭的恩渥與優寵不絕，這成為鄭清之淳祐再相的前提。至淳祐四年，右丞相史嵩之因起復問題引發朝野大範圍的非議，乃至在史嵩之本人的身份與政事問題上予以抨擊，加之理宗對其久擅國柄也心有不滿，恩寵漸衰，史嵩之被迫守制終喪，最終致仕；

而繼史嵩之爲相的范鍾、杜範、游侣等人，或年老廢事，或居位短暫，或處境尷尬，並未得到理宗的歡心與信任，仍有更化之心的理宗遂有意調整與更張朝廷人事。在嘉定十七年策立、即位及端平內政更化、謀劃收復等問題上與理宗保持一致並給予極力輔佐的鄭清之，因其與理宗之間舊有的因緣際會關係，以及在端平初相期間所具有的威信與人望，更由於其在爲政、治事方面深得君心，遂再次進入急於擇相以輔更化的宋理宗的視野，淳祐七年四月，乃拜鄭清之爲右相兼樞密使，九年閏二月進左相，至十一年十一月去世，鄭在淳祐間居相位四年又八月，屢辭不允。

三

　　淳祐再相的鄭清之，面臨著與端平拜相時大相迴異的政治局勢與人事環境。其一，在宋理宗而言，一方面，經過紹定六年以來十餘年的親政實踐，宋理宗的治政理念逐步走向成熟，對朝廷內外政務的處理也已顯得熟練，推行多次更化，力圖實現其除弊革新、力挽頹勢、再造中興的雄偉抱負；另一方面，鑒於史彌遠二十六年的權相政治，理宗在親政後熟練地採取頻繁換相、分權牽制、扶持臺諫、借助清議等人主謀略與人事措施，逐步加強對相權的收縮與掌控，使相權最終臣服於變化了的獨尊君權的君臣格局，此舉固然有效地防範了權相政治的再現，但也給丞相發揮權能、處理政務帶來了掣制和阻礙。其二，在鄭清之而言，一方面，淳祐再相時，鄭氏本人年老遲暮，任事乏力，無力主持和推動朝廷內政治理與邊防軍事上的重大調整與變革；端平爲相時期的政事闕失和親黨戚族的毀法害政，使其受到了朝野清議的批評和抨擊，再相之後的鄭清之，依然受到各種勢力的關注和監督，致使其處理政務有所瞻顧；此外，在嘉熙至淳祐前期爲相的喬行簡等人所遭遇的因君權強化而帶來的執政尷尬和困窘，也必然使鄭清之心有所感，不願也無力爲擴大相權而與君權發生衝突。另一方面，儘管有著因參與史彌遠扶持、策立理宗的政治運作而具有的從龍勳臣、潛邸舊學、經筵講讀的身份，及其與理宗之間在繼位法統、保全史氏等問題上存有默契的親密關係，並有著因端平初相時對理宗的盡心輔佐和堅定支持，而獲得的理宗的眷寵與優渥，但淳祐再相的鄭清之，面對親政十餘年後強化了的赫然獨斷的君權，仍然不能對君權產生任何引致或主導的作用，儘管事實上居於獨相地位，其實際的政治作爲空間和權限已大不如前。其三，在人事環境而言，淳祐中後期時，端平諸賢

凋零殆盡，內外人材匱乏，人心不齊，在國是、人事、學術等問題上不斷產生異議和衝突，始終不能擺脫門派私計的黨爭，相互攻訐，紛爭交訟，即便鄭清之本人，也有援引臺諫、交結內侍、打壓清議等行徑，因此受到奏劾與攻擊，並引發幾次規模較大的政爭。這種黨爭，既牽制和弱化了執事羣體在處置內外政務上智慧與才能的發揮，也使政務陷於拖延壅塞、延誤跌宕的境地，大大降低了行政機制的運作效率和應對日常乃至突發事件的能力，使除弊革新的更化成效受到束縛和弱化，積弊日甚，乃至最終不可挽回。

鄭清之在淳祐七年拜相後，政治局勢和人事環境與其端平初相時已有變化，又因其已經消弱了端平時期「慨然以天下爲己任，推忱布公，知無不爲」的積極姿態，從而呈現出一種「謙遜退避」的立場和態度，在朝廷政務上難有發明，而是體現出一種「修補」的色彩，施政和治理僅僅滿足於對個性意義和表面層次上的時弊與缺陷進行補救性的處理，而未能在體制、機制層面開展和實施完全意義上的根本性變革。淳祐爲相時期，鄭清之雖然在輔君、人事、吏治、財政等方面有所整頓和治理，取得些許成效，但總體上未能擺脫審愼和保守的色彩，未能脫離端平年間治政的舊有框架和模式，反而有所收縮與退化，因此也最終未能使理宗淳祐年間的更化努力有所生色。外事方面，得益於這一時期蒙古對南宋軍事行動規模和力度的減弱，南宋得以籌劃並部署在四川、京湖、江淮三大戰區的軍事防禦，起用一批具有較高軍事素質和地方治理能力的官員，加強地區防務，強化防禦力量，取得了一定的積極成效。

四

綜觀鄭清之在晚宋理宗朝的政治生涯與表現，其基於參與並支持史彌遠扶持、策立理宗的政治運作，而與理宗之間建立起來的從龍勳臣、潛邸舊學、經筵講讀，乃至後來的輔政師臣的關係，無疑大裨益於鄭清之的政治生命。鄭清之因之得以在史彌遠前後長達二十六年的權相政治之後兩次入相、四登宰席，輔佐理宗推行一系列的革新、更化的政策與措施，並取得了某些層面與某種程度上的積極成效，在力挽南宋國勢方面起到一定的積極意義，這也是鄭清之被評爲「在南宋中葉，猶屬良臣」的依據所在。然而，鄭清之本人也具有信任私親、好同惡異、交結內侍、籠絡臺諫、打壓公論等在朝野清議份子看來不能忍受的行徑，體現出「邪」的方面，引起不少的非議和批評，而端平元年輕動干戈、力主收復的失敗，尤其成爲其居位治政的最大關憾與

罪過，其生前及身後招致的最嚴重的抨擊和否定，亦緣出於此。鄭清之之爲時人及後人爭議紛紜，其根源亦在於鄭氏本人的政治作爲介於正邪之間，搖擺兩端，莫衷一是。

那麼，應該如何評價鄭清之呢？

在南宋時期的六十餘位宰相中，如果依據在位時間長短和在位作爲，可以大致分爲如下幾個類型：

其一，秦檜、韓侂胄、史彌遠、賈似道四大權臣。

四位權臣總計掌權時間約爲七十年，占南宋立國東南一百五十二年（1127～1279）歷史的百分之四十六。本書所論之鄭清之，處於史、賈二位權相之間，其執政權限與政事作爲，尚不足以使其與四大權臣相提並論。

宰相	拜　相	罷　相	執政時期	說　明
秦檜	紹興元年（1131）八月	紹興二年（1132）八月	十九年又十月	秦檜紹興八年三月拜右相，十一年（1151）六月進左相。
	紹興八年（1138）三月	紹興二十五年（1155）十月		
韓侂胄	開禧元年（1205）七月	開禧三年（1207）十一月	二年又五月	韓侂胄拜平章軍國事。其掌控朝政，則自紹熙五年（1194）內禪始。
史彌遠	嘉定元年（1208）十月	嘉定元年（1208）十一月	二十四年又八月	史彌遠嘉定元年十一月以母憂去位，嘉定二年五月起復爲右丞相兼樞密使。
	嘉定二年（1209）五月	紹定六年（1233）十月		
賈似道	開慶元年（1259）十月	咸淳九年（1273）十月	十五年又三月	賈似道咸淳三年（1267）二月進平章軍國重事。
	咸淳十年（1274）正月起復	德祐元年（1275）二月		

其二，在皇權控制下，幾次入相，爲時四年以上的宰相。

宰相	拜　相	罷　相	任　期	說　明
陳康伯	紹興二十九年（1159）九月	隆興元年（1163）十二月	四年又七月	陳康伯紹興二十九年九月拜右相，三十一年三月進左相，隆興元年十一月罷。隆興二年十一月復拜左相。
	隆興二年（1164）十一月	乾道元年（1165）二月		
梁克家	乾道八年（1172）二月	乾道九年（1173）十月	五年又十月	梁克家乾道八年九月至九年十月以右丞相爲獨相。
	淳熙九年（1182）九月	淳熙十三年（1186）十一月		
王淮	淳熙八年（1181）八月	淳熙十五（1188）年五月	六年又九月	王淮淳熙八年八月爲右相，九年九月進左相。淳熙八年八月至九年九月、十三年十一月至十四年二月爲獨相。
留正	淳熙十六年（1189）正月	紹熙五年（1194）八月	五年又七月	留正淳熙十六年正月拜右相，紹熙元年七月進左相。淳熙十六年五月至紹熙四年三月、紹熙五年正月至八月爲獨相。
京鏜	慶元二年（1196）正月	慶元六年（1200）八月	四年又七月	京鏜慶元元年正月拜右丞相，六年閏二月進左丞相，八月薨。慶元二年四月至六年閏二月爲獨相。

宰相	拜　相	罷　相	任　期	說　明
鄭清之	紹定六年（1233）十月	端平三年（1236）九月	七年又七月	鄭清之紹定六年十月至端平二年六月以右丞相爲獨相。淳祐七年四月拜右丞相，九年閏二月進左丞相。淳祐七年四月至十一年十一月實爲獨相。
	淳祐七年（1247）四月	淳祐十一年（1251）十一月		
喬行簡	端平二年（1235）六月	端平三年（1236）九月	五年又一月	喬行簡端平二年六月拜右丞相，三年九月罷，十一月拜左丞相。嘉熙三年正月拜平章軍國重事。端平三年九月至嘉熙三年十一月，實爲獨相。
	端平三年十一月	嘉熙三年（1239）正月		
	嘉熙三年正月	嘉熙四年（1240）九月		
史嵩之	嘉熙三年（1239）正月	淳祐六年（1246）十二月	七年又十一月	史嵩之淳祐四年九月癸卯以父病謁告，許之。丙午，詔起復右丞相。淳祐六年十二月詔守本官致仕。嘉熙四年閏十二月至淳祐四年十二月爲獨相。

其三，爲相兩年以上，而有所建樹者。

宰相	拜　相	罷　相	任　期	說　明
呂頤浩	建炎三年（1229）四月	建炎四年（1230）四月	三年	呂頤浩建炎三年四月拜右相，閏八月進左相。建炎四年二月至四月、紹興三年四月至七月爲獨相。
	紹興元年（1231）九月	紹興三年（1233）九月		
趙鼎	紹興四年（1134）九月	紹興六年（1136）十二月	三年又四月	趙鼎紹興四年九月至五年二月、七年九月至八年三月爲獨相。
	紹興七年（1137）九月	紹興八年（1138）十月		
張浚	紹興五年（1235）二月	紹興七年（1237）九月	三年	張浚紹興六年十二月至七年九月爲獨相。
	隆興元年（1163）十二月	隆興二年（1164）四月		
湯思退	紹興二十七年（1157）六月	紹興二十九年（1159）十二月	三年又十月	湯思退紹興二十九年六月至九月、隆興二年四月至十一月爲獨相。
	隆興元年（1163）七月	隆興二年（1164）十一月		
陳俊卿	乾道四年（1168）十月	乾道六年（1170）五月	一年又七月	陳俊卿乾道十月拜右相，五年八月進左相。四年十二月至五年八月爲獨相。
虞允文	乾道五年（1169）八月	乾道八年（1172）九月	三年又一月	虞允文乾道五年八月拜右相，八年二月進左相。六年五月至八年二月爲獨相。

宰相	拜　相	罷　相	任　期	說　明
趙雄	淳熙五年（1178）十一月	淳熙八年（1181）八月	二年又九月	趙雄以右丞相爲獨相。
周必大	淳熙十四年（1187）二月	淳熙十六年（1189）五月	二年又三月	周必大淳熙十四年二月拜右相，十六年正月進左相，五月罷相。淳熙十五年五月至十六年正月爲獨相。

其四，作爲政事與人事過渡意義者。

宰相	拜　相	罷　相	任　期	說　明
李綱	建炎元年（1127）五月	建炎元年八月	不足三月	五月甲午拜右相，八月壬戌拜左相，八月乙亥罷相。實在相位七十五日。
黃潛善	建炎元年八月	建炎三年（1129）二月	一年又六月	建炎元年八月拜右相，二年十二月爲左相，三年二月罷。
汪伯彥	建炎元年十二月	建炎三年二月	一年又二月	建炎二年十二月拜右相，三年二月罷。
朱勝非	建炎三年三月	建炎三年四月	一年又十一月	朱勝非紹興三年四月丁亥以母喪去位，七月乙亥起復。
	紹興二年（1132）九月	紹興三年（1134）四月		
	紹興三年七月	紹興四年（1134）九月		

宰相	拜　相	罷　相	任　期	說　明
趙汝愚	紹熙五年（1194）八月	慶元元年（1195）二月	七月	趙汝愚以右丞相爲獨相。
余端禮	慶元元年四月	慶元二年（1196）四月	一年	余端禮慶元元年四月拜右丞相，二年正月進左丞相，四月罷。慶元元年四月至二年正月爲獨相。
謝深甫	慶元六年（1200）閏二月	嘉泰三年（1203）正月	二年又十一月	謝深甫慶元六年八月至嘉泰三年正月以右丞相爲獨相。
陳自強	嘉泰三年五月	開禧三年（1207）十一月	四年又六月	陳自強嘉泰三年五月至開禧元年七月以右丞相爲獨相。
李宗勉	嘉熙三年（1239）正月	嘉熙四年（1240）閏十二月	二年	──
范鍾	淳祐四年（1244）十二月	淳祐六年（1246）二月	一年又二月	范鍾淳祐五年四月至六年二月以左丞相爲獨相。
杜範	淳祐四年十二月	淳祐五年（1245）四月	四月	杜範在位四月，薨。
游侣	淳祐五年十二月	淳祐七年（1247）四月	一年又四月	游侣淳祐六年二月至七年四月以右丞相爲獨相。

宰相	拜　相	罷　相	任　期	說　明
謝方叔	淳祐十一年（1251）十一月	寶祐三年（1255）七月	三年又八月	謝方叔淳祐十二年十一月至寶祐三年七月以左丞相爲獨相。
吳潛	淳祐十一年（1251）十一月	淳祐十二年（1252）十一月	一年又七月	——
	開慶元年（1259）十月	景定元年（1260）四月		
董槐	寶祐三年（1255）八月	寶祐四年（1256）六月	十一月	董槐以右丞相爲獨相。
江萬里	咸淳五年三月	咸淳六年正月	十月	——
馬廷鸞	咸淳五年三月	咸淳八年十一月	三年又八月	馬廷鸞咸淳六年正月至八年十一月以右丞相爲獨相。

其五，居相位而無所輕重者。

宰相	拜　相	罷　相	任　期	說　明
杜充	建炎三年（1129）閏八月	建炎四年（1130）二月	七月	——
范宗尹	建炎四年五月	紹興元年（1131）七月	一年又二月	范宗尹以右相爲獨相。
沈該	紹興二十六年（1156）五月	紹興二十九年（1159）六月	三年又一月	紹興二十六年多至二十七年六月，沈該爲獨相。

宰相	拜　相	罷　相	任　期	說　明
万俟卨	紹興二十六年五月	紹興二十六年冬	半年	紹興二十六年冬，万俟卨致仕。
朱倬	紹興三十一年（1161）三月	紹興三十二年（1162）六月	一年又三月	——
洪適	乾道元年（1165）十二月	乾道二年（1166）三月	四月	洪適以右相為獨相。
葉顒	乾道二年十二月	乾道三年（1167）十一月	一年	以郊祀雷變罷。
魏杞	乾道二年十二月	乾道三年十一月	一年	以郊祀雷變罷。
蔣芾	乾道四年（1168）二月	乾道四年六月	八月	蔣芾乾道四年六月以母喪去位，十月起復為左相，十二月辭起復去位。
	乾道四年十月	乾道四年十二月		
曾懷	乾道九年（1173）十月	淳熙元年（1174）六月	一年	曾懷以右丞相為獨相。淳熙元年六月，以臺臣誣謗而罷，七月復相。以疾自請，十一月復罷。
	淳熙元年七月	淳熙元年十一月		
葉衡	淳熙元年（1174）十一月	淳熙二年九月	十一月	葉衡以右丞相為獨相。
葛邲	紹熙四年（1193）三月	紹熙五年（1194）正月	十一月	葛邲以右丞相為獨相。
錢象祖	開禧三年（1207）十二月	嘉定元年（1208）十二月	一年	錢象祖開禧三年十二月拜右丞相，嘉定元年

宰相	拜　相	罷　相	任　期	說　明
				十月進左丞相。開禧三年十二月至嘉定元年十月爲獨相。
崔與之	端平三年（1236）九月	嘉熙三年（1239）六月	——	未視事。
趙葵	淳祐九年（1249）閏二月	淳祐十年（1250）三月	——	未視事。
程元鳳	寶祐四年（1256）七月	寶祐六年（1258）四月	一年又十月	程元鳳寶祐四年七月至六年四月以右丞相爲獨相。
	咸淳三年（1267）三月	咸淳三年三月		
丁大全	寶祐六年四月	開慶元年（1259）十月	一年又六月	丁大全以右丞相爲獨相。
葉夢鼎	咸淳三年八月	咸淳五年（1269）正月	一年又五月	咸淳八年十二月，葉夢鼎拜右丞相，屢辭，不至。
王爚	咸淳十年（1274）十一月	德祐元年（1275）二月	一年又二月	王爚咸淳十年十一月拜左丞相，德祐元年二月以言不能與大計去位，三月除左丞相，六月進平章軍國重事，十二月薨。
	德祐元年三月	德祐元年六月		
	德祐元年六月	德祐元年十二		
章鑑	咸淳十年（1274）十一月	德祐元年（1275）三月	五月	章鑑德祐元年二月辛未遁，三月丙子罷相。

宰相	拜　相	罷　相	任　期	說　明
陳宜中	德祐元年三月	德祐元年九月	二年又四月	陳宜中德祐元年三月拜右丞相，六月進左丞相，九月罷。十月拜右丞相，德祐二年正月遁。景炎元年五月復拜左丞相，二年十一月逃之占城。
	德祐元年十月	德祐二年（1276）正月		
	景炎元年（1276）五月	景炎二年（1277）十一月		
留夢炎	德祐元年六月	德祐元年十一月	六月	留夢炎德祐元年六月拜右丞相，十月進左丞相，十一月遁。
吳堅	德祐二年正月	——	——	拜左丞相。充祈請使如元軍，被拘。
文天祥	德祐二年（1276）正月	祥興元年（1278）十二月	一年又十一月	被元軍所執。
賈餘慶	德祐二年二月	——	——	充祈請使如元軍，被拘，病卒。
李庭芝	景炎元年（1276）五月	景炎元年七月	二月	除右丞相，不拜。七月，死難。
陸秀夫	景炎三年（1278）四月	祥興二年（1279）二月	十一月	自溺於海。

　　鄭清之兩次入相，前後八年，在治政方面有所建樹，稱得上是南宋宰相羣體第二層次中有所作為的一位。即就理宗一朝而言，前有史彌遠，後有賈似道，鄭清之處於其間，除此二權相外，在理宗朝諸多宰臣中，鄭清之為相

時間最長，無論爲善爲惡，無論毀譽如何，亦可謂理宗朝乃至晚宋最重要的宰相之一。鄭清之爲相，處於史彌遠二十六年權相政治之後，理宗在經過了十年淵默之後，親掌政權，也想有所作爲，已容不得再有權相出現，即便是具有潛邸舊學、縱龍勳臣、輔政宰輔關係和身份的鄭清之也不允向「權相」演化，在皇帝親政後的政治格局中，鄭清之注定只能充當配角，聽命於收攏與強化了皇權的君主，而無法如前後權臣般主宰朝政。再者，同樣是從龍勳舊而後位登宰席，同樣是面對權相政治之後切於收攏與強化君權的人主，與孝宗朝宰相史浩相比，鄭清之具有較多的幸運，其官任也更高、更久。

從整個晚宋政局來看，史彌遠當政時期，正值宋金戰事結束而宋蒙戰事未起之際，南宋面臨著二十餘年休養生息的大好機遇。但是，執政的史彌遠卻未能把握這一足以振興一代人的時機，革弊推新，勵精圖治，以中興南宋，增強國力，應對後來蒙古之攻勢，反而使國家頹勢日甚一日，對南宋政權和人民，罪莫大焉。

鄭清之當政時期，雖無史彌遠之權勢，但藉助其與理宗之關係，倍受恩寵，其得君之程度，尤其在其端平初相之時，也是宋代不多見的。而淳祐再相，又值蒙古因內亂而無暇南顧，邊事粗安，南宋獲得了十年左右的喘息機會。如此君臣際遇與天賜良機的情況下，鄭清之雖貴爲宰輔，卻未能襄助宋理宗牢牢把握時機，推行大刀闊斧、行之有效的改革，以釐清朝政，重振國力，雖有「更化」之名，卻未得「中興」實效；又因牽制於內部政爭與黨爭，終使南宋之頹勢，日甚一日，無可挽回。當蒙古大軍捲土重來之際，南宋遂走向滅亡之路。從這一點來說，對南宋而言，宋理宗與鄭清之可稱得上是歷史的罪人，對南宋的滅亡負有不可推卸之責任。

即或以人民大眾的角度考察，鄭清之當政期間，改善民生、舒緩民困的措施太少了，幾乎無暇顧及，所行之有限舉措，止步於「修補」漏闕，未得惠及大眾。而端平初年收復三京與河南地這一軍事冒險行動的失敗及其帶來的蒙宋戰事，又對南宋民生造成了極大的破壞和妨害。南宋民眾的生活狀況，比之史彌遠專政之時，並無較大改善。從這一點來講，鄭清之雖貴爲宰臣，其於當時及其後歷史的功績著實有限，不堪過度讚譽。

附錄一：鄭清之簡明年表

△ 淳熙三年　丙申　1176　一歲

　　九月辛未，鄭清之生。(《行狀》)

　　鄭清之字德源，慶元之鄞人。初名燮，字文叔，以字行。(《本傳》)

　　世爲慶元府之鄞人，居邑治之東。門有大槐，鄉評稱孝悌，必曰槐木鄭氏。(《行狀》)

△ 紹熙五年　甲寅　1194　十九歲

　　少從樓昉學，能文，樓鑰亟加稱賞。年十九薦於鄉。(《本傳》)

△ 嘉泰二年　壬戌　1202　二十七歲

　　入太學。(《行狀》)

△ 嘉定八年　乙亥　1215　四十歲

　　升上舍。(《行狀》)

△ 嘉定十年　丁丑　1217　四十二歲

　　登進士第。(《行狀》)

　　鄭丞相清之，在太學十五年，殊困滯無聊。乙亥歲，甫升舍選，而以無名闕，未及奏名，遂仍赴丁丑省試。臨期，又避知舉袁和叔親試別頭，愈覺不意。及試，《青紫明主恩》詩押明字。短晷逼暮，思索良艱。漫檢韻中，有「頳」字可用，遂用爲末句云：「他年蒙渥澤，方玉帶圍頳。」歸爲同舍道之，

－207－

皆大笑曰：「綠衫尚未能得著，乃思量繫玉帶乎？」已而中選，攀附驟貴，官至極品，竟此賜，遂成吉讖。以此知世之叨竊富貴，皆非偶然也。（《齊東野語》卷八《鄭安晚前讖》）

調峽州教授。結交趙方及其二子葵、范。（《行狀》）

△ 嘉定十四年 辛巳 1221 四十六歲

差湖廣總所準備差遣，除國子監書庫官。（《行狀》）

△ 嘉定十六年 癸未 1223 四十八歲

遷國子學錄。丞相史彌遠與清之謀廢濟國公。俄以清之兼魏惠憲王府教授。遷宗學諭，仍兼魏惠憲王府教授。（《本傳》）

△ 嘉定十七年 甲申 1224 四十九歲

除太學博士，仍兼魏惠憲王府教授。（《行狀》）

閏八月，寧宗崩，丞相入定策，詔旨皆清之所定。（《本傳》）

理宗即帝位，授諸王宮大小學教授。遷宗學博士、宗正寺丞兼權工部郎、兼崇政殿說書。（《行狀》）

自橫經朱邸，至開卷丹地，每以二帝三王之行事、六經四書之格言反覆開陳，上必敬聽。一日，上問：「外人因閣子庫進絲鞋，有謗議。」清之奏：「有言禁中服用頗事新潔者。」上曰：「舊例，月進鞋數兩，朕非敝不易，何由致謗？」清之奏：「孝宗繼高宗，故儉德易彰。陛下繼寧考，故儉德難著。寧考受用如寒士，衣領重澣，革舄屢補。今欲儉德著聞，須過於寧考方可。」上欣受。（《行狀》）

△ 寶慶元年 乙酉 1225 五十歲

改兼兵部兼國史院編修官、實錄院檢討官，除起居郎，仍兼史官說書，兼樞密院編修官。（《行狀》）

△ 寶慶二年 丙戌 1226 五十一歲

權工部侍郎，暫權給事中，進給事中，升兼同修國史、實錄院同修撰。（《本傳》）

九月庚午，工部侍郎兼崇政殿說書鄭清之晚進讀《通鑒》漢成帝時朱穆宦官恣橫事，清之奏：「西漢士大夫得出入禁中，人主不專與婦寺相處。」上

曰：「朕觀周成之制，宮中宿衛盡用士大夫，使人君目見正人，耳聞正論，所以爲進德之基。西漢去古未遠，尙有成周遺意。使人君得親近士大夫，眞良規也。」歎羨久之。（《宋史全文》卷三十一）

十二月癸未，鄭清之晚講畢，宣坐，上曰：「朕旦日見太后，語笑極從容。」且備言太后慈愛，喜溢天顏。清之奏：「舜有天下，不足以解憂，惟順於父母，可以解憂。陛下不以天位自矜，而以親歡爲樂，眞大舜之孝也。」上曰：「太后不但慈愛曲盡，最是聖體康強，頤養天勝往日，此朕所以尤喜也。」清之奏：「陛下以天下養備盡孝道，太后之心愉悅甚矣，此所以聖體益強而無疾也。」上因曰：「朕思前殿撤簾之事，大臣未爲盡善。今太后聖慮高明，娛適燕閒，丞相處母子之間，密勿輔贊，不見形跡，使朕得日致其孝，丞相之力多矣。」嘉歎再三。（《宋史全文》卷三十一）

△ 紹定元年　戊子　1228　五十三歲

遷翰林學士、知制誥兼侍讀，升兼修國史實錄院修撰。（《本傳》）

十月丁未，翰林學士、侍讀鄭清之講畢，上曰：「近喜晴明，刈獲迄事。」清之奏：「陛下敬天事親，皆極其至。今天意昭格，東朝悅豫，應驗若此。」上悅。辛亥，鄭清之同王暨進讀，上曰：「朕觀漢、唐以下，人主鮮克有終者，皆由不知道。」清之奏：「聖見高明，可謂推本之論。」王暨講《尙書》，上問曰：「夏桀不道，成湯放之，可以鑒矣。紂何爲復尋其覆轍？」……清之奏：「自古人主不能以亂亡爲鑒，豈獨闇君孱主？漢武帝飫聞亡秦黷武之弊而窮征不休，唐玄宗手鋤太平逆韋之難而敗於女寵，猶未足怪。太宗英明創業，親見隋煬征遼亡國，乃縱兵鴨綠，迄無成功，有累盛德，是皆不能以覆轍爲戒。正如聖語『由不知道』，所以不能以道制欲爾。」……上曰：「非知之艱，行之惟艱。」（《宋史全文》卷三十一）

十二月辛亥，升端明殿學士、簽書樞密院事。（《宋史》卷四十一）

△ 紹定三年　庚寅　1230　五十五歲

八月，簽書樞密院事鄭清之鹵簿使。（《宋史全文》卷三十一）

十二月乙丑，授參知政事兼簽書樞密院事。（《宋史》卷四十一）

△ 紹定四年　辛卯　1231　五十六歲

四月丁丑，兼同知樞密院事。（《宋史》卷四十一）

九月丙戌，臨安火。丙辰，宰執以太室延燎五具，奏乞鐫罷。詔史彌遠特降奉化郡公，薛極、鄭清之、喬行簡各降一秩。（《宋史全文》卷三十二）

△ 紹定五年 壬辰 1232 五十七歲

五月己丑，詔：昨鬱攸爲災，延及太室，罪在朕躬，而二三執政引咎去職。今宗廟崇成，神御妥安，薛極、鄭清之、喬行簡並復元官。（《宋史全文》卷三十二）

△ 紹定六年 癸巳 1233 五十八歲

八月己卯，參知政事鄭清之爲（明堂）禮儀使。（《宋史全文》卷三十二）

十月丙戌，授光祿大夫、右丞相兼樞密使（《宋史》卷四十一），提舉玉牒、國史實錄院、《會要》、《敕令》。（《行狀》）

△ 端平元年 甲午 1234 五十九歲

提舉《武經要略》。（《行狀》）

六月戊辰朔，輔臣鄭清之、同知吳潛、簽書徐清叟等入奏畢，顧瞻選德殿東西壁，揭宸翰六大字，曰「思無邪毋不敬」。共奏聖學日新之意，上曰：「此朕座右銘也。」清之等撰二銘以進。（《宋史全文》卷三十二，按，本卷此條下錄有二銘文。）

△ 端平二年 乙未 1235 六十歲

二年五月，六疏乞罷機政，御箚勉留。（《行狀》）

六月戊寅，制授特進、左丞相兼樞密使、提舉《國史》、《日曆》、《玉牒》、《敕令》、《武經要略》。（《行狀》，「戊寅」據《宋宰輔編年錄續錄》卷十。）

△ 端平三年 丙申 1236 六十一歲

七月丁亥，詔鄭清之爲明堂大禮使。乙未，宰執奏：調燮無狀，陰雨爲災，乞從竄斥。表三上，詔不許。（《宋史全文》卷三十二）

八月，霖雨大風，四疏匄去。（《本傳》）

九月，禋祀雷變，請益力。（《本傳》）乙亥，授觀文殿大學士、醴泉觀使兼侍讀，四疏控辭。（《宋史》卷四十二）

十二月癸卯，辭免觀文殿大學士、醴泉觀使兼侍讀，詔仍舊觀文殿大學士、提舉洞霄宮。（《宋史》卷四十二）

△ 嘉熙三年 己亥 1239 六十四歲

封申國公。(《行狀》)

△ 嘉熙四年 庚子 1240 六十五歲

遣中使賜御書「輔德明謨之閣」，賜楮十萬緡爲經始費。(《行狀》)

△ 淳祐四年 甲辰 1244 六十九歲

十二月乙亥，授少保，依舊觀文殿大學士、醴泉觀使兼侍讀，仍奉朝請，進封衛國公。(《宋史》卷四十三)

△ 淳祐五年 乙巳 1245 七十歲

正月，上壽畢，六丐歸，不允。(《行狀》)

七月庚戌，以《春秋》徹章，拜少傅，依前觀文殿大學士、醴泉觀使兼侍讀，進封越國公。居無何，子士昌卒，出館江滸，決意東歸。上不允。(《行狀》，「庚戌」據《宋史全文》卷三十四)

十一月乙未，乞歸田，不允。(《宋史》卷四十三)

十二月己卯，拜少師、奉國軍節度使，依前醴泉觀使兼侍讀、越國公，特賜玉帶，及更賜第於西湖之魚莊。(《行狀》)

進讀《仁皇訓典》，謂「仁祖之仁厚，發爲英明，故能修明紀綱，而無寬弛不振之患。孝宗之英明，本於仁厚，故能涵養士氣，而無矯勵峭刻之習。蓋仁厚英明二者相須，此仁祖、孝宗所以爲盛也。」御筆褒諭。(《行狀》)

△ 淳祐六年 丙午 1246 七十一歲

六年，四疏丐歸不允。(《行狀》)

八月，進讀畢，賜宴內苑，上御黃徹，同行苑中。御前有金瓶貯丹桂，上以清之老，夫婦失冢子，慰勞甚至，賜瓶花以解憂。鄭清之進《感德》詩八十韻，上俯用其韻。(《行狀》)

△ 淳祐七年 丁未 1247 七十二歲

三月，以《禮記》徹章，拜太保，力辭。(《行狀》)

四月辛丑，拜太傅、右丞相兼樞密使、越國公、提舉《國史》、《實錄》、《會要》、《玉牒》、《敕令》、《經武要略》。(《行狀》，「辛丑」據《宋史》卷四十三。)

九月甲戌，奏：將回授太保一秩追贈四世祖詣。詔從之。（《宋史全文》卷三十四）

△ 淳祐八年 戊申 1248 七十三歲

八月甲申，以鄭清之爲明堂大禮使。（《宋史全文》卷三十四）

九月庚午，以明堂禮成，加食邑一千戶，食實封四百戶。（《宋宰輔編年錄續錄》卷十六）

十一月丙午，乞歸田里，詔不許。（《宋史全文》卷三十四）

△ 淳祐九年 己酉 1249 七十四歲

閏二月甲辰，拜太師、左丞相兼樞密使、提舉《國史》、《日曆》、《玉牒》、《敕令》、《經武要略》，進封魏國公。（《宋史》卷四十三，「提舉」據《行狀》。）乙卯，辭免太師，奏凡五上，詔許之。（《宋史全文》卷三十四，「許之」據《宋史》卷四十三。）

四疏乞謝事。（《行狀》）

四月己巳，屢疏乞骸，因奏時事十難。曰重相權，曰凝國是，曰用人才，曰足兵食，曰守法度，曰革弊蠹，曰佈公道，曰去貪贓，曰理財用，曰節冗費。詔獎留之。（《宋史全文》卷三十四）

△ 淳祐十年 庚戌 1250 七十五歲

進《十龜元吉箴》，一持敬，二典學，三崇儉，四力行，五能定，六明善，七謹微，八察言，九惜時，十務實。甚稱上旨，宣付史館，賜詔獎諭。（《行狀》）

十一月甲戌，再乞歸閒，詔不許。（《宋史全文》卷三十四）

十二月壬辰朔，乞去歸田里，詔不許。（《宋史》卷四十三）

△ 淳祐十一年 辛亥 1251 七十六歲

二月乙未，左丞相鄭清之等上《玉牒》、《日曆》、《會要》及《光宗寧宗寶訓》、《寧宗經武要略》。丁酉，詔鄭清之等進秩有差。（《宋史》卷四十三）

是年，十疏乞罷政，皆不可。進讀《光寧兩朝寶訓》、《今上日曆》、《會要》、《玉牒》、《淳祐條法事類》，俱拜太師，皆力辭。（《行狀》）

四月己亥，鄭清之等上敕令所《淳祐條法事類》四百三十卷。己酉，上諭輔臣曰：「祖宗時遇親邸恩禮隆厚，如歲時賜予甚憂，然訓迪範防之制尤嚴，賓接有禁，內外有限。近聞有媵妾外館者，有干預他事者，殊戾家法，所當申嚴。」清之等遵稟而退。詔敕令所進呈《淳祐條法事類》禮畢，鄭清之等各進一秩。（《宋史全文》卷三十四，按，《宋史》卷四十三記進《條法事類》在丁未，鄭清之等各進二秩。）

八月甲午，以鄭清之爲明堂大禮使。（《宋史全文》卷三十四）

九月庚辰，明禋相禮，有旨，閤門給扶掖二人。是夕，三上奏辭不允。（《行狀》，按，《宋史全文》卷三十四稱：「力辭扶掖，凡五奏，詔從之。」）丙戌，詔：「鄭清之……所賜玉帶，可使服繫。」（《宋史全文》卷三十四）

十一月丁酉，奏事，退感寒疾。累奏乞罷，不允。奏不已，拜太傅、保寧軍節度使充醴泉觀使，進封齊國公，提舉史館。疾革乞致仕，拜太師、保寧軍昭慶軍節度使，依前齊國公致仕。甲辰，薨於丞相府。贈尚書令，追封魏郡王，諡「忠定」。（《行狀》）

△ 寶祐元年　癸丑　1253 年　卒後二年

九月戊子，詔：「鄭清之舊學云亡，朕切念之。遠日有期，可令慶元府裏葬，從其厚。」（《宋史全文》卷三十四）

十一月，孫大有等人將其歸葬於鄞縣豐樂鄉東山原。（《行狀》）

△ 景定四年　癸亥　1263 年　卒後十二年

劉克莊撰《丞相忠定鄭公行狀》。（《劉克莊集箋校》卷一七○）

附錄二：徵引、參考文獻

（一）古籍文獻

1. （西漢）劉向集錄：《戰國策》，上海：上海古籍出版社 1985 年版。
2. （南朝宋）范曄：《後漢書》，北京：中華書局點校本 1965 年版。
3. （後晉）劉昫等：《舊唐書》，北京：中華書局點校本 1975 年版。
4. （元）脫脫等：《宋史》，北京：中華書局點校本 1977 年版。
5. （元）脫脫等：《金史》，北京：中華書局點校本 1975 年版。
6. （明）宋濂等：《元史》，北京：中華書局點校本 1976 年版。
7. （宋）佚名撰，汝企和點校：《續編兩朝綱目備要》，北京：中華書局 1995 年版。
8. （宋）黃震：《黃氏日鈔古今紀要逸編》，《叢書集成初編》第 2784 冊，北京：中華書局 1985 年版。
9. （元）佚名撰，王瑞來箋證：《宋季三朝政要箋證》，北京：中華書局 2010 年版。
10. （元）佚名撰，李之亮校點：《宋史全文》，哈爾濱：黑龍江人民出版社 2005 年版。
11. （明）馮琦原編，（明）陳邦瞻纂輯，（明）張溥論正：《宋史紀事本末》，北京：中華書局 1955 年版。
12. （明）陳邦瞻：《宋史紀事本末》，北京：中華書局點校本 1977 年版。
13. （清）陸心源：《宋史翼》，影印清光緒三十二年初刊朱印本，北京：中華書局 1991 年版。
14. （清）畢沅編：《續資治通鑑》，北京：中華書局 1957 年版。

15.（宋）趙汝愚編，北京大學中古史研究中心校點：《宋朝諸臣奏議》，上海：上海古籍出版社 1999 年版。

16.（宋）呂午：《左史諫草》，影印文津閣《四庫全書》第 146 冊，北京：商務印書館 2005 年版。

17.（明）黃淮、楊士奇等：《歷代名臣奏議》，影印明永樂十四年內府刊本，上海：上海古籍出版社 1989 年版。

18.（宋）陳騤撰，張富祥點校：《南宋館閣錄 南宋館閣續錄》，北京：中華書局 1998 年版。

19.（宋）徐自明撰，（明）呂邦燿續編，王瑞來校補：《宋宰輔編年錄校補 續宋宰輔編年錄校補》，北京：中華書局 1986 年版。

20.（清）徐松輯：《宋會要輯稿》，北京：中華書局 1957 年版。

21.（清）王夫之撰，舒士彥點校：《宋論》，北京：中華書局 1964 年版。

22.（宋）范成大撰，陸振岳校點：《吳郡志》，南京：江蘇古籍出版社 1999 年版。

23.（宋）梁克家纂，李勇先校點：《淳熙三山志》，《宋元珍稀地方志叢刊》甲編第 5～7 冊，成都：四川大學出版社 2007 年版。

24.（宋）胡榘修，方萬里、羅濬纂：《寶慶四明志》，《宋元方志叢刊》影印清咸豐《宋元四明六志》本，北京：中華書局 1989 年版。

25.（宋）張淏：《寶慶會稽續志》，影印明正德石存禮刻本，《四庫提要著錄叢書》史部第 36 冊，北京：北京出版社 2011 年版。

26.（宋）魏峴：《四明它山水利備覽》，影印明崇禎陳朝輔刻本，《四庫提要著錄叢書》史部第 59 冊，北京：北京出版社 2011 年版。

27.（宋）鄭瑤等撰：《景定嚴州續志》，《宋元方志叢刊》影印清光緒《浙西村舍匯刊》本，北京：中華書局 1989 年版。

28.（宋）周應合撰，王曉波等點校：《景定建康志》，成都：四川大學出版社 2007 年版。

29.（元）單慶修、徐碩纂，嘉興市地方志辦公室編校：《至元嘉禾志》，上海：上海古籍出版社 2010 年版。

30.（元）馬澤修，袁桷纂：《延祐四明志》，《宋元方志叢刊》影印清咸豐《宋元四明六志》本北京：中華書局 1989 年版。

31.（元）王元恭修，王厚孫、徐亮纂：《至正四明續志》，《宋元方志叢刊》影印清咸豐《宋元四明六志》本，北京：中華書局 1989 年版。

32.（明）吳之鯨撰，魏得良標點：《武林梵志》，杭州：杭州出版社 2006 年版，第 191 頁。

33.（明）楊寔纂修：《寧波郡志》，《中國方志叢書》影印明成化四年刊本，臺北：成文出版社有限公司 1983 年版。

34. （明）李賢等撰：《明一統志》，影印文津閣《四庫全書》第 161 冊，北京：商務印書館 2005 年版。

35. （明）郭子章撰，（清）釋畹荃續撰：《明州阿育王山志》，影印清乾隆正續合刊本，臺北：明文書局 1980 年版。

36. （清）顧祖禹撰，賀次君、施和金點校：《讀史方輿紀要》，北京：中華書局 2005 年版。

37. （清）黃宗羲原著，（清）全祖望補修，陳金生、梁運華點校：《宋元學案》，北京：中華書局 1986 年版。

38. （清）李清馥撰，徐公喜、管正平、周明華點校：《閩中理學淵源考》，南京：鳳凰出版社 2011 年版。

39. （清）徐兆昺撰，桂心儀等點校：《四明談助》，寧波：寧波出版社 2003 年版。

40. （清）永瑢等：《四庫全書總目》，北京：中華書局 1965 年版。

41. （宋）周密撰，張茂鵬點校：《齊東野語》，北京：中華書局 1983 年版。

42. （宋）周密撰，吳企明點校：《癸辛雜識》，北京：中華書局 1988 年版。

43. （宋）羅大經撰，王瑞來點校：《鶴林玉露》，北京：中華書局 1983 年版。

44. （宋）俞文豹撰，張宗祥校訂：《吹劍錄全編》，上海：古典文學出版社 1958 年版。

45. （元）劉壎：《隱居通議》，《叢書集成初編》本，北京：中華書局 1985 年版。

46. （元）劉一清：《錢塘遺事》，影印清嘉慶洞庭掃葉山房席氏校訂本，上海：上海古籍出版社 1985 年版。

47. （明）田汝成：《西湖遊覽志餘》，上海：上海古籍出版社 1980 年版。

48. （清）張照等輯：《祕殿珠林》，影印清乾隆內府抄本，《四庫提要著錄叢書》子部第 26 冊，北京：北京出版社 2011 年版。

49. （宋）樓鑰撰，顧大鵬點校：《樓鑰集》，杭州：浙江古籍出版社 2010 年版。

50. （宋）袁燮：《絜齋集》，《叢書集成初編》本，北京：中華書局 1985 年版。

51. （宋）葉適撰，劉公純、王孝魚、李哲夫點校：《葉適集》，北京：中華書局 1961 年版。

52. （宋）程珌：《程端明公洺水集》，影印明嘉靖程元昺刻本，《宋集珍本叢刊》第 71 冊，北京：綫裝書局 2004 年版。

53. （宋）劉宰：《漫塘集》，影印明萬曆刻本，《宋集珍本叢刊》第 72 冊，北京：綫裝書局 2004 年版。

54. （宋）徐應龍：《東澗集》，影印文津閣《四庫全書》第 393 冊，北京：商務印書館 2005 年版。

55. （宋）吳泳：《鶴林集》，影印清乾隆翰林院鈔本，《宋集珍本叢刊》第 74 冊，北京：線裝書局 2004 年版。

56. （宋）崔與之傳，張其凡、孫志章整理：《宋丞相崔清獻公全錄》，廣州：廣東人民出版社 2008 年版。

57. （宋）洪咨夔：《平齋文集》，影印清影宋鈔本，《宋集珍本叢刊》第 74～75 冊，北京：線裝書局 2004 年版。

58. （宋）鄭清之：《安晚堂集》，影印文津閣《四庫全書》第 393 冊，北京：商務印書館 2005 年版。

59. （宋）眞德秀：《西山先生眞文忠公文集》，影印明正德元年刻本，《宋集珍本叢刊》第 75～76 冊，北京：線裝書局 2004 年版。

60. （宋）魏了翁：《重校鶴山先生大全文集》，影印明嘉靖銅活字印本，《宋集珍本叢刊》第 76～77 冊，北京：線裝書局 2004 年版。

61. （宋）杜範：《杜清獻公集》，影印清鈔本，《宋集珍本叢刊》第 78 冊，北京：線裝書局 2004 年版。

62. （宋）袁甫：《蒙齋集》，影印文津閣《四庫全書》第 392 冊，北京：商務印書館 2005 年版。

63. （宋）王邁：《臞軒集》，影印文津閣《四庫全書》第 393 冊，北京：商務印書館 2005 年版。

64. （宋）劉克莊撰，辛更儒箋校：《劉克莊集箋校》，北京：中華書局 2011 年版。

65. （宋）林希逸：《竹溪鬳齋十一稿續集》，影印清鈔本，《宋集珍本叢刊》第 83 冊，北京：線裝書局 2004 年版。

66. （宋）徐元傑：《楳埜集》，影印清翰林院鈔本，《宋集珍本叢刊》第 83～84 冊，北京：線裝書局 2004 年版。

67. （宋）吳潛：《許國公奏議》，影印清光緒刻本，《宋集珍本叢刊》第 84 冊，北京：線裝書局 2004 年版。

68. （宋）李曾伯：《可齋雜稿》，影印清初鈔本，《宋集珍本叢刊》第 84 冊，北京：線裝書局 2004 年版。

69. （宋）李昴英撰，楊芷華點校：《文溪存稿》，廣州：暨南大學出版社 1994 年版。

70. （宋）趙汝騰：《庸齋集》，影印文津閣《四庫全書》第 394 冊，北京：商務印書館 2005 年版。

71. （宋）高斯得：《恥堂存稿》，影印文津閣《四庫全書》第 395 冊，北京：商務印書館 2005 年。

72. （宋）陽枋：《字溪集》，影印文津閣《四庫全書》第 395 冊，北京：商務印書館 2005 年版。

73. （宋）方岳：《秋崖集》，影印文津閣《四庫全書》第 395 冊，北京：商務印書館 2005 年版。

74. （宋）馬廷鸞：《碧梧玩芳集》，影印清乾隆翰林院抄本，《宋集珍本叢刊》第 87 冊，北京：綫裝書局 2004 年版。

75. （宋）林景熙撰，（元）章祖程註，陳增傑補注：《林景熙集補注》，杭州：浙江古籍出版社 2012 年版。

76. （宋）佚名：《翰苑新書續集》，影印文津閣《四庫全書》第 315 冊，北京：商務印書館 2005 年版。

77. （宋）陳起編：《江湖小集》，影印文津閣《四庫全書》第 453 冊，北京：商務印書館 2005 年版。

78. （宋）陳起：《江湖後集》，影印文津閣《四庫全書》第 454 冊，北京：商務印書館 2005 年版。

79. （宋）周弼：《端平詩雋》，影印文津閣《四庫全書》第 396 冊，北京：商務印書館 2005 年版。

80. （金）元好問：《元好問全集（增訂本）》，太原：山西古籍出版社 2004 年版。

81. （元）方回：《桐江集》，影印宛委別藏鈔本，《續修四庫全書》第 1322 冊，上海：上海古籍出版社 2002 年版。

82. （元）方回撰，李慶甲集評校點：《瀛奎律髓彙評》，上海：上海古籍出版社 1986 年版。

83. （元）劉塤：《水雲村稿》，影印文津閣《四庫全書》第 399 冊，北京：商務印書館 2005 年版。

84. （元）虞集：《道園類稿》，影印明初覆刊元撫州路學刊本，《元人文集珍本叢刊》第 5～6 冊，臺北：新文豐出版公司 1985 年版。

85. （明）何喬新：《椒邱文集》，影印文津閣《四庫全書》第 417 冊，北京：商務印書館 2005 年版。

86. （清）全祖望撰，朱鑄禹彙校集註：《全祖望集彙校集註》，上海：上海古籍出版社 2000 年版。

87. （清）吳之振：《宋詩鈔》，影印文津閣《四庫全書》第 488～489 冊，北京：商務印書館 2005 年版。

88. （清）厲鶚輯撰：《宋詩紀事》，上海：上海古籍出版社標點本 1983 年版。

89. 傅璇琮等主編：《全宋詩》，北京：北京大學出版社 1995 年版。

90. 曾棗莊、劉琳主編：《全宋文》，上海：上海辭書出版社 2006 年版。

（二）今人論著（以著者姓氏拼音爲序）

著　作

1. 白壽彝主編：《中國通史》第七卷《中古時代・五代遼宋夏金時期》，上海：上海人民出版社 1997 年版。

2. 陳世松等著：《宋元戰爭史》，成都：四川省社會科學院出版社 1988 年版。

3. 陳振：《宋史》，上海：上海人民出版社 2003 年版。

4. 程章燦：《劉克莊年譜》，貴州：貴州人民出版社 1993 年版。

5. 方豪：《宋史》，臺北：中國文化大學出版部 1989 年版。

6. 龔延明：《宋代官制辭典》，北京：中華書局 1997 年版。

7. 顧宏義：《天平：十三世紀宋蒙（元）和戰實錄》，上海：上海書店出版社 2012 年版。

8. 韓儒林主編：《元朝史》，人民出版社 2008 年版。

9. 何忠禮：《南宋全史二（政治、軍事和民族關係卷)》，上海：上海古籍出版社 2011 年版。

10. 胡昭曦、蔡東洲：《宋理宗宋度宗》，長春：吉林文史出版社 1996 年版。

11. 胡昭曦、鄒重華：《宋蒙（元）關係研究》成都：四川大學出版社 1989 年版。

12. 黃寬重：《晚宋朝臣對國是的爭議——理宗時代的和戰、邊防與流民》，臺北：臺灣大學文史叢刊，1978 年。

13. 黃寬重：《南宋地方武力——地方軍與民間自衛武力的探討》，臺北：東大圖書出版有限公司 2002 年版。

14. 黃寬重：《宋代的家族與社會》，臺北：東大圖書股份有限公司 2006 年版。

15. 黃寬重：《政策・對策：宋代政治史探索》，臺北：中央研究院、聯經出版公司 2012 年版。

16. 李天鳴：《宋元戰史》，臺北：食貨出版社 1988 年版，

17. 李之亮：《宋代路分長官通考》，成都：巴蜀書社 2003 年版。

18. 沈松勤：《南宋文人與黨爭》，北京：人民出版社 2005 年版。

19. 史美珩：《是姦相還是能臣——史彌遠歷史眞相研究》，太原：山西人民出版社 2010 年版。

20. 汪聖鐸：《兩宋財政史》，北京：中華書局 1995 年版。

21. 汪聖鐸：《兩宋貨幣史》，北京：社會科學文獻出版社 2003 年版。

22. 姚瀛艇主編：《宋代文化史》，開封：河南大學出版社 1992 年版。

23. 張宏生：《江湖詩派研究》，北京：中華書局 1995 年版。

24. 張金嶺：《宋理宗研究》，北京：人民出版社 2008 年版。

25. 張培鋒：《宋代士大夫佛學與文學》，北京：宗教文化出版社 2007 年版。

26. 張其凡：《宋代史》，香港：奧亞週刊出版公司 2004 年版。

27. 趙永春：《金宋關係史研究》，吉林教育出版社，1999 年。

28. 趙永春：《金宋關係史》，北京：人民出版社 2005 年版。

29. 鄭傳傑、鄭昕：《二登相位鄭清之》，寧波：寧波出版社 2009 年版。

30. 鄭傳傑、鄭昕：《鄭清之評傳》，寧波：寧波出版社 2010 年版。

31. 周寶珠、陳振：《簡明宋史》，北京：人民出版社 1985 年版。

32. 周良霄、顧菊英：《元史》，上海：上海人民出版社 2003 年版。

33. 朱瑞熙、張其凡：《中國政治制度通史》第六卷（宋代卷），北京：人民出版社 1996 年版。

34. Richard L. Davis. *Court and Family in Sung China, 960 ～ 1279: Bureaucratic Success and Kinship Fortunes for the Shih of Ming-chou*. Duke University Press, 1986.

35. Denis Twitchett, John K. Fairbank .*The Cambridge History of China, Volume 5, Part one: the Sung Dynasty and Its Precursors*. Cambridge University Press, 2009.

論　文

1. 蔡東洲：《論早期宋蒙關係》，《四川師範學院學報》1990 年第 5 期。

2. 陳高華：《早期宋蒙關係和「端平入洛」之役》，載氏著：《元史研究論稿》，北京：中華書局 1991 年版，第 214～219 頁。

3. 段玉明、胡昭曦：《宋理宗「端平－淳祐」更化芻論》，載鄧廣銘、漆俠主編：《宋史研究論文集》，石家莊：河北教育出版社 1989 年版。

4. 方震華：《軍務與儒業的矛盾——衡山趙氏與晚宋統兵文官家族》，《新史學》2006 年第 17 卷第 2 期。

5. 方震華：《從轉機到危機——南宋理宗的即位與政局轉折》，載北京大學中國古代史研究中心編《宋代政治史研究的新視野國際學術研討會論文集（未刊稿）》，2013 年。

6. 傅駿：《端平年間京湖襄陽地區的戰事》，《軍事歷史研究》2003 年第 1 期。

7. 郭薺蓮：《鄭清之年譜》，《史苑》第 67 期，第 23～42 頁。

8. 胡昭曦：《晚宋名相鄭清之考論》，載北京大學中國古代史研究中心編：《鄧廣銘教授百年誕辰紀念論文集》，北京：中華書局 2008 年版，第 547～560 頁。

9. 黃寬重：《辨「端平入洛敗盟」》，收入氏著：《南宋史研究集》，臺北：新文豐出版公司 1985 年版，第 19～30 頁。

10. 黃寬重：《孟珙與四川》，收入氏著：《南宋軍政與文獻探索》，臺北：新文豐出版公司 1990 年版，第 163～182 頁。

11. 賈大泉：《宋代的紙幣發行和紙幣理論》，《社會科學研究》1996 年第 1 期。

12. 廖寅：《論宋理宗繼位與四明集團的關係》，《求索》2004 年第 11 期。

13. 裴一璞：《南宋余玠出師興元府之役述論》，《宜賓學院學報》2009 年第 5 期。

14. 史美珩：《南宋史家三相的國家戰略思想》，《浙江師範大學學報》2007 年第 6 期。

15. 孫克寬：《晚宋政爭中之劉後村——劉後村與晚宋政治之二》，載宋史座談會編：《宋史研究集》第二輯，臺北：「國立」編譯館中華叢書編審委員會 1983 年版，第 371～403 頁。

16. 孫克寬：《劉後村的家世與交遊——劉後村與晚宋政治之一》，載宋史座談會編：《宋史研究集》第四輯，臺北：「國立」編譯館 1969 年版，第 159～187 頁。

17. 王德毅：《鄭清之與南宋後期的政爭》，《宋史研究論文集——國際宋史研討會暨中國宋史研究會第九屆年會編刊》，2000 年，第 161～182 頁。

18. 伍純初：《南宋「聯蒙滅金」政策形成原因分析》，《棗莊學院學報》2007 年第 6 期。

19. 熊燕軍：《南宋端平襄陽兵變及相關問題》，載姜錫東主編：《宋史研究論叢》第十二輯，保定：河北大學出版社 2011 年版，第 357～382 頁。

20. 楊倩描：《端平「三京之役」新探——兼爲「端平入洛」正名》，載姜錫東、李華瑞主編：《宋史研究論叢》第八輯，保定：河北大學出版社 2007 年版，第 229～250 頁。

21. 張金嶺：《濟王之死與南宋政局》，載朱瑞熙等編《宋史研究論文集》第十輯，蘭州：蘭州大學出版社 2004 年版。

22. 張金嶺、吳擎華：《晚宋理學家對僭越權力的加入、疏離和紛爭——立足於理宗時期理學家爲濟王鳴冤的考察》，《四川師範大學學報》2003 年第 4 期。

23. 張金嶺：《宋理宗推崇理學的深遠影響》，《華北水利水電學院學報》2007 年第 6 期。

24. 張其凡、田翼：《有關宋理宗的兩個問題的考察》，《商丘師範學院學報》2011 年第 5 期。

25. 張其凡、趙冉：《20 世紀以來晚宋史研究回顧與展望》，《中國史研究動態》2012 年第 4 期。

26. 鍾文榮：《雪川之變與真德秀政治命運分析》，《三明學院學報》2010 年第 1 期。

27. 朱重聖：《宋代太學之取士及其組織》，載宋史座談會編：《宋史研究集》第十八輯，臺北：「國立」編譯館 1988 年版，第 211～260 頁。

學位論文：

1. 呂洪偉：《金末金宋關係相關問題探討》，遼寧師範大學碩士學位論文，2006 年。

2. 王侃：《略論南宋名臣吳潛的政治生涯》，重慶師範大學碩士學位論文，2010 年。

3. 伍純初：《宋理宗親政時期的君權與相權關係探析》，上海師範大學碩士學位論文，2005 年。

4. 楊宇勛：《南宋理宗中、晚期的政爭（A.D.1233～1264）——從史彌遠卒後之相位更替來觀察》，臺南成功大學碩士論文，1991 年。

5. 于愛華：《南宋地緣政治關係研究》，雲南大學博士學位論文，2010 年。

6. 鄭國畫：《南宋四明史氏三相政治活動及其比較研究》，寧波大學碩士學位論文，2009 年。

後 記

　　呈現在諸君面前的這本《晚宋宰臣鄭清之研究》，其文本前身，是著者攻讀歷史學碩士研究生的學位論文，論文是在先恩師、暨南大學中國文化史籍研究所張其凡教授的指導下撰寫的，此次承蒙花木蘭文化出版社慨賜刊行，藉此機會，深切緬懷先恩師張其凡教授千古！

　　著者是在湖北大學本科二年級時，受到啓蒙恩師、歷史文化學院曾育榮教授的薰染和鼓勵，開始關注宋代史的，並在曾老師的指導下，從研讀宋代基本史籍《宋史》、《續資治通鑑長編》、《建炎以來繫年要錄》等入手，以求打下良好文獻功底，同時，閱讀宋史研究的相關學術成果，關注前沿研究動態，做到不短視、不盲目。三年級時，著者決定選擇宋史作爲此後學習和研究的領域，曾老師更是提供了諸多幫助，在曾老師的誠勉和推薦下，著者於2011 年順利考取廣州暨南大學的碩士研究生，蒙先恩師張其凡教授不棄，允我忝身門下，跟隨研習兩宋史。先恩師師從中國宋史研究開拓者和奠基者之一、宋史研究大家陳樂素先生，明習五代、兩宋史，尤其擅長政治、軍事、制度、人物與文獻之研究，三十多年間筆耕不輟，著述豐碩，出版《趙普評傳》、《五代禁軍初探》、《宋初政治探研》、《宋代史》、《兩宋歷史文化概論》、《宋代典籍研究》、《宋代政治軍事論稿》、《宋代人物論稿》、《中國歷史·五代史》、《番禺集：宋代歷史文化探研集》等十多部學術著作，並整理出版《張乖崖集》、《宋丞相崔清獻公全錄》、《類編皇朝大事記講義　類編皇朝中興大事記講義》、《儒林公議》、《王文正公筆錄》、《王文正公遺事　清虛雜著三編》等多部宋代文獻，主編十餘部論文集，刊發學術論文三百餘篇，總計刊行 900 多萬字，在宋史學界具有相當的學術地位和聲望。所有論著，論述深闊而素來精審考訂，高屋建瓴而又能尋幽探微，宏微觀照，輒見發明，讀之歎服。

　　先恩師寶相嚴正而待人寬厚，治學恪謹而教導多方，於門下眾弟子因材施教，醍醐棒喝，誨而不倦，素見啓發。著者在讀期間，先恩師爲古代史專業研究生開設《史源學實習》課程，承緒陳援庵、樂素二老之主張，研究、教學之中，其重史源、擅考據、辯真偽、求根底之法門，每於講授之時提綱挈領，深入淺出，如撥雲見日，開迷解惑，於柳暗花明，津鑰自得。先恩師又熟稔宋史學界的掌故逸聞，常在講課間隙或師生相偕時隨心開談，娓娓述說，其意蓋欲我等後學欣之嚮之，從之學之，減少一分敬畏，增加一分親近。韓子謂「師者，所以傳道受業解惑也」，先恩師不惟三者兼備，更可貴者在於對學生品性之塑造、道德之薰沐，言傳身教，如春風化雨，如芝蘭沁香，令人不覺間已爲沐染。著者資質凡常，才學平平，喜讀而不善思，苦思而不擅文，更因秉性疏淡，心懷閒幽，每多離愁謫思，幾近逃禪迷道，於先恩師傳道之旨、授業之要、解惑之意、沐化之德，感知未深，明悟有限，於至大之寄望，常深愧焉。先恩師雅量寬宏，慈愛爲懷，絲毫不以爲忤，點愚警頑，時有明誨。研究生二年級時，著者以《晚宋宰臣鄭清之研究》爲選擬的研究課題匯報，先恩師欣然賜允，爲我指劃規模，解說格調，從立意定題、謀篇布局，到史料闡釋、文辭表述，乃至細微處之段落格式、文本標點，先恩師無不對此辛苦點撥、細心指導；在撰寫初稿及數次修改過程中，先恩師亦多次召我至家中，指謬正誤，申明要旨。耳提面命之時，終有錘鍊磨礪之功。自初稿完成後，先恩師前後四次通讀拙文，詳細批改，頁頁可見手澤遺墨，至今先恩師朱筆審批的四稿論文文本依然放置於家中書櫃高處，每次回家，敬捧瞻禮，深深懷念往昔在門下聆聽教誨、薰沐感化的時光。

　　作爲碩士學位論文的《晚宋宰臣鄭清之研究》，已於 2014 年 6 月 6 日通過論文答辯（答辯成績 4.77，滿分 5.），答辯委員分別爲華南師範大學陳長琦教授、澳門大學李憑教授、杭州師範大學范立舟教授。答辯甫畢，先恩師即命我認真聽取校外專家審閱和答辯老師口試的批評和建議，對論文勤加修改，以備聯繫出版。2014 年 11、12 月客居廣州，幾次前往先恩師家中問安請教，先恩師仍對論文修訂、刊行一事關心詢問，殷切囑咐。由於此後著者忙於準備博士研究生入學考試，及隨後進入四川大學歷史文化學院追隨粟品孝教授繼續研治宋史，博士階段課程學習繁雜，考核壓力繁重，著者彼時又循期前往成都市文殊院聞聽大德、善知識講經說法，塵念銷蝕，禪思瀰漫，加之學研興趣業已轉向了南宋初期政治史的研究，對論文所涉及的南宋晚期歷

史漸漸疏遠，故而遲遲沒有開展修訂工作，拖延跌宕，未能深協師意。先恩師雖曾多次催促，恨我未能欽依奉行。

　　2016 年 11 月 24 日子夜，師弟朱領同學發來消息，言廣州暨南大學張其凡教授因病遽辭凡世、神歸道山，突聞噩耗，如晴空霹靂，肝腸寸斷，五內慘怛。次日一早，即向曾育榮老師和同年投身先恩師門下的師兄程佩博士打電話詢問情實，隨即購買車票，匆匆自成都南下廣州。到達後當晚前往家中，在先恩師遺像前深深鞠躬跪叩，值夜守靈。夜深靜闃之時，抬眼凝望先恩師遺像，不由得情思百轉，追懷慟悼，往日側坐尊前、聆聽教誨之情境，恍然在目，深自悔恨沒有遵依誨囑，未能及早修訂、出版論文，以慰先恩師諄諄之意。在廣州期間，師母邱萍老師、先恩師哲嗣張睿師兄亦曾提及先恩師對論文修訂、出版的關注與期望，聞聽此般言語，更增添心中悔恨傷痛。11 月30 日追悼會後，又自廣州前往武漢，回母校湖北大學拜謁曾育榮老師，蒙曾老師賜告先恩師罹病、醫療、身故等遺事，曾老師又提及先恩師數次談到著者拙文修訂、出版之事，聞聽之後淚眼婆娑，心結腸斷，深以不肖弟子自責於內。

　　回到成都後，一面忙於博士課程學習和學位論文選題，一面著手進行論文修訂，化悲痛心為精神力，深以先恩師之教育、訓導為準則。著者的博士研究生導師粟品孝教授深深體諒此心此情，允我暫緩他事，專力於此，又常常關心修改進度；粟師門下的諸位師姐、師弟、師妹也常常表達鼓勵、提供幫助。至 2017 年 4 月底，初步完成文稿的增補修訂工作。因之前在廣州暨南大學有多位同門的學位論文在花木蘭文化事業有限公司刊布，先恩師身前亦曾提及此事，於是冒昧同該社聯繫，承蒙花木蘭文化事業有限公司編審老師審核，更感謝副總編輯楊嘉樂女士的辛苦工作，慨允將拙文納入出版計劃，幸甚之哉！惟此不僅於著者先前的宋史研習有所總結，亦必將深深告慰先恩師於昊天、於九泉。惟祈先恩師不以學生懶鈍為不肖，勿責勿怪。

李逸寒

2017 年初秋 記於成都望江